蒋南翔与学校领导同志关心和指导共青团工作

1961年，蒋南翔校长向全校同学作报告

1961年五四青年节营火晚会蒋南翔校长和同学们在一起

蒋南翔校长和毕业生座谈

1961年，蒋南翔校长和团委书记张慕葏、副书记谭浩强研究工作

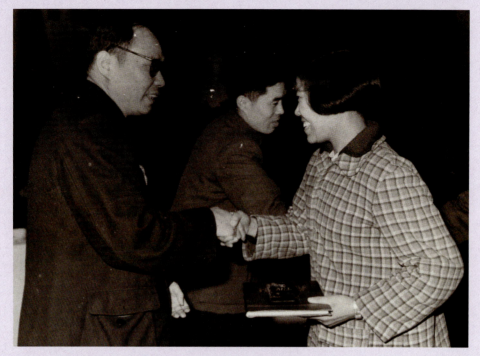

1962年，蒋南翔校长为优秀毕业生颁奖

蒋南翔校长参观建1班毕业设计

蒋南翔校长给到边疆去的毕业生题词

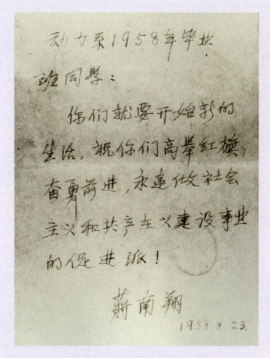

蒋南翔校长给毕业生的题词

蒋南翔校长和团委副书记张孝文等参加学生活动

蒋南翔校长参加学生聚餐

蒋南翔校长和高沂副校长为学生授接力火炬

1959年，蒋南翔校长、马约翰教授以及团委领导等和优秀运动员代表合影

1958年，刘冰在运动会上讲话

1987年,艾知生和荣高棠为马约翰老师雕像揭幕(后为夏翔、陈旭)

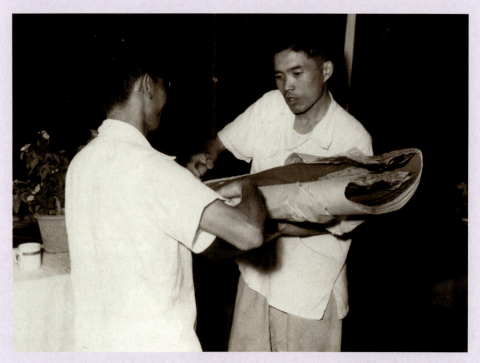

1961年,校党委副书记刘冰接受同学的表决心书

动力系师生研制成太阳能热水器,向校党委副书记艾知生报喜

为了培养"又红又专，全面发展"的新一代

1991年，滕藤来清华讲话（20世纪50年代初任清华团委书记，后任国家教委副主任）

1965年，共青团清华大学第五次团员代表大会举行

1957年，为庆祝新民主主义青年团改名为共产主义青年团，广大团员义务劳动修建共青团路

1954年，学校授予测专42等班校先进集体

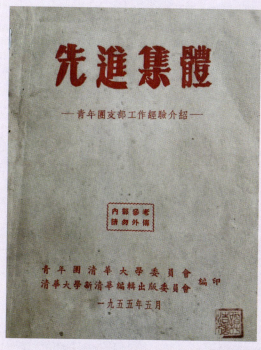

大力宣传推广先进集体的经验

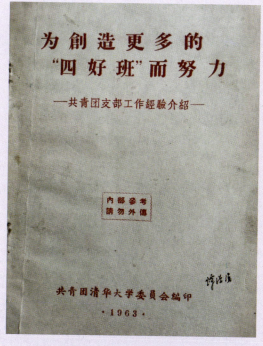

在全校掀起争创"四好班"的热潮

毕业生满怀激情意气风发奔向边疆

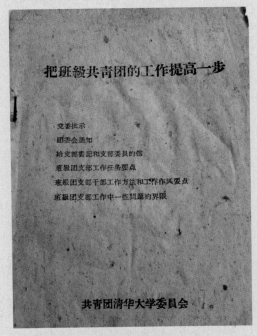

制定"团支部工作50条",有效地提高团干部的思想水平和政策水平

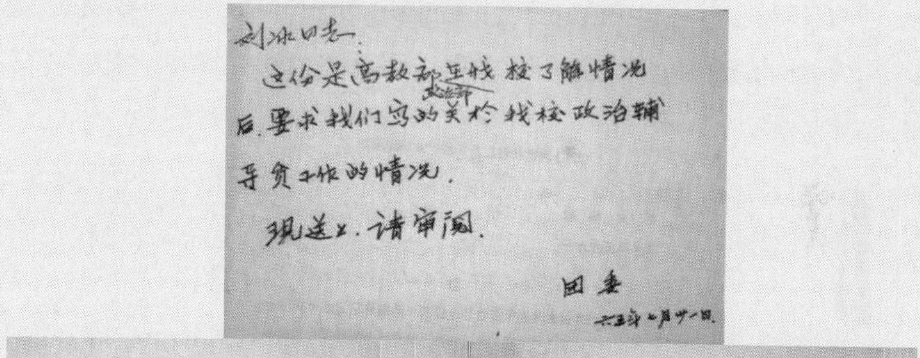

1965年，清华大学向上级报告由团委起草政治辅导员经验

和组织教学，是可以做好的。现在学校里的教师半脱产政治辅导员都担负了教学或科学研究的任务，不少人还是教研组或实验室的骨干力量。学生政治辅导员按照一定的教学安排学习业务，一般都在平均学习水平之上。如上学期参加考试的政治辅导员八十八人中有七十五人成绩为优秀和良好。八十八人总平均成绩为八十七分。例如，学生文艺社团付团长、政治辅导员胡锦涛，是水利系水工五一学生，他在担负的政治工作中努力钻研党的方针政策，群众反映和他能谈心里话，胡锦涛又是学习上优秀的同学，学习成绩全部优秀，除完成一般学习任务外，还选修了土力学试验，教师反映他独立工作能力强，学习中有创造性的见解。他在政治工作任务较重的情况下，由于学习目标明确，善於抓紧时间刻苦钻研，政治责任感强，因而成为这个年级学习最优秀的学生之一。此外，他还是业余文艺积极分子，参加了舞蹈创作和演出等。这样的例子很多。

要保证政治辅导员挑好政治、业务两付担子，做到德、智、体全面发展，党委要加强对学生政治思想工作和课外活动的统一领导。在一个时期中工作要有中心，学校的部门很多，不能这个佈置几项，那个佈置几项，上面千条线，下面一根针，造成政治辅导员工作忙乱。对於学生政治活动和课外文化体育民兵活动安排要适量。我们规定：在一般情况下学生必须参加的课外政治活动每周不超过一次，每次两小时左右，民兵训练和劳动大部份纳入教学计划集中进行。课外文化、

其中在报告中介绍了胡锦涛的先进事迹

马约翰教授指导运动员训练

1953年，清华大学学生运动会开幕式

运动员,冲刺!

1959年,清华大学荣获北京市高校运动会团体总分和男女总分三项冠军

1958年，清华学生文工队在十三陵水库工地演出

1958年，清华学生在欢迎志愿军归国联欢会上

1959年，清华学生文工团到上海友谊演出

清华学生文工团民乐队演出

学生京剧队演出自创京剧《关羽搬家》,得到周总理的称赞

清华学生演出雕塑剧的一幕——"一二·九"爱国学生运动

几代舞蹈队员在校庆100周年时表演鄂尔多斯舞（其中有王大中、陈清泰、胡昭广等）

以当年文工团员为骨干的清华大学上海校友艺术团，近年来以平均七十多岁的高龄，精神饱满地引吭高歌，在中央电视台多次精彩演出，在全国引起巨大轰动

在上海校友艺术团中有为国家作出卓越贡献的科学家、教授、将军、高级工程师、企业家和各级领导，他们实现了为祖国健康工作50年，是"又红又专，全面发展，热爱生活"的一代清华人的缩影

20世纪50年代末，学生会干部合影（其中有谭浩强、张益、曾点、承宪康、崔鸿超、华建敏、秦中一、周思毅）

20世纪50年代末,团委干部在明斋团委办公室前合影(其中有张慕津、方惠坚、张孝文、谭浩强、李仙根、李健、王洪瑾、曾点、郑小筠、崔鸿超、夏玲玲、朱克琮、赵德春)

半世纪后再相聚

老团委同志50年后再聚会（自左而右：贺美英、李仙根、井建军、刁会光、承宪康、罗征启、张慕葏、张益、方惠坚、郑小筠、林泰、黄纯颖）

校庆100周年时，老团委同志聚会（自左而右，前排：黄纯颖、贺美英、梁鸿文、罗征启、李仙根、方鄂华、郑小筠；后排：张慕葏、林泰、谭浩强、张益、刁会光、方惠坚）

老团委同志60年后聚会合影（自左而右，前排：李仙根、王洪瑾、陈圣信、张慕濂、张孝文、林泰，后排：张伟武（活动志愿者）、郑小药、谭浩强、单德启、崔鸿超、宋尽贤、方惠坚、贺美英、潘敏贞、温以德）

2019年11月3日,历届团委书记合影(其中有张慕津、贾春旺)

2019年12月22日,清华大学学生会成立100周年座谈会合影(其中有方惠坚、贺美英、林泰、谭浩强、俞晓松、张福森、徐荣凯等)

为了培育
全面发展的新一代

蒋南翔任校长期间清华共青团工作回顾

本书编写组 编

清华大学出版社
北京

版权所有,侵权必究。举报:010-62782989,beiqinquan@tup.tsinghua.edu.cn。

图书在版编目(CIP)数据

为了培育全面发展的新一代:蒋南翔任校长期间清华共青团工作回顾/本书编写组编. — 北京:清华大学出版社,2023.4
ISBN 978-7-302-63415-7

Ⅰ.①为… Ⅱ.①本… Ⅲ.①中国共产主义青年团—高等学校—共青团工作—北京 Ⅳ.①D297.6

中国国家版本馆CIP数据核字(2023)第068045号

责任编辑:张占奎
封面设计:常雪影
责任校对:赵丽敏
责任印制:朱雨萌

出版发行:清华大学出版社
网　　址:http://www.tup.com.cn, http://www.wqbook.com
地　　址:北京清华大学学研大厦A座　　　　　邮　　编:100084
社 总 机:010-83470000　　　　　　　　　　　邮　　购:010-62786544
投稿与读者服务:010-62776969, c-service@tup.tsinghua.edu.cn
质量反馈:010-62772015, zhiliang@tup.tsinghua.edu.cn
印 装 者:大厂回族自治县彩虹印刷有限公司
经　　销:全国新华书店
开　　本:170mm×240mm　　印　张:16　　插　页:14　　字　数:296千字
版　　次:2023年4月第1版　　　　　　　　　　印　次:2023年4月第1次印刷
定　　价:80.00元

产品编号:094184-01

本书编写组：

张慕浑　方惠坚　谭浩强　崔鸿超

前　言

　　2019年是清华大学共青团组织建立90周年，11月3日校党委召开了纪念座谈会。在这值得纪念的日子里，20世纪五六十年代曾经在团委工作仍在清华的同志，于2019年11月14日举行了60年后的团委再相聚。会上大家提出，为了给学校留下一些有价值的历史资料、便于后人从事相关工作参考和借鉴，应当编写一本当时团委工作的回顾文集，文章由当时参加团委和学生会工作的同志提供。会后，从校内外共征集到文章30余篇，这些文章都是蒋南翔任清华大学校长兼党委书记期间在团委工作的同志，从不同角度对当年清华共青团工作的回顾。有一部分当时在团委工作的同志虽然由于各种原因未能提供文稿，但他们也都对团委工作作出了很多贡献。

　　作为马克思主义教育家的蒋南翔，在清华和后来所从事的教育工作中，以马克思主义和马克思主义教育思想为指导，对党的教育方针与中国国情和清华大学实际相结合，进行了有益的探索与实践，丰富并发展了马克思主义教育思想和党的教育方针，为探索开创中国特色社会主义教育道路和体系作出了重要贡献，为新中国培养了大批优秀人才，也为清华大学提供了宝贵的精神财富。

　　我们在和他多次接触过程中，深深感到他对青年学生充满了爱，他像园丁栽培花木那样精心培养学生，无微不至地关怀青年的健康成长。在他的教育思想中，"全面发展"像一根红线贯穿始终。他在清华曾提出"把培养又红又专全面发展的人才作为学校工作最重要的目标，全校各方面的工作都围绕着这一目标。"作为党的助手，清华大学共青团组织当然也应该以培养"又红又专，全面发展"的人才作为工作的中心任务。为培养"全面发展"人才，蒋南翔校长结合清华大学实际，提出了一些富有哲理而又通俗易懂的目标和口号——他提出"又红又专，全面发展"的培养目标，以促进学生全面成长；他提出"争取至少为祖国健康工

为了培育全面发展的新一代
——蒋南翔任校长期间清华共青团工作回顾

作五十年"的要求,以增强学生体质;他提出"猎枪与面包"和"真刀真枪作毕业设计",提倡在业务学习中重视加强能力的培养和贯彻理论联系实际原则;他提出"爱国主义、社会主义、共产主义三层楼,各按步伐共同前进",作为对学生政治思想的要求;他提出"三支代表队(政治、业务、文体)殊途同归全面发展"的教育思想与渠道,以促进学生做到全面发展;他大力推行"先进集体(四好班)"的表彰,通过班集体促进学生全面成长;他提出"望子成龙团结学生百分之百",使每个学生都能培养成才;他坚持"不唯上、不唯书、只唯实",提出"基层出政策",要求干部和学生在实践中学习辩证唯物主义;他对清华团委提出"清华不是党校但也要办成团校"的殷切期望,希望共青团成为清华广大学生学习共产主义的大学校,源源不断地为党输送后备力量和干部,真正成为党的后备军。

当时的清华共青团组织把蒋南翔校长这些育人教育理念作为工作的重要指导思想认真学习,而且配合党委和行政在广大学生中宣传贯彻,使之成为共青团员和广大学生自觉的行动,并通过各种活动使之落实到学生每个团支部、班级。为贯彻落实这些育人要求,共青团工作抓住最主要的阵地,即课外活动的"第二课堂"。共青团通过对广大团员和学生理论的提高(党课、团课、配合政治理论课的组织生活)、实践的锻炼(三支代表队、社会工作、义务劳动、社会实践),集体的熏陶(先进集体、两个集体)、不同群体的需求(新生、毕业班、女学生、思想后进学生、干部子弟、少数民族、华侨)以及团干部的培训(政治辅导员、团支书、班级干部)等,使广大团员和学生潜移默化、润物无声地受到教育,共青团成为培育全面发展一代新人的有效重要课堂。

本书集中回顾了这一时期清华共青团的工作。有的文章阐述了蒋南翔教育思想对共青团工作的指导作用,有的文章回顾了蒋南翔校长对清华毕业生的殷切期望,有的文章回顾了在党委领导下制定贯彻"班级团支部工作中一些问题的界限"(即"50条")提高团干部政策和工作水平的体会,有的文章回顾了"三支代表队"对培育全面发展人才的作用,有的文章回顾了"先进集体(四好班)"对共青团工作的重要作用,有的文章阐述了深入细致、精雕细刻对思想后进学生工作的方针政策及效果,还有不少文章回顾了针对学生中新生、毕业班、文艺体育代表队、干部子弟、女同学等不同学生群体的特点开展工作的体会,有些文章回顾追忆了清华党委领导、团委干部朝气蓬勃、民主团结、实事求是、深入群众、平易近人的作风和优良传统，认为值得继承发扬……许多同志在文章中谈到，在清华团委工作经历对他们日后成长有着重要的影响。

共青团是党的助手和后备军。清华大学共青团正是在党的坚强领导和亲切关怀下进行工作的。我们不会忘记毛主席来清华时对蒋南翔提出表扬先进集体的重要指示和毛主席在中山公园与清华学生联欢跳舞的亲切动人场景；不会忘记周总理来到清华园参观毕业设计展览和在政协礼堂观看清华文工团演出时的殷切教导；不会忘记邓小平同志在清华大礼堂给大家作的5个小时精彩报告和对清华"又红又专"培养方向的肯定。我们也不会忘记蒋南翔校长对辅导员要练好政治上基本功的循循告诫，对新生和毕业生语重心长富有哲理的讲话，观看学生文艺演出和体育比赛时对文艺体育代表队员提出的期望和教导；不会忘记刘冰副书记在他的办公室用两周时间和团委领导一起讨论拟定"班级团支部工作中一些问题的界限"（即"50条"）以提高团干部政策工作水平；不会忘记主管团委工作的艾知生副书记骑着旧自行车到学生宿舍、运动场、大饭厅与同学促膝谈心、问寒问暖的亲切感人情景。

共青团是青年在实践中学习社会主义和共产主义的学校。正是在党的领导下，在党和国家领导人的亲切关怀下，在清华党委的言传身教中，共青团员潜移默化地受到了深刻教育，不少共青团员树立了共产主义理想信念，加入了中国共产党。以清华1959年入学1965年毕业的1965届为例，他们在校学习期间，外界的干扰比较少，是蒋南翔教育思想能够全面贯彻落实的时期，也是共青团工作全面健康开展的时期。1965年他们全年级有2021名毕业生，其中党团员占93%，党员有464人，占全体毕业生总数的23%。他们毕业后在工作中大都作出了非凡的成绩，1位曾担任中共中央总书记，还有1位中央政治局常委、3位部长、7位院士，其余的学生也大多在各条战线担负重要职务并作出很多贡献。这一时期在团委、学生会工作的同志也学习了政治工作"基本功"，图染了"底色"，在后来的工作岗位上有的成为国家领导人，有的成为国家部委和地方省市党政主要领导，有的成为清华大学和其他高校的主要领导，有的在教学、科研等业务和管理工作中取得了很大成绩。

本文集中，有一部分文章回顾了毛主席、周总理等党和国家领导人对清华大学和青年学生的亲切关怀和殷切期望，以及当年清华大学党委领导蒋南翔、刘冰、艾知生等对团委等学生干部的言传身教。如今他们都已离开了我们，这些文章不仅寄托了我们对他们的深切怀念，同时也鞭策我们牢记他们的教导，不忘初心、牢记使命地坚持下去，更希望我们年轻一代能够继承老一辈共产党人的优秀传统和作风，使之代代相传，以保证我们的党和国家永不变色、长治久安！

谨以此书献给清华大学校庆110周年！

谨以此书献给教导共青团成长的老一辈革命家们！

张慕萍

2021年1月15日

本书文章编排次序为：

一、团委原领导人员文章

二、校外校友原团委人员文章

三、校内原团委人员文章

四、怀念领导教诲和辅导员经历文章

五、附录含两篇文章和一个文件

目　录

政治辅导员制度是培养德才兼备干部的有效途径 ………………………… 滕　藤 1

蒋南翔"全面发展"的教育理念与实践是共青团工作重要的指导思想 …… 张慕葎 6

深情怀念青春年华 ……………………………………………………… 方惠坚 18

在学校团委的工作是我一生事业的起点 ……………………………… 张孝文 26

为了培养又红又专全面发展的新一代——蒋南翔时期团委工作回顾 … 谭浩强 33

为立德树人奉献一生——清华大学团委的工作形成了我人生的底色 …… 林　泰 49

回忆在校团委工作的那几年 …………………………………………… 贺美英 54

党委领导我们战严冬 …………………………………………………… 李仙根 61

我和建5班 ……………………………………………………………… 单德启 63

"以身作则，作出表率"
　　——访最高人民检察院检察长贾春旺 ……………… 李延武　邰　扬　程　璐等 68

两个集体　两个课堂 …………………………………………………… 陈清泰 72

一次关于清华精神的交谈 ……………………………………………… 张福森 76

母校学生思想政治工作的点滴回忆——为清华大学共青团组织建立90周年而写 … 俞晓松 80

在学生会的日子 ………………………………………………………… 徐荣凯 83

舞蹈队团支部书记工作育我成长 ……………………………………… 胡昭广 87

20世纪五六十年代清华体育代表队的实践与启示 …………………… 宋尽贤 94

清华体育"两个集体"的创建完善与发展 …………………………… 崔鸿超 101

标题	作者	页码
蒋南翔校长对毕业学生寄予厚望	方惠坚	115
时代的号召——"争取至少为祖国健康工作五十年"	张 益	121
清华文艺 清华精神	郑小筠	126
那时我们都很年轻	王洪瑾	136
青春岁月——在清华大学团委工作的日子	王学芳	143
纪念清华大学文工团成立60周年	张慕葎	150
清华大学学生文化生活光辉的一页——纪念清华大学学生文工团成立60周年	谭浩强	156
回忆毛泽东主席的亲切接见——1957年毛泽东主席和中央领导人接见学生代表	谭浩强	171
蒋南翔校长教导我们要练好政治上的基本功	张慕葎	175
高远其思 赤子其心	贺美英	180
从刘冰同志言传身教学习怎样工作怎样做人	谭浩强	184
深刻怀念我们的良师益友——艾知生同志	张慕葎 方惠坚 贺美英 承宪康	191
奉献和锻炼——做辅导员若干经历的回忆	张孝文	197
难忘的教益	俞晓松	200
"殊途同归"教育思想的一种尝试	陈清泰	203
"双肩挑"使我终生受益	谭浩强	207

附 录

《半个世纪清华情》序	刘 冰 方惠坚 贺美英	222
总结经验 学习先进 为创造更多的"四好班"而努力 ——方惠坚、谭浩强同志在清华大学第七次团代会上的发言（1963年4月26日）		227
《班级团支部工作中一些问题的界限》（"50条"）		237
编后		243

政治辅导员制度是培养德才兼备干部的有效途径

滕　藤

政治辅导员制度在清华已有 40 年历史了。40 年的实践证明："双肩挑"的政治辅导员制度不仅是解决学校政工干部队伍的来源和培养的有力措施，而且是为国家培养"又红又专"党政干部和各方面骨干人才的重要途径。

辅导员制度的设想是蒋南翔同志 1953 年提出来的。当时我是清华大学团委书记，是当年这一制度的执行者之一。那时我国三大革命运动结束了，新民主主义社会正向社会主义社会过渡，经济建设被摆到了国家更重要的位置。一方面，向科学进军、发展经济急需培养大量高层次业务人才；另一方面，建设社会主义大学需要开展学生思想政治工作。怎样建设一支学生政工队伍，是当时的一个现实问题。1949—1952 年，我们这些学生干部每周用 40~50 小时读书，还要用 40~50 小时做思想政治工作，每周学习和工作 7 天，每天学习、工作十几个小时，靠的是一种献身精神。学习和工作有矛盾时，工作第一，学习第二，往往考试前要突击一下才能通过并随班升级。1952 年以后，对学习的要求更高了，学习应摆在第一位，原来的做法不宜再继续下去了。怎么办？有的学校从外面调进一些专职的政治工作干部，实践证明，这些同志中的多数要完全适应学校工作，特别是要适应学生思想政治工作比较难，不仅对学生的思想特点难以把握，而且工作时间都在课后、夜晚，生活上也难以适应。南翔同志提出了另一种思路，选择一些政治上、业务上优秀的高年级学生担任政治辅导员。这至少有三个好处：一是这些辅导员本身是学生，终日与同学相处，容易打成一片，容易较深入地了解学生的思想状况，可以有针对性地做工作；二是辅导员与学生吃住在一起，便于见缝插针地开展深入细致的思想工作，同学有了思想问题，往往通过平时接触、谈心、疏导就解决了；三是可以防止学生党员骨干一头扎进业务，把自己的政治责任、党员意识都丢掉了，可以严格要求他们在学习、生活中起模范带头作用。

到了20世纪60年代，南翔同志关于培养"双肩挑"人才的思想更深化了。在总结辅导员制度10年实践的基础上，他曾在一次党员干部学习会上指出："政治辅导员制度不仅是我们培养学校党政骨干的主要方式，而且是学校为国家培养党政干部的有效途径，将来在清华毕业生中会出现一批部长、省委书记。"这些话很有预见性。尽管在"文化大革命"中把它作为一条罪状大加批判，但正确的思路是批不倒的；"文革"后开辟了新的"双肩挑"的前进道路，30年后再看，这些设想已经变成了现实。因为这样一个进行现代化建设的社会主义大国，领导骨干文化层次不够是难以胜任的。各级领导干部既要知识化、专业化，还必须经过相当的政治工作锻炼，真正掌握马克思主义的立场、观点、方法，做到革命化。在学生时期担任政治辅导员，正是一种宝贵的工作锻炼。

在1953年与第一批辅导员谈话时，南翔同志曾经说过："年轻时做些政治工作，终身受益。"这句话我至今记忆犹新。他举例说：好像唱戏，名角都经过科班训练，有什么梅家班、厉家班。政治思想工作也一样，有一个童子功的问题。20岁左右的年轻人往往思想比较单纯，通过政治辅导员的工作实践锻炼，有利于完成世界观的转变，掌握科学的思想方法，这是政治上的基本功。马克思主义的一个特点是具有实践性，只念书不实践就难以掌握。我年岁越增长，调动工作的次数越多，处理的事务越繁杂多样，就越加体会到南翔同志讲的这句话十分精辟、十分深刻。的的确确，年轻时做些政治工作会终身受益。这里讲终身受益主要是指解决了世界观问题，解决了一个根本政治方向问题，掌握了辩证唯物主义的思想方法，遇事不大容易糊涂和动摇。掌握马克思主义的世界观和辩证唯物主义的思想方法，对一生影响重大。经过政治工作锻炼，在这方面比别人强一些，有了这样的基础再去搞业务，即使丢生了三年五年也没有太大的影响。分析能力和综合能力增强了，有利于抓住主要矛盾，看准学科发展方向，开辟新的工作领域。许多"双肩挑"干部的实践证实了这一点，这与年轻时的政治锻炼是分不开的。

南翔同志提出政治辅导员制度，指导思想一开始就是十分明确的。当时我参加了挑选第一批辅导员的工作，全校共选拔出25人，一个系一个系地去了解、选拔，标准是思想好、学习也好，非常严格。当时实行5分制，要求辅导员的学习成绩平均4分以上。为什么要求辅导员一定是业务好的呢？第一，学生的主要任务是学习。当时强调为祖国而学习，学习不单纯是个人的事，所以学习成绩反映你的学习态度和思想觉悟。学习不好，在学生中难有威信，辅导员应该是又红又专的榜样。第二，政治辅导员负担重，政治思想工作占去了许多时间，往往是周末、假期人家休息你得工作，生活相当紧张。在这种情况下，要搞好学习，必须学有余力，同时也要有一个健康的身体。所以南翔同志强调辅导员应带头做到德智体全面发展，并积极锻炼身体，参加体育活动。当然，从被挑选担任辅导员的角度看，一方面学习有余力，有可能承担繁重的政治思想工作；另一方面，也要有为党多做工作的奉献精神。从组织上来讲，应该始终把辅导员当作党的一批宝贵的财富，对每一个辅导员负责，精心培养，负责到底。特别要安排好辅导员未来的发展方向、因材施教，并为此创造优越的条件。有的高校也曾试行政治辅导员制度，却不很成功，半途而废，忽视了这一点是重要原因。担任政治辅导员时间不宜太长，一般以3~5年为宜。此后的安排，无非有几种：（1）继续搞政治工作，向党政管理工作方向发展，许多人成为学校、企业乃至省、部的领导。（2）搞业务。我当了5年校团委书记，到1956年，学校让我到苏联去，学习核能新专业，集中精力搞业务。不少政治辅导员也是这样走上了业务专家的道路。（3）讲马列主义理论课。有一些政治辅导员没有回到本行业务上去，而是学习马列主义理论，做了马列主义理论课的教师，有的已成为全国驰名的社会科学哲学教授。具体到某个辅导员怎么安排，应该因人而异、因材施教，根据每个人的主客观条件精心设计和安排。不管走哪条路，都应坚持"又红又专"。

  政治辅导员的一个特点是"双肩挑"，即一个肩膀挑政治工作，一个肩膀挑业务工作。对"双肩挑"当然不能理解得太机械、狭窄，同时干业务工作和干政治、行政、组织工作是"双肩挑"，那种干几年辅导员、再干几年业务工作的"换个肩膀挑"也是"双肩挑"的一种形式。经过"双肩挑"的锻炼，要干业务工作可以干好业务工作，要干政治工作可以干好政治工作，应该说条条路都是通畅的，条条路都成长出一批优秀干部，有的成了教授、博士生导师，有的成了学校领导，有的成了国家的重要干部。一批省、市委书记和部长，就是循着这条道路成长起来的。事实证明，"双肩挑"是培养又红又专干部的一种成功的途径。这种干部干业务工作时，善于发挥政治、组织作用；干政治工作时，又比较熟悉业务，熟悉教学、科研和生产经营的规律。这样一批骨干，对学校来说非常重要，对企业来说不可缺少，对国家和地方各级党政领导部门来说十分宝贵。

经过40年的发展，现在辅导员的选拔与20世纪五六十年代已有些不同。过去主要从高年级本科生中挑选，现在主要从青年教师和研究生中挑选，本科生的辅导员减少了，这也有其合理性。在研究生中抽调辅导员，他们一面做研究生，一面当辅导员，更便于工作和学习的安排。选拔一部分思想政治上比较优秀的研究生当辅导员，经受政治工作锻炼，更好地掌握马克思主义世界观，对于研究生的培养工作也是一件有意义的事。我们应该把辅导员制度与青年教师和研究生的思想政治工作结合起来，互相促进，提高青年教师和研究生的全面素质，从中真正锻炼出一批又红又专的接班人，这一点也是非常重要、有战略意义的。要花力量、下工夫去做。政治辅导员有一个培养过程，每个系都要安排一个政治和业务都比较强的同志来带好辅导员队伍，有意识地培养这一批人使之成为栋梁之材。

不仅是清华大学的实践，许多高校的实践都证明，政治辅导员制度是有生命力的。北京的一些高校，如北京航空航天大学、北京科技大学等，长期坚持辅导员制度，确实收到了良好的效果，也确实培养了不少又红又专的人才。现在回顾和总结辅导员制度，首先在指导思想上要进一步明确——它不仅是学校政工队伍建设的有效途径，而且是为国家各个领域培养又红又专骨干人才的重要方式。对于这种辅导员，我们始终应该把他们作为党的最宝贵的财富来培养。回想20世纪50年代后期，曾有人批评南翔同志重用辅导员，有些偏心。南翔同志非常生动而深刻地回答了这个问题。他说："人的心从来就不是长在中间的，我就是偏心偏爱那些又红又专、业务上好政治上也好的人，我就是偏爱和重视这些人，这种偏爱是从党的利益出发，不是我个人的好恶！"这段话，形象生动，十分深刻，令人终生难忘。当前我们要扩大开放，深化改革，加快我国社会主义现代化建设的步伐，需要一批又一批又红又专的社会主义建设人才成为保证基本路线一百年不变的接班人。从这个战略需要出发，我们应该把政治辅导员制度看成建设中国特色社会主义大学的成功经验之一，继承40年的良好传统，并加以发扬光大。挑选研究生、青年教师和高年级本科生中的又红又专的优秀分子，通过政治辅导员的锻炼，一方面确保学校思想政治工作的加强和完善；另一方面为学校和国家输送一批又一批政治上强、思想上好、懂业务、有能力的各种骨干人才，这是一件战略上具深远意义的大事。希望清华大学在这方面创造出更新鲜、更完整的经验。

本文原载于《双肩挑——清华大学学生辅导员工作四十年的回顾与展望》，方惠坚，《双肩排》编写组编，清华大学出版社1993年4月出版。

滕藤　20世纪50年代初任校团委书记，参与辅导员创立工作。曾赴苏联留学，在科研工作中作出突出成绩。离开清华后，在中央宣传部、国家科委、教育部、中国社会科学院等单位担任领导工作。

蒋南翔"全面发展"的教育理念与实践是共青团工作重要的指导思想

张慕萍

我从1953年被抽调做第一批清华的政治辅导员,1956年后又开始在学校任团委副书记、团委书记。长期以来在蒋南翔校长的亲切教导下,以及和他多次接触过程中,深深感到他对青年学生充满了爱。他像园丁栽培花木那样培养青年,无微不至地关心青年的健康成长。而在他的教育工作中,"全面发展"像是一根红线,贯穿在他的教育理念中。蒋南翔曾经说过:"我们这个时代的教育方针,就是大家所熟悉的——全面发展的方针,也就是培养个性全面发展的方针。关于这个方针,现在我们常常可以遇到各种不同的表达形式,例如'德、智、体、美''才德兼备,体魄健全',又如号召青年要'三好'——'身体好、学习好、工作好'。"他认为全面发展的基本要求是:"第一,是解决为谁服务的问题,这是一个政治方向问题……第二是解决用什么去服务的问题,这就是一个学习业务掌握知识的问题……第三是解决怎样更有效地为人民服务的问题,青年人还要有健全的体魄,才能更有效地去为人民服务。"为此,他在多个场合都讲道:"把培养又红又专全面发展的人才作为学校工作最重要的目标,全校各方面的工作都围绕着这一目标。"我在多年共青团工作中也深深体会到,这不仅是学校工作最重要的目标,更是学校共青团工作最重要的方向和指导思想。

本文原载于《双肩挑——清华大学学生辅导员工作四十年的回顾与展望》，方惠坚，《双肩挑》编写组编，清华大学出版社1993年4月出版。

滕藤　20世纪50年代初任校团委书记，参与辅导员创立工作。曾赴苏联留学，在科研工作中作出突出成绩。离开清华后，在中央宣传部、国家科委、教育部、中国社会科学院等单位担任领导工作。

蒋南翔"全面发展"的教育理念与实践是共青团工作重要的指导思想

张慕葎

我从1953年被抽调做第一批清华的政治辅导员，1956年后又开始在学校任团委副书记、团委书记。长期以来在蒋南翔校长的亲切教导下，以及和他多次接触过程中，深深感到他对青年学生充满了爱。他像园丁栽培花木那样培养青年，无微不至地关心青年的健康成长。而在他的教育工作中，"全面发展"像是一根红线，贯穿在他的教育理念中。蒋南翔曾经说过："我们这个时代的教育方针，就是大家所熟悉的——全面发展的方针，也就是培养个性全面发展的方针。关于这个方针，现在我们常常可以遇到各种不同的表达形式，例如'德、智、体、美''才德兼备，体魄健全'，又如号召青年要'三好'——'身体好、学习好、工作好'。"他认为全面发展的基本要求是："第一，是解决为谁服务的问题，这是一个政治方向问题……第二是解决用什么去服务的问题，这就是一个学习业务掌握知识的问题……第三是解决怎样更有效地为人民服务的问题，青年人还要有健全的体魄，才能更有效地去为人民服务。"为此，他在多个场合都讲道："把培养又红又专全面发展的人才作为学校工作最重要的目标，全校各方面的工作都围绕着这一目标。"我在多年共青团工作中也深深体会到，这不仅是学校工作最重要的目标，更是学校共青团工作最重要的方向和指导思想。

（二）为祖国健康工作五十年

"为祖国健康工作五十年"是蒋南翔校长 1957 年 11 月 29 日在清华大学体育干部会上提出的重要口号，这一口号深刻体现了他培养学生全面发展的教育理念，也是在体育方面的培养目标。这一口号不仅对清华对全国高校乃至社会都有广泛的影响。蒋南翔的体育育人思想体现在：

增强体质，三育之一。蒋南翔任清华校长以来，高度重视体育在育人中的作用，亲自抓学校体育工作。他指出"不应当把体育仅仅看作一门普通的课程，德育、智育、体育，三育之中它是其中之一，思想好、学习好、身体好，三好之中它占一条。""把音乐、体育、美术叫作小三门这里面包含着鄙视的意思，我们搞教育工作的同志们不应该有这种观点。""不重视体育是对学校工作还没有入门""不懂体育不能当中学校长"。他经常谈到在旧的教育制度下，不重视体育"一年级买蜡烛，二年级买眼镜，三年级买痰盂，四年级买棺材"摧残身体的反面教训，说明学校体育的重要性。

他到清华大学后，坚持在一、二年级开设体育必修课，三、四年级开设体育选修课，把体育课贯穿在大学全过程。他坚持实行体育课不及格不能毕业的学校规定，而且提出在大学期间学生的体质要随着年级的提高而有所增长的要求和目标。他一到清华大学就十分重视发扬老清华的优良传统，他经常宣传一些著名教授在学生时就是运动员的事例，他大力宣传马约翰先生这个活榜样，他在"祝马约翰先生为清华服务五十年"的讲话时指出："鹤发童颜，步履矫健，精神奕奕的马约翰先生，本身就是提倡体育运动的活榜样。他在一个岗位孜孜不倦地坚持工作了半个世纪，年逾八十，还在生气勃勃地继续工作下去，难道这是容易做到的事吗？如果没有非凡的体魄和工作热情，没有身心两方面的很好修养，那是根本办不到的。"蒋南翔校长不仅提倡体育运动，而且身体力行做出榜样，在他的提议下，成立了包括学校正副校长、正副书记、校务委员会委员和一部分老教授的锻炼小组，蒋校长任组长，聘请马约翰教授任指导，每周两次，安排在晚上，由马老带领做准备活动后，按照个人的兴趣进行锻炼。当时我也参加了这个锻炼小组，蒋南翔每次都提早到体育馆，带动大家锻炼。榜样的力量是无穷的，马老的活榜样、校领导的示范，大大促进了清华大学体育锻炼的开展。

清华团委把动员和组织广大学生参加体育锻炼，大力开展群众性体育活动作为中心工作之一。20世纪50年代初，首先在清华大学推行"劳卫制标准"的试点，在蒋校长大力支持和团委大力推动组织下，动员了全校95%以上同学参加。到1958年初，全校同学已有70%达到了劳卫制一级，40%达到劳卫制二级。体弱同学体质也有所提高。

体育育人，增德益智。蒋南翔一直认为体育是促进学生全面发展的重要手段，不仅可以增强体质，而且可以起到增德、励志、益智的作用。1953年新中国成立后的第一次清华大学校运会上，蒋南翔说："这次运动会不但要检阅我们参加运动的普遍性和各项纪录成绩，而且要检阅表现在运动中的新道德，如集体主义，乐观主义精神，机敏、勇敢和纪律性等优秀品质。"1957年他指出："体育不但能增强人的体质，而且能锻炼人的意志和毅力。"我记得蒋南翔校长在一次和体育代表队员座谈时说道："一个优秀的运动员要培养五心：信心、决心、恒心、专心、虚心，才能取得比赛的优异成绩。""五心"的意志和品格，不仅是对体育运动员，对在任何岗位上工作的人来说，都是成功的重要条件。

蒋南翔也强调体育对学习的促进作用，他要求每天必须有一小时的体育锻炼，这不仅不会影响学习而且会促进学习。他还经常引用学生的语言说："七加一大于八"就是每天用一小时锻炼，体质增强，精神好了，学习效率提高，7个小时的学习效果大于8个小时。

提高带普及，普及促提高。蒋南翔不仅重视群众体育锻炼，而且十分重视体育竞赛和优秀运动员。他提出学校的体育工作要"以提高带普及，以普及促提高，提高和普及结合"的学校体育工作方针。为了提高学校各项运动的成绩，他提出"速度为纲，力量为基础"，大力开展短跑运动。他说"有了速度，腿部有了劲，不但短跑成绩可以上去，对田径其他项目都会有影响"。为此，学校广泛开展了短跑运动，还多次举办以百米、接力为主的"高速度运动会"。每次高速度运动会时他都到运动场观看。在他的关心指导下，清华团委始终把参与组织好重要体育竞赛和挖掘培养全面发展的优秀运动员作为重要任务。清华大学学生运动成绩不断提高，1959年夺得北京高校田径运动会男子、女子和团体总分三项冠军，以后又连续多年保持了这一纪录。

每年高校运动会前后，他都要和一批优秀运动员座谈，为运动员加油，鼓励大家取得优异成绩，努力做到全面发展。他常说："不能像旧中国大学里培养一批'头脑简单、四肢发达的'的'体育棒子'。"他还提出"业余赶专业"的方向，希望在学生中培养出一批成绩优秀的运动员。他说"我们要努力争取将来的奥运会上也有清华大学的学生出现在运动场上"。1959年第一届全运会，清华大学就有12名学生代表北京市参加并取得优异成绩。1959年，蓬铁权、李作英两人在全国比赛中超过了当时马拉松的最好成绩，获得"运动健将"称号。到1966年上半年，清华大学已有12名同学获得"运动健将"的称号。

学校的体育代表队参加校外重要体育竞赛的工作主要由学校团委和体育部负责。每次的高校田径运动会，团委和体育部非常重视，紧密配合，做好运动员的配备，比赛前后的动员、总结工作，个别运动员的思想工作，以及啦啦队队员的组织和后勤保障等工作。

减负增养，促进健康。蒋南翔认为，青年人正处在长身体的时候，要特别关注学生的健康。他一到学校就十分注意学生的学习负担，他提出要把及时反映学生学习负担的情况作为团委的一项经常性重要任务，每当团委反映一些班级学生学习负担重时，他都责成有关部门及时认真落实解决。他反复强调学校安排的周学时不要超过50。在每堂课是否由60分钟改为50分钟的争论时，他坚持主张改为50分钟，以减轻学生学习负担。他提出学生的政治活动要"周不过一"，即每周不超过一次。

20世纪60年代初，为了改善学生的营养状况，他让膳食科调查研究，分析了50年代和60年代伙食价格的对比材料，说明由于物价上涨学生的伙食营养降了。蒋南翔将这一情况报告党中央后，将大学生伙食费用助学金标准提高。这对当时保证大学生的营养、促进健康起到了重要作用。

60年代初，由于营养不足，学生健康状况不够好，特别表现在一部分女同学身上，他要求学校建立女生工作委员会，对当时负责此项工作的李卓宝说："这些女同学不仅要培养成为红色工程师，将来他们还是母亲，我们共和国的母亲，她们的健康状况直接影响到子孙后代，将来子孙后代都要感谢你们，这是功德无量的事。"他要求女生工作委员会对于女生的学习、生活、健康专门调查存在的问题，提出解决建议。他还亲自过问大学和附中女生卫生间的厕位不足问题，加以解决。为解决女生对伙食量少、作细的要求，他支持学校办"女生食堂"受到女同学的欢迎。为保证体育代表队员的营养与健康，他说服有关部门提高了运动员伙食标准，并开办了专门为运动员服务的"运动员食堂"。

（三）政治、业务、文艺体育三支代表队，殊途同归，全面发展

20世纪60年代初，蒋南翔校长从学校的教育实践中总结出了"培养学生要抓好政治、业务、文艺体育三支代表队，多种渠道殊途同归，向着又红又专、全面发展的目标前进"的教育思想。这一思想绝不仅仅是培养学生的渠道方法问题，而是他的"全面发展"教育理念重要的创新部分。蒋南翔所指的政治代表队是指1953年清华大学建立的政治辅导员制度，在高年级中挑选一批业务基础好，思想觉悟高的党员，一边工作，一边学习，既加强学生的思想政治工作，又培养一批又红又专的干部。蒋南翔要求他们"两个肩膀挑担子"，一个肩膀挑政治担子，一个肩膀挑业务担子，以后俗称"双肩挑"。业务代表队是指在20世纪60年代初，蒋南翔要求从一万多名学生中选拔几个学习最优秀，有特长的学生，学校里称他们为"万字号"学生，各系也采取措施选拔优秀学生，进行业务上的因材施教，进行专门的培养，使他们将来成为攀登科学高峰的登山队。文艺代表队是指在文艺上有特长和才能的学生中的文艺社团成员。体育代表队是指在体育竞赛项目中有特长和优秀成绩的学生中的运动员。

这一教育思想，首先的目的是通过三支代表队的榜样和影响对广大学生起到示范作用。他们可以潜移默化、熏陶感染带动全体学生做到"殊途同归，全面发展"，也就是通过提高促进普及，通过示范带动全体。他多次强调三支代表队必须是在全面发展的基础上对某一方面特长的充分发挥与培养。如对辅导员的要求必须是学习优秀的，他曾多次讲："不要像国民党、三青团的党棍，他们是不读书的。而我们的地下党员学习优秀才能在学生中有威信。"对文艺、体育代表队员也同时强调学习的要求，他提出有一门考试不及格就不能当文艺、体育代表队员。文艺、体育代表队团总支最主要的任务是保证他们完成学习任务，做到全面发展。对学习优秀的因材施教生，也强调政治上和健康上的要求，要求他们做社会工作，多参加社会实践，坚持身体锻炼，增进健康。

这一教育思想，体现了全面发展与个性发挥二者之间辩证的统一。1954年9月在清华大学青年团第二次代表大会上讲话，他说："工厂生产的成品没有个性，它们没有主观能动作用。相反，学校培养的学生则是有思想、能劳动、能发展的人。因此，学校培养学生也就要适用一种不同于工厂生产成品的特殊规律。"他

总是强调"不能把学生培养成都像一个模子里铸出来的一样"。全面发展是对培养人才的普遍基本要求，它也是个性发展的基础，但这并不要求每个学生各方面平均发展。由于每个学生的志向、兴趣、特长、知识、能力存在着差异性，教育不能也不必要消除这些差异而是要因人而异、因势利导，充分发挥和鼓励学生个性的发展，而个性的充分发展又促进了全面发展。如一些政治上优秀、逻辑思维清晰的学生，文艺表演中富有创造性思维的学生，体育比赛中具有顽强拼搏进取精神的学生，在发挥各种特长的同时，也大大促进了学习质量的提高。

这一教育思想，正确体现了学生的全面发展和因材施教的关系。他在1956年全国大专学校青年团干部暑期学习会上发言时就讲道："全面发展是基本的教育方针，而且这种教育方针只能在社会主义社会实现，因材施教是服务于一定教育的的一种教育方法，这种方法古已有之。在执行全面发展的教育方针时，因材施教仍然有其重要作用。必须充分注意到学生的个人特点，只有根据学生的不同情况进行教育，才能培养出真正全面发展的人才。因材施教的方法，有助于全面发展方针的实现，二者是不矛盾的。"他的"三支代表队"的教育思想，正是体现了不拘一格因材施教的精神，而且它不局限于专业、学科、学习方面的因材施教，而是在德智体美全面发展素质提高方面对全面培养人的因材施教，这也是对因材施教的重要创新。

学校中的三支代表队由于对学生影响很大，也一直是团委的重点工作和培养对象。学生中的政治辅导员，除了由各院、系党委管理外，主要由团委进行管理和培训。每年都由团委主办政治辅导员的培训工作，明确工作任务，交流工作经验。体育、文艺优秀代表队员各100多人，从班级出来集中住宿，单独成立团总支，配备了校团委副书记兼任团总支书记以加强管理，加强他们的政治思想工作，督促和检查他们的学习质量，保证他们的全面发展。

（四）先进集体和"四好班"

蒋南翔十分重视和大力支持推动在学生中开展的符合学校特点而又能促进学生全面发展的组织形式——先进集体（后又更名为思想好、学习好、劳动好、身体好的"四好班"）。

1953年暑期，土木系测专四二班（测量专修科1954届二班）是全校学习成绩最好的班级之一；他们坚持体育锻炼，80%的同学通过了劳卫制体育锻炼标准；

全班 27 人，24 人是党团员。全班团结友爱，尊敬老师，热爱专业，遵守纪律，是一个优秀的班集体。他们依靠班集体内部的力量，发动全班同学努力做到全面发展，在班里形成朝气蓬勃、积极向上的良好风气。在 1954 年 3 月 8 日召开的校务委员会上，决定授予测专四二班"先进集体"称号。这是清华大学授予学生班级的第一个"先进集体"，也是全国大学中的第一个先进集体。

蒋南翔对于这个"先进集体"新生事物的产生，充满了热情，大力地宣传介绍并加以推广。1955 年 4 月在高教部召开的高等工业院校、综合大学院校长座谈会上，他用很大篇幅介绍学校开展评选"先进集体"的情况。他认为"先进集体"是在同学自我教育过程中自然形成的，这是群众自己的创造。先进集体的产生，反映了新中国青年思想觉悟的提高和新的道德品质的成长，也反映了新中国社会主义教育制度的优越性。1954 年 9 月 5 日，蒋南翔在清华大学青年团第二次代表大会上的讲话，对评选先进集体的工作及其意义作了详细的阐述。他说："学校培养学生也就要运用一种不同于工厂生产成品的、特殊的规律培养学生，除了先生讲授以外，还必须要学生本身主动地积极参与各种相应的活动，双方积极合作才能收到生产'成品'的效果。因此，在学生的培养中，如何发挥和运用学生的主动性、积极性则是非常重要的。"根据以上的观点，蒋南翔总结了评奖"先进集体"是团结教育同学很好的组织形式和工作方式的经验：第一，它能使学生工作更加深入，能充分发挥并正确运用学生的自觉性、积极性和创造性。它使团支部成为班上的"发动机"，团结带动全班同学定出争取"三好"的计划和"先进集体"的计划。这种依靠"内燃机"发动内在力量的工作方法，集体就会"自动化"。第二，可以解决政治和业务、工作和学习、干部和群众等矛盾。班级的政治思想工作自然与业务学习以及日常生活紧密地结合起来，干部和群众自然就打成一片，相互推动和配合。第三，可以更好地发挥同学们团结友爱的集体主义精神。1954 年 9 月，校务委员会又授予建五等 8 个班"先进集体"的称号。蒋南翔强调以后每年学校都要进行表彰工作，这是加强学生班级工作的有效方式。

评选"先进集体"在其他学校实行后，由于工作中掌握的做法不同，社会上也引起了不同意见，在报刊上也展开了讨论。为此，蒋南翔在 1954 年强调指出："评选'先进集体'不是一种优胜劣汰的竞赛，不是简单的比考试分数和参加各种活动的人数，不是建立一个绝对的标准，发动大家来突击，不是事事强求集体活动，限制同学的自由发展，避免形式主义和要求过急。"

1956年，针对社会上对表扬"先进集体"的不同意见，蒋南翔曾对团委的干部说："1953年毛主席来清华游泳时，我曾向毛主席谈了清华表扬'先进集体'的做法。毛主席说，这和过去战争年代表扬先进连队一样，是促进工作的一个重要方法。"蒋南翔还一再强调："纠正评比中的缺点时，不要否定这一制度，就像泼洗澡水时不要把小孩泼掉了一样，不能因噎废食。"清华大学此项工作已经延续开展了50余年，迄今仍在进行。

清华大学团委也把以班级团支部为核心促进班级"四好班"的建设作为重要中心工作之一，通过不断总结交流班级工作经验、培训团支部和班级干部以及向学校行政推荐表扬"四好班"名单来配合学校开展这一工作，这一工作也促进了团委面向基层，加强了基层团支部的工作（详见1963年5月方惠坚、谭浩强"总结经验，学习先进，为创造更多的'四好班'而努力"）。多年实践证明：这一工作对于学校形成优良校风，促进学生全面发展发挥了重要作用。

（五）清华也要办成团校

由于蒋南翔长期从事青年工作、青年团的工作，他担任清华大学校长以来，特别关心支持青年团的工作。他要求学校团委全面负责学生的思想政治工作，开展多种丰富多彩的活动促进学生全面发展。他多次告诫我们学生运动和共青团工作一定要坚持党的领导，常用"一二·九"运动中在党的正确领导下由"打倒二十九军"口号转变为"团结二十九军抗日"使运动走上正确道路的历史经验，告诉我们坚持共产党领导的重要性。他曾支持团委，由团委提名，两次从各系抽调优秀又红又专的干部（每次10名），补充团委干部。他每周召开党委书记会议决定学校重大事项时，经常让团委书记列席反映情况，提出建议。平时他经常听取团委干部汇报工作，给予具体指导，团委所组织的重大团员、学生活动，他几乎每请必到，发表讲话支持团委工作。他对于学生工作中的新生事物满腔热情地给予支持，对于学生工作中的问题总是耐心地引导，学生中的文艺演出、体育比赛，他经常出席观看，提出建议。他在一次团委组织的文艺社团联欢会上还亲自拉二胡演奏《光明行》。他还要求团委干部应每人学会演奏一种乐器，带头做到全面发展。他对学生中的一些优秀运动员的运动成绩如数家珍，对文艺表演优秀的学生也十分熟悉，经常和他们座谈聊天，他真正做到了是广大青年和学生的良师益友。他的教育理念和联系群众的优良作风潜移默化、润物无声地教育感染了我和青年团的干部,他是我们永远怀念的恩师,他的言传身教至今仍然历历在目,让我终生难忘。

二、蒋南翔校长"全面发展"的教育思想是马克思主义教育思想和清华大学实际相结合的创新,它丰富和发展了具有中国特色的社会主义教育思想

蒋南翔校长 1952—1966 年担任清华大学校长工作 14 年,在这期间他以马克思主义思想为指导,把党的教育方针与清华大学的实际相结合,进行了有益的探索与实践,创造性地贯彻了党的教育方针,为新中国培养造就了大批优秀杰出人才,为国家的建设发展作出了重要贡献,也为清华大学积累了宝贵的精神财富。蒋南翔的教育思想内容十分丰富,"培养学生全面发展"是他教育思想的重要组成部分,"人的全面发展"是马克思主义教育思想的重要组成部分,也是新中国教育方针的重要体现。马克思、恩格斯提出了无产阶级革命实现共产主义理想,解放全人类的伟大学说。与此同时他们也提出了人的全面发展的理想,主张创立合理的社会制度,使社会的全体人员都能实现自由的全面发展。这是马克思主义理想社会的奋斗目标,也是马克思主义教育思想的重要组成部分。他科学地论证了人的全面发展是人类社会发展的必然趋势也是建设理想社会的需求,把理想社会的建立与人的全面发展统一起来,这是马克思教育思想的根本出发点。

马克思全面阐述了人的全面发展教育的内涵。1886 年马克思指出:"我们把教育理解为以下三件事:第一,精神教育(mental education 这是一个高度概括的词,它可以包括智育、德育、美育等)……;第二,体育……;第三,技术教育……"马克思、恩格斯强调教育与生产劳动相结合,恩格斯说:"生产劳动给每一个人提供全面发展和表现自己全部的能力,即体力和脑力的能力的机会"。由此可见,马克思所指的人的全面发展教育的内容应包括"德、智、体、美、劳"全面的教育。他认为全面发展能够真正实现人类的解放,使人的潜能、个性全面充分自由的发展。马克思所主张的"人的全面发展"不是千篇一律的发展,更不是平均发展,而是真正强调每个人个性的自由全面发展。

新中国成立以来,党和政府提出的教育方针都体现了人的全面发展的原则。1957 年 2 月,毛泽东主席明确提出,"我们的教育方针,应该使受教育者在德

育、智育、体育几方面都得到发展，成为有社会主义觉悟有文化的劳动者"，直到2010年中共中央和国务院公布实施的《国家中长期教育改革和发展规划纲要（2010—2020）》中再次重申了"坚持以人为本"，把"坚持全面发展，促进德育、智育、体育、美育有机融合，提高学生综合素质，使学生成为德智体美全面发展的社会主义建设者和接班人"作为战略主题来推进，这也是人的全面发展原则的体现。

蒋南翔担任清华大学校长工作14年，后又在国家教育部等领导部门工作。在这期间他以马克思主义教育思想为指导，把党的教育方针与中国国情和清华大学的实际相结合，进行了有益的探索与实践，创造性地贯彻了党的教育方针，丰富发展了马克思主义的教育思想，为创立中国特色社会主义的教育思想和体系作出了重要贡献。蒋南翔校长是当之无愧的"马克思主义教育家"。

张慕葴　1950年入清华大学电机系，任学校第一批政治辅导员，曾任校团委书记，社会科学系系主任，副校长，教授。中国驻芝加哥领事馆教育参赞。中国老教授协会常务副会长。

深情怀念青春年华

方惠坚

2020年是我进入清华学习、工作、生活70周年。回顾这70年，除了到江西鲤鱼洲劳动两年多以外，我没有离开过清华园。在60多年的工作中，我调换过多个工作岗位，现在想想，在同一个岗位上工作时间最长的是在学校团委担任副书记，从1958年初到1966年中"文化大革命"爆发，前后八年多的时间。在以后的工作中也一直和团的工作有联系，每年都要参加团干部和辅导员培训活动，2020年8月我还为学校研究生团委主办的新生骨干培训班介绍清华的历史和文化传统。我对学校共青团的活动一直有很深的感情，这是和20世纪五六十年代在团委工作分不开的。我到团委工作时只有二十几岁，在党委领导下，在同志们的帮助下，我的思想觉悟和工作能力都有很大提高，为以后的工作打下了很好的基础。

一、周总理来到清华园

我是1958年初调到学校团委担任副书记工作的，开始时分工让我负责学习劳动和毕业生工作。1958年上半年，学校贯彻党中央提出的教育与生产劳动相结合的教育方针，各系都开展了一些科研工作，也承担了一批生产任务，组织应届毕业生参加生产、参加科研，在毕业设计中结合实际的任务。全校1400多名应届毕业生中大多数参加了实际的生产任务。当时为了了解毕业设计情况，我到水利系毕业班和同学们座谈。水利系1958届毕业生承担了北京密云水库的建设任务：从勘探、试验、设计到施工都有同学参加。同学们自豪地说："我们是真刀真枪的毕业设计。"在我向蒋南翔校长汇报水利系同学的情况后，他非常重视。

当时已经是4月份，毕业设计已开始了一段时间，但是他认为水利系真刀真枪做毕业设计的经验是应该推广的。决定全校召开毕业班同学大会，要求各系开展真刀真枪的毕业设计，全校毕业班同学参加了三百多项生产、科研工作。到8月份，毕业设计就要结束了，为了集中反映全校各系毕业设计的成果，在大图书馆举办了毕业设计展览，由我负责组织这个展览，请各系教师和同学参观。

8月24日下午4时，周恩来总理专程来校参观毕业设计展览。他在图书馆门前下车，进入大厅。在蒋南翔校长陪同下，逐系仔细地参观各项成果，由各系毕业班同学介绍。在参观水利系的展览时，由参加密云水库设计的女同学江文琴讲解。开始时她还有点紧张，周总理笑着说："你不要照词念了，就对着实物跟我说吧！"一句话把大家都说乐了，拘谨的气氛顿时消失。在参观水利系师生设计的密云水库总体模型时，周总理对同学们说："现在北京沟渠太少，应当增加些沟渠，这是你们的责任。"同学们回答："我们一定做到。"在机械系球墨铸铁铁轨展台前，蒋南翔校长向周总理介绍参加这项研究工作的同学之一董廷宗，他是放牛娃出身的大学生，周总理关切地问他学习和生活情况。当看到动力机械系为了代替人力三轮车，设计了微型汽车时，周总理询问了有关构造、成本、驾驶等许多问题，还参观了很多其他项目。

参观展览以后，周总理在图书馆的大台阶上，向1400多名毕业班同学发表了热情的讲话。他说："我一方面是来看看毕业同学，同时也是来订货的。"他还说："希望你们到工作岗位上去，更好地把党的学习和劳动结合、教育和生产结合的方针贯彻到实际行动中去。"最后，用"前进、前进、再前进！"鼓励毕业同学。

当晚，毕业班同学进行了热烈的讨论，大家受到极大的鼓舞。那些为总理做讲解的同学，更是激动和兴奋，他们说："这是幸福的会见，难忘的时刻。"

为了表达同学们的喜悦心情和对周总理的崇敬，学生文工团创作了《周总理来到清华园》这首歌。"八月里的喜事说不完，周总理来到清华园；天上的太阳格外暖，地上的花儿格外鲜；总理拉着咱的手，咱千言万语说不完；总理参观咱展览，满面春风笑开颜……"这首歌在清华唱了几十年，成为教师、学生合唱团的传统节目。

1958年12月21日，我校学生文工团应邀到全国政协礼堂演出，当时周总理兼任全国政协主席，他在百忙中也来观看学生的演出。我有幸坐在周总理旁边，向他介绍演员的情况。同学们把利用关帝庙建电厂的事编成京剧《关羽搬家》。

周总理看过展览，知道该剧的背景，他哈哈大笑地说："你们这是革命的现实主义和革命的浪漫主义相结合。"同学们受到很大的鼓舞，此剧一直作为保留节目，多次演出。演出结束后，周总理上台和演出同学见面，同学们热情欢呼。

二、参与制定"50条"

党中央在《关于建国以来党的若干历史问题的决议》中，对于在党的领导下，我们国家建设取得的成就给予充分的肯定；同时指出，"文化大革命"前就有过把阶级斗争扩大化和在经济建设上急躁冒进的错误。在对待知识分子问题、教育科学文化问题上发生了越来越严重的"左"的偏差。在学校工作中，也遇到了同样的问题。在20世纪50年代后期和60年代初期，在学生思想政治工作中，对一些思想认识问题，上纲上线，进行过火的政治批判，导致同学之间相互关系十分紧张。

针对这种情况，学校党委要求团委收集这方面的情况并进行整理。在1961年初，党委第一副书记刘冰同志带领我们团委主要干部，用了很多时间，认真梳理思想政治工作中的问题，并逐条讨论，分清是非，提出正确处理这些问题的意见。每次会议由我做记录，会后整理大家的意见。例如第一条："政治上的反动观点和思想意识上的落后表现要加以区别。"这是当时基层工作中经常遇到的情况。对于这一条，我们反复讨论多次，最后形成六个处理做法。就是这样一条一条讨论，形成"班级团支部工作中一些问题的界限"共"50条"，在学校各级团干部中反复讨论，提高认识。一段时期内，学校里一说"50条"大家都知道说的是思想政治工作的政策界限。学校党委也向北京市委大学科学部做了汇报。通过一个多月的讨论，团干部普遍认识到，在工作中要善于分清是非，要有政策观念，要学习正确的工作方法。蒋南翔校长在1961年"五四"晚会上专门讲到了"50条"，要求做到"调整关系，加强团结；巩固秩序，健全制度；改进作风，改进工作。"贯彻"50条"的过程，实际是团干部进行了一次辩证唯物主义和历史唯物主义的学习。在以后的工作中，我注意到，这一时期在团的系统中工作过的学生在毕业以后，无论在什么岗位工作都发挥了很好的作用。这是和在学校受到的教育和工作锻炼分不开的。现在来看，尽管当时是要克服"左"的影响，但由于整个社会环境和学校干部水平的限制，还是有很多不完善之处。

三、组织学生参加劳动

1958年开始，学校贯彻党的教育与生产劳动相结合的方针，积极组织学生参加校内外的劳动。学校团委除了有组织部、宣传部外，还建立了学习劳动部，我到团委后，就负责这方面的工作。

当时，已经建立了"人民公社"，到麦收时，总是感到人力不足，需要学校和机关的学生和干部下乡支援。我在团委工作期间，曾多次带领学生到北京郊区的几个县去参加麦收。北京麦收时间一般在6月下旬，每次都在两周左右。我们去过昌平、延庆、通州、房山等县。同学们在农村都是集体居住，和农民接触不多，主要是得到劳动锻炼。

在多次劳动中，给我留下较深记忆的是1958年秋天到百花山劳动。1958年全校招生近2800人，是那几年招生人数最多的一年。百花山位于房山县山区，海拔较高。我们要去植树造林，在山坡上挖鱼鳞坑。当地当时没有电话，要打电话要翻过山，到几十里外的地方去。山里也还没有通电，我们由动力机械系带了锅驼机和发电机给农村装机发电，当夜里电灯亮起时，农民们欢呼雀跃。由于这一届新生较多，分两批去，我带第一批先去。第一批劳动结束以后，同学们就返回学校。第二批由李仙根同志带队，我留下做交接工作后第二天再返校。

当晚和六七个同志一起睡在一个炕上，山上天气冷，烧了火炕。当时窗户纸大部分已经掉了，但风迎面吹来，屋内煤气不能扩散，屋内几个人都煤气中毒了，经随队医生治疗后都恢复正常。我按原定计划要返回学校，他们为了安全，特别安排一位校医院的男护士陪我下山。当时那里交通极不方便，车子开不到山上，要在山里走四十里路才能上车。我在这位护士陪同下，在空气清新的山里走了40里路，人就完全清醒了。这一段参加劳动、起死回生的经历终生难忘。

我由于生长在城市里，没有参加过农村的劳动和生活，在农村帮助老乡挑水是大家都要做的，但我不会挑，过门槛就更难了。每次下乡，我都是抢着去拿大扫帚，扫地还是会的。1969年到江西鲤鱼洲劳动，分配我给抗洪的同志烧开水，还要送到大堤上。这对于我是极大的考验，从烧水点到大堤还有相当一段距离。要挑两个木桶近100斤的开水是比较难的，当时天气非常热，穿着塑料鞋汗很多，脚下很滑。后来索性不穿鞋，赤着脚在沙石地上走。经过几天的锻炼，挑水不成问题了。在鲤鱼洲两年多的时间里，我有一年是在一连炊事班，每天一早起床就要挑水，做饭的人多，水桶少，大家都尽快去抢水桶，从水井到厨房要上一个坡，我挑起来也很自如了。回学校时，我把那根扁担也带了回来，作为纪念。

四、我参加的女生工作

20世纪60年代初，国家经济困难，由于营养不足，学生的健康状况不好，特别是一部分女同学。蒋南翔校长很关心这个问题，他要求学校建立女生工作委员会，并亲自找李卓宝同志谈话，动员她负责这项工作。他说："女同学的好多事男干部很难去了解，当然要女干部去了解，党委里你是女的，又做过妇女工作，你有责任去解决。这些女学生不仅要培养成为红色工程师，将来她们还是母亲，我们共和国的母亲。她们的健康状况直接影响到我们的子孙后代，将来子孙后代都要感谢你的，是功德无量的事。"南翔同志从这样的高度看待女同学健康问题。李卓宝同志承担起这个工作。女同学的健康工作和学校很多方面有关系，学校决定由当时的校长办公室主任朱志武和我做副主任，协助李卓宝同志工作。

当时学生食堂实行包伙制，男女同学同样一份菜，男同学需要的菜量大，女同学需要菜做得细一些。女生工作委员会建议专为女生办一个食堂，这在干部和同学中有争议。有人认为这样会培养女同学的"娇""骄"二气，情况反映到南翔同志那里，他支持办女生食堂，他认为关心女同学的伙食，是应该的；克服"娇""骄"二气是思想教育的工作，二者不能混为一谈。女生食堂办起来以后，很受女同学欢迎。直到现在，50多年过去了，当年曾在女生食堂吃过饭的女退休教师对当时女生食堂给病号一两十个小饺子还记忆犹新。实际工作中南翔同志针对一部分女同学思想狭隘，斤斤计较一些琐事，曾多次讲"女同学的感情要粗糙一些"。

女同学生活中还碰到一个问题，就是早晨上厕所困难。那时早上有早操的规定，厕位不足，女同学要排队上厕所。而学生宿舍设计时没有专门考虑到女生的需要，学校就决定在女生住的五、六号楼每层增加两个卫生间。学校就是这样细致地关心学生的生活和健康。

五、解决"团领导党"的问题

南翔同志到校以后，十分重视发挥青年团组织的作用，他也依靠学校团委做学生的思想政治工作，在各系设立的政治辅导员都兼任团的工作。这样，学校团委就成为学校党委在学生工作方面的助手,很多工作就通过团的系统布置下去。到了20世纪50年代末,学生中的调干生人数增多,很多是党员,入党较早,党龄较长。他们对于学校里学生工作都由团的系统布置下去,有些不理解。也有人说,这不是"团领导党"吗?党委领导同志听到这个意见,十分重视。按照我们党在各中央局和省市党委设立青委的传统,在学校党委设立"青委"(或称"学委"),由分管学生工作的党委副书记艾知生担任书记,团委书记张慕葎任副书记,团委副书记都是委员。这样,学生工作还是在党的领导下,通过党、团组织贯彻执行。同时,我们也注意到,在工作中要及时向各系学生的党组织通报工作情况。这样,这个问题就得到了较好的解决。

六、发挥学生会的积极作用

在团委工作期间,组织要求我负责联系学生会。当时学校本科生已过万人,学生会要负责组织好全校学生的大活动、要关心同学们的生活、要组织好同学们课余的文艺体育活动等。学生会的主要干部都是在校学习的大学生,他们都有繁重的学习任务,只是利用课余时间为同学服务。在和他们的接触中,有几件事给我留下深刻的印象。

在20世纪五六十年代,每年"五一""十一"都要组织全校同学到天安门参加群众游行。那时交通条件也很有限,组织几千名同学进城去是件大事。每年两次都是学生会的干部和总务处的同志共同组织这件事,虽然我负责联系学生会的工作,但不需要去参与。同学们清晨三四点钟就要起床,由学校步行到清华园火车站,爬上运货的敞篷车,在车上站到西直门站,再步行到东四附近等候游行。游行以后,同学们要到西四附近的一所中学稍事休息,大部分同学走到西直门上车回校。还有一部分同学要参加晚上天安门的联欢活动。这些都是学生会的干部们组织的。这些活动当然也锻炼了这些干部的组织能力。

学生会关心同学们的生活,给我留下印象深刻的事,是抓好食堂的窝头。20世纪60年代初,经济困难,为了做好食堂工作,学生会专门成立了"食堂部",帮助学校解决食堂中的问题。食堂里的窝头都是由炊事员按北方习惯用手捏成,由于炊事员每天要做几百上千个,个头大小难免有差别。当时粮食定量不足,学生都想拿到大一点的窝头,这样排队时间就要长,成为食堂的一个矛盾。学生会食堂部的一位副部长是机械系的,就想到学校食堂蒸窝头用的是高温高压蒸锅,窝头可以不要有洞。这样就可以用马口铁做的圆锥体一个一个地扣出来,窝头大小就完全一样了。这个问题就解决了,大家还给这位同学起了绰号"×窝头"。

学生会还经常组织校外文艺团体的演出活动。有一次周末在五道口剧场安排了一场话剧(也可能是别的剧种,记不清了),到开演时,只有不到一半人。几个学生会的负责人也没有看演出,坐在场外台阶上愁眉不展,觉得花了这么大力量组织演出还赔了钱。星期一上午一上班,他们就来告诉我这个情况。我当时说赔了钱不要紧,我们可以用演电影的余款补上;问题是为什么你们好心要为同学们办事,同学们却不领情。关键还是你们不了解同学们的需要,简单地说就是要走群众路线。群众路线你们在书上看了很多,但在实际上没有应用过。这次是很好的教育。这几位同学对这事印象很深,以后还谈起过。我体会到学生干部在实际工作中有些失误不可怕,这样才会留下比较深的印象,他们就是在实际工作中不断磨练成长的。

我校学生会的主要干部原来就是各系比较优秀的学生骨干,素质都是很好的,再经过学生会工作的锻炼,都成为优秀的人才。几届学生会的主要干部毕业以后无论是在技术岗位还是管理岗位都担负领导责任,其中好几位是省部级干部。这不是偶然的,和他们在学校得到的锻炼是分不开的。

七、深入班级,加强和同学的联系

我在学校团委工作期间,为了更多地了解学生的情况,我主动要求到一个班兼班主任,后来选择了我熟悉的专业,担任了土木系房62班的班主任(这个班是1960年入学)。过了不久,便认识了班上所有的同学,当然有的接触多一些。当时我住在十五宿舍,就在同学们饭厅后面,班上同学,特别是班干部常常吃过饭就来找我,谈谈班上的情况。就这样,我和班上一些同学交了朋友,我还介绍了一些同学入党。这个班已经毕业50多年,我至今还和一部分同学保持着联系。房62班的托列吾汗是一名哈萨克族的新疆女生,由于语言和文化方面的原因,学习上有较多的困难,但是她通过努力,也可以跟上学习要求。毕业后回到新疆工作,开始是在基层做妇女工作,以后担任县、州的领导工作,后来担任新疆维吾尔自治区检察院的副检察长。她对党组织、清华和老师有着很深厚而纯朴的感情。我20世纪90年代多次到乌鲁木齐，她会来看我，我也到她家去过。还有一名维吾尔族的男同学，毕业后到新疆工学院做教师，还寄了一本书给我——《维汉建筑工程词典》，我收到之后很欣慰，他做了其他清华同学做不了的事，也为教育发展作出了贡献。所以学校培养少数民族同学的意义非常重大，把学生工作做好，把大家的心与国家、民族、学校联系在一起很重要。我想像这样的同学无论遇到什么情况，都是一定不会动摇的。在后来的工作中我经常会与统战部和团委的干部们交流我做班主任时的一些体会，希望大家一起做好少数民族学生的工作。

回顾60年前在团委工作时的情景，明斋一楼是团委的办公室，我们每个人都没有办公桌，连一个抽屉都没有。大家都是背个书包，文件、笔记本放在里面，开会时就拿出来，开完会背起来就走。大多数时间是到下面去，和系、班干部讨论一些问题。团委的干部流动比较大，有的工作三两年就被调到其他部门。大多数团委人员住在二楼，交往比较多，团委干部之间相互关心，生活上互相照顾。改革开放以后，多次组织老团委同志聚会，大家都是欣然前往，共话往事，倍感亲切。

这是因为在团委工作期间，每个人都是二十多岁的年轻人，在这里得到锻炼成长。我们的人生观、价值观得到塑造，工作能力得到提高。大家都很怀念这段时光，也很怀念曾经领导我们工作的党委领导同志。这次组织书写回顾60年前团委工作期间的活动，很快得到大家的支持，说明大家对于那段时间的工作很有感情，记忆犹新，记录下来，传承后人。

方惠坚　1950年入清华大学土木工程系，曾任学校第一批政治辅导员、曾任校团委副书记、副校长、校党委书记，研究员。

在学校团委的工作是我一生事业的起点

张孝文

我 1952 年考入清华大学。1955 年 3 月入党后不久,在暑期被选为机械制造工程系的学生"政治辅导员",开始了"双肩挑"。1957 年 7 月调任校团委副书记,直到 1963 年 3 月离开校团委,转任校党委组织部副部长(负责学生党建工作)。从事共青团及相关工作有 7 年多的时间。这一时期,是我国高等教育从"全盘学苏"到探索创建社会主义新型大学的重要历史阶段。在以蒋南翔同志为首的领导班子带领下,清华大学围绕"培养人"这个中心任务做了一系列有意义的探索,包括"又红又专、全面发展"的成才之路;开创设立"双肩挑"的政治辅导员制度;通过"真刀真枪"作毕业设计贯彻"教育和生产劳动相结合"的教育方针;以及"因材施教""少而精""两个集体,三个代表队"等从实际出发、具有清华特色的办学理念,为培养社会主义的合格建设者和可靠接班人作出了历史性的贡献。清华的共青团工作作为全国高等学校共青团工作的一个缩影和代表,积极配合"培养人"的中心任务,做好了党委的得力助手。我个人在那段时期的工作中得到了教育、锻炼和提高,对我后来一生的经历和成长有重要的影响。在团委的工作是我一生事业的起步,回顾起来我深深地感到,这个起步在一些根本的方面给我打好了坚实的基础。

一、提升和坚定了正确的人生观和世界观

在学校团委工作,我们能有机会和一些老一代共产党人直接接触,得到他们的"言传身教",懂得一个共产党员在国家和民族需要时应该怎样作出自己的

人生选择。"一二·九"时代的蒋南翔发出"华北之大，已安放不得一张平静的书桌了！"这一振聋发聩的怒吼，继而带领一批爱国志士离开学校，投入到抗日救亡的伟大斗争中。至于何东昌同志，尽管在我初进清华时没有和他直接接触的机会，但是在同学中已经有很多关于他的传闻，我们知道他是西南联大时有名的"一二·一"反内战民主运动骨干，解放前清华地下党负责人。同学们说他在西南联大是和李政道同一届的高材生，他所在的航空系淘汰率非常高，一个班毕业时只留下8名学生，一些教授为他"转行"做管理工作感到非常"惋惜"等。后来我到校团委工作，有了和他直接接触的机会，对他的了解就更加深入了。知道有人问过他，为什么当时放弃留美考试的机会，不去美国深造？何东昌的回答是："抗战时期看到中国的贫弱，就立志要改变社会，后来接触到了马列主义和共产党，懂得了人一辈子不能只考虑自己，要对国家和人民有责任。"这让我懂得一个共产党员尤其是党的干部应该有怎样的人生观和价值观。可以说，像南翔同志和东昌同志这样自觉服从革命事业需要的有代表性的"故事"，一直是植根于我内心"不忘入党誓言初心"的一股榜样力量。在我一生的经历中，从入党开始到后来工作变动，也曾经有过几次个人志趣和工作需要产生矛盾而引起的思想斗争，正是在这种榜样力量的引领下，我始终坚守住了一名共产党员的"初心"。

从1952年12月起蒋南翔担任清华大学校长、党委书记到1966年"文化大革命"开始，在长达14年的实践中，以他为首的领导班子，包括何东昌同志、刘冰同志、艾知生同志等，一直在努力探索社会主义国家兴办高水平大学和培养有用人才的道路。其中首要的核心问题就是要解决"为谁学？"这个人生观问题。这也是我们团委在德育阵地上的主要使命。现在我们可以自豪地说，那个时代的清华毕业生总体上都是抱着"到祖国最需要的地方去"的心愿，以到"最艰苦的岗位去"为荣。历史已经证明，清华在那个时代培养出了大批高级专门人才，他们在社会主义建设各领域的出色表现受到了用人单位的欢迎，也极大地提高了学校的社会声誉。例如，中国"两弹一星"的成功，不仅仅需要元勋级老一辈科技人员的带领，也需要数以万计的高级专门人才的创造性工作。1991年清华大学80周年校庆期间，我与学校一些同志到位于四川深山中的"两弹"核心工程基地看望清华毕业生。一大批"文革"前毕业的工程物理等系的校友，在那儿一辈子默默无闻地作出重要贡献。他们说，看到《共和国没有忘记》的纪录片时，他们都哭了。我们相聚交谈时的情景十分感动，令我终生难忘。

当时我们这些在团委工作的干部,既是"学生政治思想工作人员",同时也是"受教育者"。那个年代清华有着弘扬正气的氛围,这个氛围是由继承了清华光荣革命传统的领导和师生共同营造的。而我们的共青团工作一直就是在这样良好的环境中"耳濡目染"进行的。这对我们人生观、世界观的影响是非常深刻的。

蒋南翔还主张青年学生要学一些马克思主义哲学的基本观点和知识,他说:学马克思主义哲学的根本目的是从理性上帮助学生树立正确的人生观、世界观和掌握科学的方法论,这些都是一辈子要努力的问题,但学生时代打好基础对今后有好处。

在他的倡导下,从1959年开始,校党委几位负责同志都亲自讲政治理论课,而且要求我们这些在团委工作的政治辅导员都要选一门课、去一个班当辅导教师。我当时选了"金零"班(也是我在团委工作时的"蹲点班")做哲学课的辅导。这门课是南翔同志亲自讲大课,他的讲解深入浅出,紧密联系实际,深受同学们欢迎。为帮助我们这些年轻干部当好哲学课的辅导教师,南翔同志还找我们开过多次会,了解学生中存在的认识问题并和我们一起讨论。他有一次讲道:"人生观问题,对年轻人是非常重要的,从高中阶段到大学阶段,是人生观基本形成的过程。世界观问题更加深刻,不是年轻人一下子就能够理解的。世界观问题实际上是更深刻的意识形态问题,辩证唯物主义和历史唯物主义的问题。"虽然当时我还不能很深入地领会这段话的含义,但是他的这个观点让我记住了"树立正确的人生观和世界观"是一辈子的事情,是需要经常反省和自检而不断提高在这方面修养的问题,这对我一生都有重要的帮助。做他的哲学课辅导教师,也促使我在那段时间阅读了很多马列原著,无论是理论水平还是思想方法都有了提高。后来无论是主要承担行政工作,还是有一段时期集中精力搞业务,包括到美国作访问学者时都能较快地在研究工作中作出成绩。因此深感辩证唯物主义的认识论和方法论,不仅是认识社会和指导各项工作的强大武器,而且也是认识自然规律、指导学术研究的强有力的思想武器。

我自己常说,这7年在学校共青团工作的经历,不亚于上了一次"党校",为我人生观和世界观的提升和巩固打下了坚实的基础。

二、对"又红又专"认识的深化及在学生思想教育工作中的实践

1957年10月9日,毛泽东同志在中共八届三中全会最后一次会议上发表讲话指出:"政治和业务是对立统一的,政治是主要的,是第一位的,……我们各行各业的干部都要努力精通技术和业务,使自己成为内行,又红又专。"蒋南翔同志曾明确表示,"德才兼备"作为衡量人才水平和素质的主要标准是被普遍接受的,但不同时代、不同社会制度下德育的内容和对人才的要求是有区别的。共产党领导下的社会主义国家对人才的要求,就是"又红又专"。"红"指的是政治方向,是爱国,具有为人民服务的思想、集体主义精神和敬业的品德。"专"指的是要掌握先进的科学技术知识,不仅要有"面包",还要掌握"猎枪",理论联系实际,培养分析问题和解决实际问题的本领。具体到清华大学,作为一所多科性工科大学,形象地说就是要造就和培养"红色工程师"。

当时对于要不要做到"又红又专"、怎样做到,同学中有不同看法。有的同学主张不必"又红又专",认为"你先'专'了,'红'会来请你的",所以主张"先专后红"。1958年校团委组织了全校范围的"红专大辩论"思想教育活动,用民主讨论的方式辨明是非,进行自我教育。这一场大辩论一开始由各个班级的团支部组织,后来发展到年级联班的大辩论。辩论会鼓励大家敞开思想,摆事实讲道理,各抒己见。有的班级开辩论会时,一个班上分成两派,主张"又红又专"的准备一面小红旗,放在桌子前面;有不同看法的则放一面小"白旗",表示自己虽然是"非主流"的观点,但是为了明辨是非,还是愿意积极参加辩论。辩论的整体氛围是很好的,各系的辅导员都会去参加。到了后期,一些总结性的大班会议,还会请学校党委、系总支和校团委的领导同志参加并作总结发言。那时候,机械系有一位女辅导员吕孝勤同志,工作、学习各个方面都很刻苦,但有口吃的毛病,她为了做好学生工作,居然把口吃的毛病克服了,我在全校学生大辩论交流大会上专门介绍过她的事迹。蒋南翔对学生的"红专大辩论"非常重视,答应给全校学生做总结讲话,他为准备这个报告,还专门要我带了在交流大会发言的录音到他家里播放,了解我们团委组织这一次"红专大辩论"的有关情况。

在"红"与"专"的关系上,蒋南翔倡导"红专统一","红"与"专"不仅不矛盾,而且可以相互促进。他认为思想觉悟高、有崇高理想,能产生巨大的动

力，促进学习，业务上可以进步得更快。他指出，马克思主义的辩证唯物论是认识自然规律、指导学术研究的强有力的思想武器。他强调，学生通过适当参加社会实践及教育活动来提高思想觉悟和修养，但不要花大量时间去参加政治活动，强调学生的主要时间应该用于学习，对此他形象地举例说："'红'和'专'的关系，就像你从清华西门出发去颐和园，你得经常抬头看看万寿山是否还在前面，这就是你的方向，但你大量时间是走路，应该是花在一步一步走路上。"为贯彻这个指示，团委提出，所有在校学生兼任社会工作的时间一律不能超过每周6小时，对于难免发生的各种比较耗时的问题，应该由联系的政治辅导员或者班主任来负责处理。

蒋南翔主张，对不同学生应该有不同的要求，各按步伐，循序渐进。他创造性地提出了著名的"三个台阶"论。第一个台阶是爱国主义，要热爱伟大的中华人民共和国，这是每个学生都应该做到的。具体说就是"两个拥护"（拥护中国共产党和社会主义制度）、"一个服从"（毕业分配时个人可以填写志愿，但有矛盾时要服从国家需要）。第二个台阶是努力树立为人民服务的思想意识，这是确立正确的人生观的问题。经过大学5年的思想教育和个人的努力，绝大多数同学是可以做到的，只是程度可能有差异。第三个台阶是共产主义，树立共产主义世界观，做无产阶级的革命战士。这虽然是少数，但只要努力也是可以达到的。

在实际工作中，他要求学生工作干部要准确把握学生的思想政治觉悟，对于思想进步、学习好，已经具备条件有志愿入党的学生要及时吸收入党，这有利于他们毕业后在工作中更好地发挥作用。当时，学生中要求入党的人是很多的，但20世纪60年代初，学生党员的比例很低（只有3%左右），甚至还不如解放前夕清华地下党的比例（10%左右）。蒋南翔得知这一情况后，认为不符合学生的实际情况，他要求党委有关部门研究原因、充实力量，选干部加强学生党建工作。在这一背景下，1963年初我从团委副书记岗位上被调到组织部任副部长，专门负责学生党员发展工作。经过党委和各系的共同努力，团组织的配合，到"文化大革命"前，学生中党员比例增加到了10%左右。在这个时期入党的学生，不仅政治过硬，学习成绩也都是比较好的，后来在事业上大都有很好的发展，有的还走上重要的领导岗位。

清华以自己的实践证明：正确的政治方向、高尚的思想道德品质，与有很高造诣的专门知识、学术上的杰出成就是能够统一，也是应该统一的。我们培养的学生，既能成长为坚持社会主义方向的工程技术人才、国际上一流的学者，也能成长为出色的党政领导干部。

三、通过工作实践不断提高政策水平

1948年，毛泽东同志从检讨纠正土地改革等工作中的错误倾向入手，对党的政策和策略问题进行了深入探索，并作出"政策和策略是党的生命"的重要论断。

政策和策略是为战略任务服务的手段，政策体现了执行相应战略任务的各级领导的愿望和目的，政策水平直接关系到工作的成败，也是衡量干部思想水平和治理能力的关键因素和核心标记。

南翔同志有一个著名的论断，那就是"基层出政策"。那时，以他为首的学校很多领导同志都具有很强的独立思考能力，他们一方面在学校治理过程中始终贯彻党的路线方针政策；另一方面坚持实事求是，努力防止和纠正"左"的和右的错误倾向。我们在团委工作，接受各种思想和各项实际工作的淬炼，也考验了我们的政策水平，从中得到成长和提高。

有几件事给我留下很深刻的印象。从1957年"反右斗争扩大化"到1958年"大跃进"时期，教学等学校的中心工作中也发生过阶段性的劳动过多、对理论教学重视不够、不尊重老师等"左"的错误，使一些教师和学生的积极性受到较大挫伤。但是，南翔同志和学校党委在这方面的"政策性"教育也是抓得很紧很及时的。例如，1958年末清华大学党委发现物理教研组党支部对待教师有"宁左勿右"的思想和做法后，及时进行了检查和纠正，并向中央相关部门作了报告。毛泽东同志看到后作出批示，建议将此件印发给全国一切大专学校、科学研究机关的党委、总支、支委阅读，并讨论一次，端正方向，争取一切可能争取的教授、讲师、助教、研究人员，为无产阶级的教育事业和文化科学事业服务。在学校组织我们讨论的会议上，蒋南翔同志说：左和右都会对革命事业带来损害，都是不对的！从左边或者右边掉进茅坑是一样臭的。

另一件事是在学生开展"红专关系大辩论"后，清华也出现了一些"左"的倾向——有的同学不敢多看业务书，怕被说是走"白专道路"，在图书馆看业务书时，还要把《红旗》杂志盖在上面。有个别班级在辩论中把想当"爱因斯坦"的同学看成是要走"白专道路"等。有一次张慕萄同志和我到南翔同志家去，向他汇报了这些情况,蒋南翔说:"千万不能这样,清华如果出'爱因斯坦',那是清华的光荣。"他还说:"即使出不了'爱因斯坦',出个'B因斯坦'也是好事!"

受到1959年庐山会议后党内和社会上"反右倾"的影响,1960年初学校也曾经"轰轰烈烈"地搞过一段"三大革命"。后来针对学生中存在的简单化问题,刘冰同志带领我们团委几个人在一个多月的时间里反复多次讨论,搞了一个"学生工作'50条'",以后又几经修改,形成"团支部工作条例"作为各级学生团组织工作重要的"政策性"依据。

在政策执行的具体工作中,也有许多"平衡"的领导艺术。艾知生同志当时兼任团委第一书记,与我们接触最多,他对工作的一些想法是很使人受教益的。有一件事给我很深的印象。那时为加强体育代表队和文艺社团的训练工作,决定搞"两个集体",即代表队和文艺社团的主要成员除了在班上有个集体外,还集中住宿,并单独成立团总支。在研究这个新成立团总支的领导人选时,艾知生同志建议团总支书记要由团委副书记兼任,并提出要我去兼任。我对文体并不专长,也不分工负责这方面的工作,对这个安排有些困惑。他解释说,文体积极分子首先要做到德智体全面发展,尤其要把业务学习搞好。让我去兼任书记就是可以有个"平衡",使全面发展更有保证。我也就欣然允诺,承担起这个责任了,后来我们还安排了承宪康同志担任总支副书记。这种例子是很多的,这些经历给了我很多启发,在后来的工作中,既要坚持实事求是,独立思考,也要始终注意工作方式和方法。

2018年7月2日,习近平同志在和团中央新一届领导班子成员集体谈话时指出共青团是党的助手和后备军,团的所有工作,归结到一点,就是要当好这个助手和后备军。当年在清华大学共青团工作的实践,正是这一指导思想的生动体现。那段时期的工作,对包括我在内的一批干部一生的成长都有重要的影响,让我们在思想上得到洗礼,在工作中得到历练,同时学习掌握了很多好的工作方法和工作策略,能够始终坚持"不忘初心,牢记使命",在后来的工作中,为党和国家的事业作出了自己的贡献。

张孝文 1952年入清华大学机械系,曾担任政治辅导员、校团委副书记、校党委组织部副部长。历任清华大学化工系主任、理学院副院长、校长、国家教委副主任等。中共十四届中央候补委员。

为了培养又红又专全面发展的新一代
——蒋南翔时期团委工作回顾

谭浩强

我是1953年进入清华大学学习的,1955年起担任政治辅导员,1956—1959年担任3年清华大学学生会主席,1958年起至1966年担任8年清华大学团委副书记。当年清华党委委托团委全面负责学生的政治思想工作,工作范围广,责任重大,政策性强。这个时期是清华历史上一个重要的阶段,也是我一生中永远难忘的记忆。

最深刻的体会,有以下几点。

一、有机会直接学习和领会蒋南翔校长的富有创造性的教育思想和高超的领导艺术,一生受益

1952年党中央派时任团中央副书记的蒋南翔担任清华大学校长。蒋南翔是"一二·九"时代清华大学地下党负责人,是新中国杰出的教育家,为创建新中国社会主义高等教育作出历史性的贡献。他高瞻远瞩,总是站在战略的高度考虑问题、提出问题,思想全面而深刻。他从来是不唯书,不唯上,只唯实,一切从实际出发。这些对我们的思想和工作起了极为重要的示范作用。

学校一切工作都是为了培养人。蒋南翔校长教育思想中最核心的一点是:把培养人放在首位。学校工作头绪很多,方方面面,很容易顾此失彼,见物不见人,往往不自觉地把科研、基建或创收当作了重点,而忽略了培养人的根本任务。蒋校长在任何时候都非常明确地把培养学生放在中心位置上,十分关心学生的成长。每年开学,必找新生座谈;开学典礼必对新同学提出殷切期望,使学生明确

为了培育全面发展的新一代
——蒋南翔任校长期间清华共青团工作回顾

方向;经常听取学生情况的汇报,及时提出意见;深入课堂听学生的课;亲自给学生讲哲学课;对各类代表人物经常过问,直接掌握;他记得许多优秀学生的名字,甚至几十年后仍然记得;每届学生毕业,他必亲自参加毕业典礼,对同学作语重心长的临别赠言,使学生终生难忘。总之,他的心中始终装着学生。

提出"又红又专,全面发展"的培养目标。这是蒋校长和清华大学党委对清华学生的明确要求,这个口号是清华首先提出的,并且几十年坚持贯彻,它不仅在当时大学生中深入人心,而且成为许多清华毕业生终生坚持的方向。许多清华毕业生在回顾母校教育时都十分明确提到这8个字对他们一生的深刻影响。

学生思想的三个境界。蒋校长十分重视学生的思想教育工作,关心青年学生的成长。他深刻地指出学生思想有三个境界(即三个台阶)。他在对大学生做报告时形象地说,大学生的思想境界要上三层楼:第一层楼是爱国主义,爱我们伟大的中华人民共和国,这是对大学生的基本要求;第二层楼是社会主义,愿意为社会主义服务,拥护社会主义制度;第三层楼是树立共产主义世界观,这是对少数先进分子的要求,争取加入共产党。对三个台阶的概括是很科学的,既有明确的方向和要求,又实事求是,有所区别。

清华大学要培养出一批一流专家。他说:"我们相信我们能培养出一批国际有名望的专家。我们能否培养出林家翘这样的科学家?培养不出来,我们只好承认领导失败。"他说,清华将来要出大科学家,没有爱因斯坦,出"B因斯坦"也好;还说清华能否出副总理级干部,也是衡量我们教育是否成功的一个方面。

他指示团委要注意"从万里挑一"(从一万个学生中发现最优秀的学生),发现和抓好"万字号"的学生,列出名单,逐个分析,专门制订培养计划,为他们"开小灶",减轻负担,创造条件。可惜这项试验因"文革"而中断。

建立"三支代表队"。蒋校长提出,在抓好全校的全面发展的基础上,建立"科学登山队"(即学习优秀的因才施教学生)、政治辅导员队伍、文艺社团和体育代表队。分别称它们为科学代表队、政治代表队和文体代表队。组织落实,条件保证,加强领导,作出成绩。在当时国内的高校中,清华的做法是很有创造性的,取得了显著的成效,在每一个领域中都涌现了一批优秀的人才。

建设好两个集体。为了推动全校文化体育活动的开展,根据蒋校长的指示,从全校学生中选拔出文艺和体育积极分子和特长生各一百人,集中住宿,单独成立党团组织,以加强思想工作,做好协调工作,保证学习与活动两不误。蒋校长提出：要搞好班级和文体组织这两个集体，使学生在两个集体中都受到教育。事实证明，两个集体比只有一个集体好，使学生接触面广、兴趣广泛、思路开阔、全面发展。

提出"争取至少为祖国健康工作五十年"。这是响彻清华几十年一个鼓舞人心的口号，把锻炼身体和为国家服务自然地结合起来，它不仅激励了几代清华人，而且至今还是全国大学生的奋斗目标。

团委一切工作都是为了培养学生日后成才。我们十分关心清华毕业生的表现，经常了解毕业生的情况，作为我们工作的反馈。1964年我在甘肃省做过系统的毕业生调查，回校后写了报告，印成小册子，向在校生做过报告。

十年树木，百年树人。据不完全统计，在蒋南翔时期培养的学生，已经有院士85人，中央政治局常委4人，政治局委员6人，中央委员19人，省长部长19人，副部级52人，大学校长、书记75人，将军34人，大型国企党政一把手95人，总工程师110人，国家重要科研院所长35人。最典型的是1959年入学、1965年毕业的65届毕业生，出了一位国家主席、总书记，一位政治局常委，3位部长，7位院士。他们是"大跃进"后入学的，"文革"前就毕业了，受到的干扰比较少，是全面贯彻蒋南翔教育思想的一届。实践证明，蒋南翔培养人才的理念是正确的、成功的。

二、在工作中保持清醒头脑，不唯上，不唯书，只唯实。学习辩证法，提高工作水平

蒋南翔校长给我印象最深的是：善于从战略的高度思考问题；创造性地提出社会主义教育理念；一切从实际出发的实事求是精神；工作中善于应用辩证法。尤为可贵的是在外界刮来各种各样的风时，他始终保持清醒的头脑，思想全面，工作稳妥，使清华的工作始终在正确的轨道上前进，避免了许多失误和损失。这对我们年轻的干部教育极为深刻。

从进清华开始，我就不断听到蒋南翔校长提出的许多创造性和而又辩证的口号。

各按步伐，共同前进。解放初期，根据中央指示，在全国的教师队伍中进行思想改造运动，批判资产阶级思想，树立为人民服务的思想。在这过程中，发生

了对知识分子要求过高过急的急躁情绪和简单化的做法，伤害了一些知识分子的自尊心和积极性。蒋校长及时提出了"各按步伐，共同前进"的口号，指出由于出身、教育、环境的影响，不同的人思想基础不同，不能强求一致，各人的步伐可以不同，只要共同前进就好。这个口号稳定了广大知识分子的情绪，团结了广大教师，在当时起了重要的作用。

两种人会师。为了建立新的教师队伍，一方面要充分发挥原有知识分子的作用，并帮助他们学习马克思主义，提高觉悟；另一方面要大力培养中青年教师，使他们成长为新的专家，实现"两种人会师"。由于这个口号，克服了片面性，充分调动了这两部分人的积极性，使他们看到了自己的前途和努力方向，并互相学习，加强团结，在又红又专的道路上共同前进。

三阶段、两点论。解放初，学习苏联，进行院系调整和教学改革，1958年又贯彻"教育为无产阶级政治服务，教育与生产劳动相结合"，开展"教育革命"，在"教育革命"运动中出现了简单化的情况，有人全盘否定过去。蒋南翔校长及时提出"三阶段、两点论"，指出：清华大学经历了发展的三个阶段：解放前的旧清华阶段、解放初期以学习苏联为主的教学改革阶段，以及1958年的教育革命。对每个阶段都要"一分为二"，既有值得保留的东西，也有需要否定的东西。不应肯定一切，也不能否定一切，要认真总结历史经验，把各阶段的好经验加以继承和发展。这是蒋校长对待历史的实事求是的唯物主义态度。

干粮与猎枪。蒋校长反对学生死读书，他说"不要做两脚书橱"，提倡大学生学会独立学习、独立工作，创造性地解决问题。他有一个著名的比喻：要给学生的是猎枪，而不是干粮。如果给学生的只是干粮，那么干粮总会吃光的，如果给学生猎枪，学生就可以自食其力，将来就不会发生饥荒了。

对学生既要有统一要求，又要因才施教。蒋校长在提倡全面发展时，特别注意因才施教。他说："只有充分注意到学生的个人特点，只有根据学生的具体情况进行教育，才能培养出真正全面发展的人才。"

基层出政策。党的方针政策不是少数领导人在房间里拍脑袋想出来的，而是来自群众的实践。高明的领导应当深入群众，深入基层，发现问题，总结经验，制定政策，解决问题。蒋校长指出："基层出政策"。作为基层，不应当只是被动地、盲目地执行上级决定，而应当主动地、积极地根据实际情况做好工作，创造和总结经验，并向上级反映基层情况和成功经验，帮助上级正确决策。这就是"不唯上，不唯书，只唯实"的唯物主义的态度。在当时的条件下，能提出这样的观点，反映了蒋校长具有很高的马列主义水平和大无畏的革命精神。这个观点对清华大学的干部影响很深，使他们形成了实事求是的工作作风，直到今天仍然可以看到它的影响。蒋校长也因此在"文化大革命"中被扣上"对抗中央""反对毛主席"的罪名，吃尽了苦头。

既要加强思想工作，又要注意克服简单化。在20世纪50年代末至60年代初，在政治运动中出现了一些简单化，错误地批判了一些学生，影响了学生的积极性。蒋校长及时发现了问题，指出要克服思想工作中的简单化倾向，指示团委总结经验教训。从1960年10月起，团委开始系统调研团支部和学生思想工作的情况和存在的问题，并着手制定《班级团支部工作任务要点》（含10条）、《班级团支部干部工作方法和工作作风要点》（含12条）以及《班级团支部工作中一些问题的界限》（"50条"）。规范了基层团干部的任务、要求和工作作风。"50条"针对当时学生干部中容易出现的政策界限不清的问题逐一列举并加以指导，如："政治上反动观点和思想意识上的落后表现要加以区别""要把对贯彻执行政策中的具体措施或个别问题的不满和反对党的路线、方针、政策加以区别""要把对工作的善意批评和对党的恶意攻击区别开来""在工作中要贯彻大集体与小自由相结合的原则，既要保证大集体，又要保证小自由""鼓励同学努力学习科学技术知识，不能把个人在科学上的雄心壮志看成是追求个人名利"等，非常具体，观点明确，便于执行。"50条"是刘冰同志带着我们几个团委同志花了几个月时间一条一条反复琢磨出来的，都是来自实际的问题，有很强的针对性。我是主要参加者之一。

在党委领导下，团委以此为内容对全体学生干部进行了一次集中的培训，教育干部们在**注意一种倾向的同时，防止另一种倾向**，要求干部思想要全面，工作要细致。使学生干部的思想水平和工作水平提高了一大步。"50条"是全国高校中出现的第一个有关学生思想政治工作的全面的政策性文件，在全国产生了重要的影响。后来团中央吸取了清华的经验，针对全国的情况制定了"38"，对纠正全国范围内的思想工作简单化起了重要作用。

三、推行"先进集体"制度，树立清华优良作风

坚持"先进集体"制度。清华从1954年开始推行"先进集体"制度，由校

务委员会表彰了在学习和实践中朝气蓬勃的"测专四二"班,从此年年表彰一批优秀的班集体。这是在全国高校中清华首创并坚持几十年行之有效的制度。在全校范围内形成学先进、争先进、促后进的群众自我教育热潮。这是团委推动学生工作的重要形式。

在初期,在全国一些高校推广后,由于具体做法不同,在社会上引起不同看法,在报刊上也展开讨论,甚至连中央有关部门的领导也不赞成"先进集体"活动,有人认为这会"强求一律""妨碍个性发展"。为此清华承受很大压力。但是蒋校长心里有底,态度坚定。他对团委的干部说:1953年毛主席来清华游泳,我向毛主席汇报了清华表扬"先进集体"的做法,毛主席加以肯定,说这和过去战争年代表扬先进连队一样,是促进工作的一个重要方法。同时蒋校长要求我们把工作做得更加全面,更加细致,更加周到,防止简单化、形式主义等负作用的产生。蒋校长说:"评选先进集体,不是一种优胜劣汰的竞赛,不是简单地比考试分数和参加各种活动的人数,不是建立一个绝对的标准,发动大家来突击,不是事事强求集体活动,限制同学的自由发展,避免形式主义和要求过急。"在这个思想指导下,清华的"先进集体"活动始终健康发展。后来名称改为"四好班",现在又发展为"优良学风班""甲级团支部"等。我们要珍惜和爱护这个清华传统,使之发扬光大。

注意树立清华优良作风。曾经有人觉得要加强政治思想工作,就需要增加政治活动时间。当年清华党委为了使同学们做到"又红又专",规定学生课外活动时间每周不超过6小时。我们觉得做政治思想工作不能只是开会谈话,在讨论团的工作辩证法时,就有一条"政治活动只占总时间的5%,但政治思想要渗透到百分之百的时间中"。这就要善于形成优良风气,使人潜移默化,熏陶感染。

大家都有体会:你到一个学校去,不需要别人介绍,你到上课的教室看看,到图书馆看看,到学生宿舍看看,到大操场看看,到食堂看看,你可以在几个小时内就会感觉到这个学校的作风。清华有清华的精神和作风,北大有北大的精神和作风,清华毕业生和北大毕业生往往不一样,各有特点。解放军有"三八"作风,所以解放军是革命大熔炉。我们认为要大力树立清华的精神和作风。作风是无形的,但它存在百分之百领域,它是无声的号召,无声的动员。

清华善于抓住各种机会培养清华优良作风。我记得对学生思政工作最困难的时期是20世纪60年代初,由于天灾人祸,我国出现了严重的经济困难,对学校也有很大影响，粮食定量降低，伙食营养不足，有的学生出现浮肿。有的家庭出现不正常死亡，不少学生情绪受到影响，有的学生搞"精神会餐"（指谈论较多的是吃喝）。过去开会时歌声不断，现在低头不吭声。这种情况是过去所没有的。刘冰同志指出"物质的东西少了，精神的东西要多一些"，他给我们讲了抗日根据地的艰苦生活。说革命者不能"人穷志短，马瘦毛长"，要有崇高的理想和志气。

党委明确提出要在全校学生中大张旗鼓地进行革命传统和革命作风的教育。刘冰同志说应当和解放军一样形成良好的作风，他和我们一起针对当时情况提出了具体的要求。据我回忆，当时提出了四句话：**坚定乐观的革命精神，勤奋刻苦的学习态度，艰苦朴素的生活作风，团结友爱的同志关系。**

团委针对大学生特点，采用多种形式发扬革命传统，振奋革命精神。请革命老前辈讲在艰苦条件下如何坚持革命；学习抗大精神，保持高涨热情；在全校学生中组织大唱革命歌曲，进行歌咏比赛。方向明确了，局面很快改观了。革命传统和革命作风的教育，取得了立竿见影的效果。传统教育深入人心，抗大校歌响彻校园，学生的精神面貌很快振奋起来，大家以苦为乐。困难时期不但没有降低大学生的斗志，相反地大家把艰苦条件作为锻炼自己的因素。很多有成就的清华校友都是那个时期的学生，他们对这段经历记忆犹新。这是清华大学思想工作比较成功的一例。

清华的优良作风就是这样通过每一个机会，一步一个脚印，逐步形成发展的，并且在培养清华人的过程中起了重要的作用。

经过长期的培养和积累，形成了具有浓厚清华特色的清华精神和清华作风。对于清华精神现在有各种不同的归纳与表述，如：自强不息，厚德载物；行胜于言；又红又专，全面发展；严肃的工作态度，严谨的科学作风；等等。有人归纳清华精神是：明耻图强的爱国奉献精神；严谨务实的科学求真精神；海纳百川的包容会通精神；人文日新的进取求新精神。

清华毕业生身上明显地体现出：一是有理想、有抱负，有奋斗目标，不会是鼠目寸光混日子的人；二是实干精神，不尚空谈，脚踏实地，埋头苦干，几十年如一日；三是有集体观念，善于集体协作，团结群众，而不是个人奋斗、个人突出。

清华精神是无处不在的，是一种无形的力量，是熔炉。对人起着潜移默化的作用。

四、团结百分之百,不放弃一个学生

对学生的热爱表现在要把学生培养成为对社会有用之才,他把学生看作自己的孩子,负责到底,一个也不放弃。

树立团结百分之百的思想。蒋校长提出的"团结百分之百"最集中地反映了他对学生负责的思想。他多次讲过:"我们要有团结百分之百的人的气魄。"

这个口号成为清华大学在思想政治领域的指导思想。在过去"阶级斗争要年年讲,月月讲,天天讲"的年代,提出这样的口号需要有多么高的思想水平和多么大的胆识啊!这实际上就是和谐社会的思想,而蒋校长在50多年前就旗帜鲜明地提出了这样的理念,是十分难能可贵的。

当年这个口号在清华干部中深得人心,但是在当时"阶级斗争为纲"的年代,被认为是"右倾""缺乏阶级斗争观念"。有人认为"毛主席提出团结百分之九十五,蒋南翔怎么能提出团结百分之百呢!"当年,北京市有关部门曾找过我了解:蒋校长原话是怎么讲的?对这个口号清华的干部怎么看?我当时根据清华党委的一贯思想,很明确表示:毛主席是针对全社会的情况提出团结百分之九十五的。社会上情况复杂,有地富、反革命、流氓罪犯,而大学生是经过高考和挑选的,是社会中比较优秀的部分,不能套用社会上的比例。我们主观上应当有团结百分之百的愿望,不轻易放弃一个学生。至于极个别学生受社会不良影响,走向反面,教育无效,也是有可能的。但是我们一定要从团结的愿望出发,做到仁至义尽。

蒋校长提出的团结百分之百绝不是无原则的团结,而是在"努力做到又红又专、全面发展"的基础上实现团结。蒋校长很重视对学生的思想教育,既有明确的要求,又区别对待。

关键在于怎样对待"后进学生"和犯错误的人。蒋校长十分爱惜人才,在反右派运动中,专门和被划为"右派"的学生座谈,希望他们不要失去信心,对他们说"望子成龙",勉励其中的党员争取重新入党。爱"子"之心,令人感动。多年后,这些学生还记得当年老校长的良苦用心,对蒋校长充满感激之情。

20世纪60年代初,清华大学团委在思想教育工作中发现有少数学生对社会和政策不满,有严重对立的情绪和言论,有的学生甚至有严重错误思想。我们把了解的情况向党委反映,党委指示团委首先要摸清情况,逐个分析,不要急于下结论，更不要简单处理。团委分工由我具体负责这项工作。当时我们称之为"对个别人的工作"。首先要弄清楚真实情况，不能只听汇报，更不能道听途说，断章取义，无限上纲。我们确定了一批被认为"问题严重"的学生，逐个进行了系统深入的分析，弄清楚他们出现问题的原因。

经过分析，这些学生的情况不尽相同，应当具体分析，区别对待，对症下药。这些学生中有的出身反动剥削家庭，政治上同家庭划不清界限，受家庭影响对新社会不满，他们冷眼看世界，以阴暗的眼光看待新社会，处处觉得不顺眼。有的受资产阶级思想影响很深，个人主义严重，对社会主义制度抵触。有的出身农民家庭，上大学是为了摆脱农村，发家致富，看问题常常从个人和家庭利益出发，容易出现片面性。有的则是由于当时自然灾害和党的政策失误，家乡和家庭的生活受到较大影响，思想波动，情绪偏激，对党不满。

蒋校长和党委负责同志非常重视这项工作，多次听取汇报，指出这些学生的思想是社会思潮的反映，我们要用大力气去团结和争取这部分学生。由于产生问题的原因各异，情况复杂，必须注意掌握好政策。虽然全校有比较严重的思想问题的学生不到1%，但是应当引起重视，要帮助他们提高认识，使他们也能成为合格的人才。

我们按照邓小平同志的指示："要深入细致、精雕细刻地做好思想工作，特别是对落后群众的工作"，做好这部分学生的工作。首先区分两类不同性质的矛盾，他们的问题中既有立场问题，又有思想认识和世界观问题，还有的存在实际问题（特别是农村学生），这些基本上都属于人民内部问题。我们提出要区别：一贯反动还是一时动摇；恶意攻击还是主动暴露；坚持错误还是要求改造；是过去的问题还是当前的问题；等等。党委向各级干部指出：他们中绝大多数是我们团结争取的对象，对他们不应冷落、歧视、放弃，更不能孤立、打击。只有在行动上严重违犯纪律的人，才按学校有关规定给予处分。

由于这类问题政策性很强，党委要求各级领导亲自动手，直接掌握情况，防止层层汇报产生失真；直接掌握政策，避免基层干部缺乏经验的而出现简单化。党委几位负责人分别召开形势座谈会与农村学生、灾区学生、边疆少数民族学生、华侨学生等各类学生座谈，宣传党的政策，解答他们的疑问，从党委副书记到团委负责人，从系党总支书记到系分团委辅导员，以及政治课教师（共200多人）都深入班级亲自做个别学生的思想工作，和他们谈心，交朋友，耐心听取他们的

为了培育全面发展的新一代
——蒋南翔任校长期间清华共青团工作回顾

看法。对每个人作具体分析，区别对待，"一把钥匙开一把锁"，进行耐心细致的帮助，使他们全面地认识形势，解开思想疙瘩。对于错误的思想，进行帮助分析，对出格的言论进行严肃的批评教育。

正面教育为主，运用典型引路，启发自觉学习，肯定微小进步。开展批评时不乱扣帽子，不发火，耐心听取意见，允许保留看法，同时关心他们的生活，给以力所能及的帮助。团组织热情吸收他们参加有关思想教育活动，如下乡参观、观看展览、观看有教育意义的演出等。有时一个班只有两张参观票，班干部会把一张票放在他们手中，争取他们思想的进步和转化。

经过两年多的努力，争取了其中的大多数，他们的思想有了不同程度的转变和进步。有一个贫农出身的学生，看到农村工作的问题，产生了强烈的不满和对立情绪。后来在阶级教育和大家帮助下觉醒了，他说："有一团闷火在烧我的心，我经常难以入睡。我几乎要被这闷火烧死，但终于没有烧死，却把我烧醒了。"他写了长达二万字的检查，表示永远跟着党走，希望大家严格要求他。像这样的同学，你推一推，他就过去了，使劲拉一把，他就过来了。我们坚定地不放弃一个人。清华的这项工作做得比较成功。

在那几年中，有的学校把这部分学生中的一些人定为"反动学生"，按敌我矛盾处理，开除学籍，送公安机关劳动教养。而清华大学没有因思想问题开除一名学生，更没有交公安机关劳动教养。这在全国高校中是非常突出的。

后来党委让我执笔写了一个报告，上报中央，得到中央的肯定，并在1964年全国高校政治工作会议上印发交流。

公安部同志认为，如果全国高校都能和清华一样，采取团结争取的方法，矛盾不上交，公安部的压力会小得多。1966年"文化大革命"前几个月，公安部还转发了清华大学的经验。

尽管由于历史条件的局限，有的干部对他们的批评上纲较高，但是在当时的条件下，能够这样做已经很不容易了，表现了清华爱护青年学生的真诚愿望和实事求是的作风。这是十分难能可贵的。

在"文化大革命"中，蒋校长和我们被扣上"包庇反动学生"的罪名，受到残酷斗争和批判。但蒋校长始终坚持原则，没有屈服压力而承认"错误"。

"文化大革命"后，时任北京市委副书记汪家镠同志组织编写《北京高校政治思想工作史》，还专门找我要有关材料，指出清华的这项工作体现了正确的方针，是很好的经验。

五、"两个集体"的成功实践——清华大学学生文工团

蒋南翔校长十分重视学生的课外文化和体育活动。他提出的"两个集体"的思想，取得了巨大的成功。我从1956年到60年代中期，在学生会和团委工作期间，分工负责领导学生的文化活动，耳闻目睹了蒋校长通过学生课余文体活动培养全面发展人才的教育思想。

清华大学的文艺社团有光荣的传统和良好的基础，并在1958年有了质的飞跃。1958年初，清华大学组织4000多名师生参加建设十三陵水库的劳动。学生会组织了一支以解放军文工队为榜样的"清华大学十三陵文工队"，深入群众，深入生活，鼓舞斗志。

由4000多名师生组成的劳动大军从清华园出发，在寒风凛凛中整队徒步40公里走到十三陵水库工地，文工队员随大队进行宣传活动。他们站在大路旁，用短小精悍的节目鼓舞着行进的队伍。只要队伍经过，口号声、歌声就此起彼伏，互相呼应。在队伍全走过去以后，他们又跑步到队伍最前面，开始下一轮的鼓舞活动。同学们从他们身上看到解放军文工队的革命作风再现，感到无比兴奋和亲切。

文工队员深入各个工地，边劳动，边采访，边创作，边演出。在工地各个角落都可以看到文工队员活跃的身影。哪里劳动最艰苦，他们就出现在哪里。只要他们出现，劳动就掀起一个小高潮，加油声、号子声、歌声响成一片。人们忘记了疲劳，充满了欢乐。

文工队深入生活，贴近群众，充满革命激情，受到广大师生的广泛赞誉，使人感到面目一新。劳动结束返校后，十三陵文工队及时把在劳动时创作的短小节目串连组成一个完整的《十三陵劳动大联唱》，包括合唱、独唱、朗诵、快板、相声、手风琴等，形式多样，内容丰富，贴近生活，激动人心。在校内外连续演出三十多场，轰动了清华园，并被邀请到天桥剧场演出，招待全国社会主义积极分子、妇女积极分子代表以及首都文艺界和教育界人士。还参加了北京市五一劳动节汇演，获得了大奖。有13家报刊刊登了我们创作节目的内容，在校内外产生很大的影响，社会各界给予高度评价和热情鼓励。

为了培育全面发展的新一代
——蒋南翔任校长期间清华共青团工作回顾

1958年,党中央提出"全民皆兵"的口号,各单位都设立了民兵组织。我校建立了"清华大学民兵师",由党委第一副书记刘冰担任政委,副校长高沂担任师长。由于十三陵文工队在校内造成的巨大影响,校党委提出以十三陵文工队为基础,建立"清华大学民兵师文工团",以振奋全校革命精神。我当时是清华大学学生会主席、校团委副书记,党委任命我为清华大学民兵师文工团政委,指定由我负责建立文工团的工作。

民兵师文工团又称为清华大学学生文工团。学生文工团的成立是清华学生文化生活的新起点。文艺活动的思想境界、活动内容和行为风气为之一新,方向明确,精神振奋,内容健康。他们把文艺作为武器激励人们斗志,鼓舞人们前进,丰富了学生的生活,振奋了学生的精神。

1958年党中央提出"教育为无产阶级政治服务,教育与生产劳动相结合"的教育方针,学校掀起了教育革命高潮,文工团及时创作了一批反映教育革命新生事物的好节目,如合唱队创作了《党的教育方针就是好》的大合唱,军乐队创作了《清华大学民兵师进行曲》,话剧队创作了多幕话剧《清华园的早晨》,民乐队创作了《人民公社好》民乐合奏,舞蹈队创作了有浓厚生活气息的《大扫除舞》。京剧队以建清华小电厂为题材,创作了现代京剧《关羽搬家》;建二班同学创作了雕塑剧《劳动赞》等。这批节目思想性和艺术性都比较高,在校内外演出多场,震动了首都文艺界,很多人认为,"清华大学学生文工团向传统的舞台吹入了一股新风"。

文化界的专家们激动地说:"多年没有看到这样激动人心的演出了。"全国政协听说后,专门派人来清华观看,著名民主人士、全国政协常委邓初民老先生坐在舞台侧面专心致志地看完演出,连声说:"太精彩了,太精彩了,我从来没有看到过这样具有浓厚生活气息、这样激动人心的节目!我看可以出国了!"

全国政协破天荒地邀请清华大学学生文工团这样一个业余文艺团体,于1958年12月到全国政协礼堂向中央领导和全国政协委员以及各民主党派负责人作专场汇报演出。全国政协主席周恩来总理在百忙之中赶到并观看了演出。蒋南翔校长陪同观看,我们也坐在旁边为总理作介绍。在观看音乐节目时,周总理一边看,一边打拍子。当看到京剧《关羽搬家》时,周总理开怀大笑,称赞说"这是革命现实主义和革命浪漫主义的结合啊!"全场演出结束后,周总理和全国政协领导人上台与学生演员一一握手。全国政协副主席陈叔通老先生代表全国政协向清华文工团献旗,这是一面比人还要高的锦旗。这样的荣誉是绝无仅有的。

1959年春,蒋校长亲自决定,派学生文工团和学生篮球队200多人,由副校长李寿慈带队去上海访问,开展校际友谊活动。

这个时期的文工团,不仅是丰富生活,满足同学的兴趣爱好,促进全面发展,而且是进行创作,反映生活,宣传先进思想,推动生活,成为思想教育的一个重要阵地。

蒋校长对学生文化活动十分重视,每次学生文工团的演出,只要他没有重要的会议,必到场观看,并且提出具体中肯的意见。他支持党委副书记艾知生同志提出的意见,从文工团和体育代表队各抽出100人,作为骨干集中住宿,单独成立党团支部,保证思想、学习和课外活动三丰收。

两个集体在培养人才中发挥了重要的作用。文工团的情况充分说明了这一点。许多专家认为:既懂科学又懂艺术的人,是全面发展和有创造性的人才;文工团的学生既要完成繁重的学习任务,又要参加活动和演出,负担重,要求高,使他们对自己高标准要求,善于科学安排时间,提高工作效率,培养了较强的独立工作能力;他们接触面广,兴趣广泛,思想活跃,不拘一格;参加创作活动,使他们有强烈的创造精神;一次次的演出,培养了他们追求完美、不满足现状的良好习惯;当年他们参加的活动,都有很强的思想性,他们从中受到生动的教育和自然的熏陶感染,有利于他们的健康成长;不同专业不同班级的学生生活和活动在一起,互相交流,互相影响,使他们思想开阔,往往具有跨领域的思维。他们绝不是只会念书的书呆子,而是热爱生活、思想开阔、善于创新、全面发展的人才。实践证明,健康的文化活动和两个集体的生活,有利于培养"又红又专,全面发展"的人才。

1958—1966年是清华大学学生文化领域中光辉的一页,是清华大学学生文艺活动发展过程中的一个巅峰时期、无论思想性、艺术性和在校内外的影响,都达到了空前的高度。不论高校还是专业团体,都知道清华大学有一个有特色、高水平的学生文工团。全国高校文艺会演中,清华的演出始终激动人心、独领风骚。这在当时的北京乃至全国大学中,都是十分突出的。清华大学学生文工团为培养又红又专、全面发展人才作出了重要的贡献,也为全国高校的全面发展教育和学生工作积累了丰富的经验。许多高校前来取经。

几十年过去了,蒋校长的教育思想已经结出丰硕的果实。仅以20世纪60年代初期毕业的文艺社团骨干为例，已出现了一批优秀的人才，包括两位国家领导人胡锦涛（中共中央总书记、国家主席，1965，舞蹈队）和华建敏（全国人大常委会副委员长，1961，合唱队），多名部级领导，如陈清泰（国务院研究中心党组书记，1963，舞蹈队）、胡昭广（北京市副市长，1964，舞蹈队）、徐锡安（新华社副社长，1961、军乐队），秦中一（能源部总工程师、三峡集团公司副总经理，1961，合唱队）等，以及马国馨（军乐队）、江焕成（合唱队）、费维扬（民乐队）、陈念念（京剧队）等院士。

前几年上海清华校友艺术团（平均73岁高龄的高级知识分子）在中央电视台演出《我爱你，中国》，轰动了全国。很多人说这种情况只有清华大学能够做到。他们几乎每一个人都为国家作出过重要的贡献，同时又热爱生活，全面发展，生动地体现了清华大学"又红又专，全面发展"成功实践。

据我观察和分析，20世纪60年代初毕业的清华大学学生中有两种人的成才率明显高于一般学生，一种是政治辅导员，另一种是文工团的骨干成员。土木系1963年毕业的一个班中，后来担任全国政协委员的有4人，其中有两人是当年的文工团骨干。这不是偶然的，这正是蒋南翔教育思想的一个成功佐证。

六、创造性的"双肩挑"的历史功绩

蒋南翔校长对中国教育的一个重要贡献是倡导"双肩挑"的理念，它成功的实践培养了大批又红又专的优秀人才。蒋校长到清华后，即提出建立学生政治辅导员制度，从高年级学生中选择政治和业务都优秀的共产党员担任低年级学生的辅导员，延长一年毕业，以保证有必要的时间进行工作，在政治上和业务上都保持先进。

学生政治辅导员制度在清华大学发挥了显著的作用。由于政治辅导员生活在学生之中，有利于和学生打成一片，做好工作。这一举措有力地改进和加强了对学生的思想教育工作。蒋校长和清华大学党委把政治辅导员、班主任和政治课教师作为学生思想工作的三支主要力量，将他们紧密结合，优势互补，使清华的学生工作始终朝气蓬勃，生动活泼。这在当时高校中是很突出的。

通过政治辅导员制度为国家培养了一批优秀的骨干。1953—1966年，在清华大学担任过学生政治辅导员的先后共有682人。这部分人本来就是学生中的优秀分子，南翔同志要求他们"两个肩膀挑担子"，在政治上和业务上进一步全面成长。应当看到，在政治上和业务上两方面都做得好，要比单纯做到业务好或政治好要难得多。要在政治上和业务上都坚持高标准，严格要求，这是对政治辅导员一个很好的锻炼。

蒋校长设立政治辅导员不仅是为了当前工作的需要，而是站在培养人的高度来考虑的。希望通过政治辅导员工作，使一部分学生在政治上受到更多的培养，将来可以承担更重的担子。

实践验证了蒋校长的远见卓识。今天国家政坛上清华群星闪烁，正是蒋校长创造性倡导"双肩挑"政策不可磨灭的历史功绩。在当年担任过政治辅导员的学生中，许多人后来担任了党政要职。这绝不是偶然的。这是清华大学创造的成功经验。

20世纪80年代，我在一次会议上见到当时负责干部选拔的中共中央组织部常务副部长王照华同志（他在"文革"前曾担任团中央书记，认识我），在和我交谈中说："现在副部级以上的干部中许多是清华大学毕业的，有人说这是裙带风。根据我的看法，完全不是，这是南翔同志在清华倡导'双肩挑'的结果，培养了一大批优秀的干部。"真是一针见血的分析。

政治辅导员在年轻时期的全面锻炼为他们今后在政治上的发展打下良好的基础，这一点已为事实所证明，也为大家公认。但是"双肩挑"对于日后从事业务工作的重要作用，还总结得不够。事实上，有许多政治辅导员后来主要从事业务工作，而且做得非常出色，作出了重要的贡献。对这一方面，同样应当重视，深入总结其规律。

在这方面，我有很深切的体会。艾知生同志曾问我："许多人原来以为你会向干部方向发展，而你现在却搞了计算机教育。你在大学没学过计算机，现在成了计算机大专家了，有什么秘诀和体会？"我不假思索地说："我要感谢蒋校长的'双肩挑'，使我在业务上和政治上都得到全面的锻炼，让我干什么工作都不成问题，让我当干部，我能挑起来，要我搞业务，也能搞得很出色。"他非常赞同我的意见，并鼓励我给现在的学生作报告，让他们珍惜年轻时社会工作的锻炼。

我体会到，即使从事业务工作，要取得成就，绝不仅仅依靠业务因素，而是需要综合的素质和能力，只是业务好是远远不够的。年轻时期的全面锻炼对后来我在业务领域的成功起了极为重要的作用。只会念书、缺乏全面锻炼的人是很难做好这项工作的。我在另外一篇文章《双肩挑使我终身受益》中详细地谈到这方面的体会。

几十年来，不论工作和环境怎么变化，我和大多数当年的清华政治辅导员一样，始终不忘记蒋校长的教导，在政治和业务两条战线上努力奋斗。

总之，我在团委工作的时期，主要是学习和贯彻蒋南翔教育思想，从而推动了清华工作。衷心希望蒋南翔教育思想在清华生根、开花、结果，在创世界一流大学的伟大事业中继续发挥巨大作用。

谭浩强　1953年入清华大学电机系，曾任政治辅导员、校学生会主席、校团委副书记。曾任北京联合大学自动化工程学院副院长、教授，全国高等学校计算机基础教育研究会会长等职。

为立德树人奉献一生
——清华大学团委的工作形成了我人生的底色

林 泰

我中学是在天津上的。1949年1月天津解放，中学地下党组织吸收我参加民主青年同盟活动，帮助我进步。1949年国庆，我转成了共青团员。共青团是我追求进步的始发地。

1951年我考入清华大学建筑系。入学时全年级只有6个共产党员。1954年我被选调为学校第二批政治辅导员，1954年做学生会主席，1955年担任建筑系团总支书记，1956年2月调到校团委，做副书记兼宣传部长，管学生思想教育工作。1956年响应毛主席"三好"号召，进行"思想好、学习好、身体好"全面发展教育（毛主席原话是祝青年们"身体好、学习好、工作好"），全校开展了又红又专大辩论。1957年经历了大鸣大放、整风及反右扩大化。1958年围绕贯彻教育与生产劳动相结合的方针，结合真刀真枪做毕业设计，在学生中进行理论学习与生产劳动相结合的教育。历史地看，当时清华大学在蒋南翔校长领导下，对又红又专、全面发展方针的把握总的是正确的，但是也不可避免地在工作中有一些片面性。这几年的工作，无论是正面的锻炼还是片面性失误，都是我一生的宝贵财富，使我学会了做好青年思想工作的基本能力和方法，如参加思想调研、方案的制定和实施、事后总结和反思等，学会了整体思维和做思想工作的方法；参加学生大辩论，在观点的激辩中，学会了针对问题、有的放矢分析问题的方法；在真刀真枪做毕业设计过程中通过树立来晋炎等学会了典型思维的方法；等等。可以说，团委几年工作的锻炼奠定和形成了我人生的底色，从此，我再也没有脱离学生思想政治教育的行列。

1959年2月我被调往校党委宣传部，后来被选进校党委会，并担任宣传部常务副部长，主管政治理论课和宣传工作。1959年2月后，全校各专业有20多个政治辅导员和我一起被抽调入马列主义教研室，转行成为政治课老师。其中，1/3调入中共党史教研组，1/3调入政治经济学教研组，都送到人民大学进修一年。进入哲学教研组的人则由陈舜瑶（当时任党委副书记、校长助理，还兼任过一段宣传部长，是中央领导人宋平的夫人）组织我们学习《关于费尔巴哈的提纲》《德意志意识形态》《费尔巴哈与德国古典哲学的终结》《反杜林论》《唯物论与经验批判论》《矛盾论》《实践论》等马克思主义哲学经典著作，还把蒋南翔讲哲学课的录音整理成讲义，与人民大学、北京大学哲学课教材一起为备课用。我们这些新政治课教师和十几个原来的政治课老教师（冯思孝、贾观等）、人民大学新分配来的年轻教师（李润海等）三种人会师，组成了马列主义课的三个教研室，于1960年恢复三门政治理论课。我是1960年开始讲马克思主义哲学课的，一直到1965年参加农村"四清"。

我们这些老师一进政治课的门，第一件事是学习毛主席的《改造我们的学习》《整顿党的作风》《反对党八股》等延安整风文献，贯彻理论和实践相结合的方针，克服照本宣科的教条主义。我和一些从政治辅导员调来的教师对这一方针的接受是很自觉的。其中一个重要原因就是我们原来就是做学生思想教育工作出身，对学生思想比较熟悉，容易找到理论教学与学生思想的结合点，从而受到学生们的欢迎。

1964年，中宣部到全国大中学校调研政治理论课状况，最后决定在1964年暑期（8月）召开全国大中学校政治理论课教师大会。会议的一个重要内容是交流清华大学政治理论课经验，我和钱逊写的总结，强调"马克思主义基本理论的教学和形势政策与学生思想结合"。蒋南翔看了，只改了一句，"马克思主义基本理论的教学与活思想结合"，校党委副书记兼宣传部长艾知生在会上做了近两个小时的发言，交流理论联系实际的经验。黄美来（哲学）和朱育和（党史）在会上也分别发言，交流了做政治课辅导老师的心得，他们课下深入学生中答疑，在课堂讨论中把理论教学和大学生思想相结合，他们还参加有关系学生政治辅导员的学习，帮助他们提高思维能力。

这段历史说明了什么？第一，清华大学始终把政治理论课作为思想政治教育的重要阵地，当时还没有"主渠道""主阵地"这样的提法，但一直强调理论课要帮助同学们树立正确的立场观点方法，培养科学的世界观、价值观和人生观，而不是单纯的理论知识课程。第二，蒋南翔抽调政治辅导员参加政治理论课教学，他们原有的学生思想工作经历在思政课理论教学中不是无用的，而是贯彻这一方针的潜在优势。当然理论储备不足这一短板是必须要补的。譬如，我们讲哲学课，在讲唯物论时，一定会联系"大跃进"中"人有多大胆，地有多大产"等唯心主义和危害中国革命的教条主义；讲实践论时，在讲清实践是马克思哲学的本质特征的基础时，一定会讲知识分子对理论和实践的关系以及教育与生产劳动结合的看法；讲对立统一规律时，在讲清辩证的对立统一与形而上学的矛盾观、唯心主义诡辩论的区别后，会联系如何正确看待和处理"红"与"专"的矛盾，而且能比较深入地把握学生思想的困惑点，这些都是团的工作经历渗透在我们血液中形成的特点。

当然，今天我们有了马克思主义理论学科建设，有了培养思政理论课教师的正规渠道，没有必要再简单重复从政治辅导员中大量抽调思政理论课教师的做法。但是，吸收历史做法中的合理经验，在培养马克思主义理论学科学生的过程中，一定要注意对他们思想政治工作能力的培养，尤其是对那些从高中毕业直接考入大学本科的学生，在校学理论时必须要有思想政治教育的实习和锻炼，青年教师在升副教授前也必须有兼任学生思想政治教育的经历，因为我们培养的是马克思理论家兼思想家类型的教师、学者，而不是单纯传授理论知识的人。

1984年刚开始建立思想政治教育专业时，有一种做法，选送已有两年以上政治辅导员经历的优秀人才再来读两年马克思主义理论和思政教育学科，授予第二学位。实践证明，很多从这一渠道培养出来的人，后来成为高校党委的领导或优秀的思政课教师。但是，为什么这种做法中断了？不是这种培养方式不好，而是待遇不合理。两年以上的实践加上两年读书，毕业以后只拿到相当于研究生班（比硕士研究生待遇低）的待遇是很不合理的。但是我们能不能利用今天的培养渠道把这种做法中的合理因素发扬下去呢？我认为能。其办法之一就是可以从有实践经验的思政工作者中招直博生，脱产或兼职读博士学位，多位优秀的党的领导干部和思政课教师走的就是这条路，这种做法应该成为定向培养博士学位生的一种制度，让已经有马列主义信仰、有思想政治工作锻炼的人更好地提高马克思主义理论修养，成为党的实际工作和理论工作的优秀接班人。

"文化大革命"后，1983年5月，学校党委把我从基建修缮处调回来参与文科复建。我先后参与过社会科学系、思想文化研究所、人文与社会科学学院、台湾研究所等的筹建和法律系的复建。但是我个人工作和学科的重点一直都是马克思主义理论与思想政治教育。我主抓思想政治教育专业建设，从第二学士学位、硕士研究生到清华第一个文科博士点的建立。在这个过程中，我们吸取历史经验，特别重视党性与科学性相结合。我们为学生开设了"历史唯物主义专题研究"课，被理工院校来的学生称为"思政专业的物理学"，为教委思政司编写了《唯物史观通论》教材；面对纷纭激荡的社会思潮对改革开放的冲击，我们开辟了"当代社会思潮与青年思想政治研究"研究方向与课程，后来我写的文章、著作都与这一研究方向有关，最终与冯虞章等编写的专著《问道——改革开放以来的社会思潮与青年思想政治教育研究》，是我30多年的心血之作。

同时，我一直没有脱离学生思想工作。20世纪80年代，我和思想政治教育学科的老师一直参加学校学生处（党委学生部）暑期辅导员培训活动。1990年前后在社会主义教育活动中，李润海和我的讲课录像在全国高校、机关、部队播放，并受教委委托，分别到国外做留学生思想工作。90年代以后学生业余党校成立，我一直为他们讲党课，直到80岁。TMS协会（学生马克思主义学习研究会）成立后，冯虞章老师等和我一直担任指导教师，为他们讲党课，参加他们的知识竞赛等活动。我还多次为北京市研究生骨干"星火"暑期培训班担任班主任或指导教师，辅导他们的理论学习。团中央和北科大共建"高校共青团研究中心"，我也被邀担任学术委员会主任，为共青团骨干的培训和论文推选等做些工作，等等。

2019年3月18日，我有幸参加了习近平主持的全国思政课教师座谈会，并以清华大学马克思主义学院退休教师的身份第一个在会议上发言，题目是"在理论联系实际中培根铸魂"，讲思政理论课教学的体会。2019年12月，我被评为全国离退休老同志先进个人，我为离退休老同志汇报发言的题目是"为立德树人奉献一生"。可以说，我的一生，从清华大学团委工作起步，都是在与青年思想政治教育相关的轨道上进行的。

在"3·18"座谈会上，习近平总书记以培养一代又一代能坚持共产党领导、坚持和发展中国特色社会主义事业可靠接班人为出发点和落脚点，对如何搞好思政理论课教育讲了两个小时，之后和与会二百多人一一握手。在和我握手时他亲切地问道："身体还好吗？"我的回答是"和青年多接触，对身心都有好处。"我一直认为，大学生是最敏感、最坦诚的社会阶层，他们年轻，知识层次高，对新事物敏感而且愿意追求新事物，和青年在一起就会受到朝气的感染；但是青年大学生理论准备和社会阅历不足，有时容易受以新事物面目出现的错误思潮影响，当然，他们会坦率地提出来，促使你去思考，我认为这是我退休以后年纪越来越老而思想还能保持活力、不僵化的重要原因；而当你的思考能够帮助他们解除困惑时，他们是欢迎你的。现在我已经89岁了，身体虽然大不如前，但是只要一坐上讲台，面对聚精会神的听众，我就会和从前一样有精神，感到心情愉悦，再次体会到生活的价值。

总的来看，清华大学团委几年思想政治工作的锻炼，形成我一生工作生活的底色。今后30年，中国将实现社会主义现代化和中华民族的伟大复兴，现在的青年大学生将是这段历史的主角，他们将掀开中华民族历史上最光辉的一页。老来老来，还能为培养中国特色社会主义事业的可靠接班人做些力所能及的工作，我感到非常幸运。我希望在我终老的时候能够得到这样一个人生评价："青年大学生的良师益友"，我愿足矣！

【补充一个小故事】

前些年（不记得哪一年了）一天下午，我接到建筑系1961年毕业生黎旺秋从深圳打来的电话。他说他刚刚退休了，并告诉我他工作、身体一直都很好，生活也很幸福。他毕业后近半个世纪一直没有联系，怎么突然给我打电话？原来，他在上学时曾经提过人民公社运动时，他家乡河南农村饿死了不少人，对人民公社运动很有意见（这种想法其他系的学生也有）。当时学校党委副书记艾知生领导团委，明确决定不能把这些学生当反动学生，不能搞大批判，而是要耐心细致地做思想工作。当时是我找黎旺秋谈的话，我肯定他讲的情况属实，也承认农村人民公社运动有缺点错误，但讲了毛主席在郑州、武汉等会议上反对"左"的倾向的发言，说毛主席的方针正确，但是下边的干部搞歪了，"大和尚的经是好的，让小和尚念歪了"。为这句话，"文革"中我受过多次批判。今天回头看，当时和黎旺秋的谈话是有片面性的，人民公社运动河南、四川问题大虽有地方责任，但主要责任仍在中央。但是当时和黎旺秋的谈话，善对他提出的问题，相互都很诚恳，后来他和我能做到无话不说。这种善待青年思想问题的传统，是清华团委工作教给我的。我想这也是为什么黎旺秋临退休时给我打电话的原因。

林泰 1951年入清华建筑系，曾任校团委副书记、校党委宣传部副部长、政治理论课教授、博士生导师，人文社科学院副院长。

回忆在校团委工作的那几年

贺美英

1963年暑假前后,我从系分团委书记的岗位上调到校团委工作。同时上调的还有单德启、承宪康、崔鸿超、贾春旺、陈清泰等10人。由于当年一些在团委工作较长时间的干部被充实到了机关各部处,给团委增加新鲜血液。从那时到"文革"爆发不到3年,但这却是我进入清华后思想上受到很大教育、工作上得到很大锻炼的一段时间。随着对学校情况了解的增多,包括"文革"中大字报"揭露"出来的"内幕",特别是后来通过学习、反思学校的历史,从今天的高度回过头去看几十年前走过的路,我明白了当年在蒋南翔校长领导下,清华大学党委加强团委干部队伍是出自重要的战略思考,要使学生工作和思想教育走上正轨,纠正以往各次运动和工作中"左"的思想和做法,用深入细致有针对性的工作方式代替轰轰烈烈搞运动的方式,把共青团组织建设成培养干部的基地。

一、坚持实事求是,划清是非界限

1964年,在校党委领导下,刘冰、艾知生同志带领张慕葏、方惠坚、谭浩强等团委主要干部,在1961年拟定的《班级团支部工作中一些问题的界限》的基础上,进行了修订、完善,形成了《学生思想政治工作的任务和一些问题的界限》(修改稿草案)。从这个文件的名称看,已经超出了清华大学的范围,很有可能反映了蒋南翔同志的一些工作思路,是蒋南翔同志和清华大学党委纠正"左"的错误、扭转"左"的偏向的一次顽强努力。

20世纪50年代中期开始,"左"的路线对我国高等院校的发展造成了严重的破坏。"整风反右"和反右倾运动是"左"的路线的直接后果,而"大跃进"

运动中的高校教育革命和从 1957 年末开始的"红专辩论",也受到了"左"的路线的严重干扰。这些运动中"左"的错误和偏向,对清华大学造成了严重影响。这既有自上而下的"左"的路线强势的因素,也有学校领导主观认识上的原因。即便如此,对有些"左"的错误和偏向,党委也在力所能及的范围内进行了一定的抵制和纠正。

根据何东昌夫人李卓宝老师的回忆,反右期间,蒋南翔和何东昌都认为不必要在青年学生中划右派,蒋南翔向中央有关领导人提出了这个建议,遭到了拒绝。在部分"极右"学生被送出学校劳动改造前,蒋南翔曾召集他们开座谈会,坦承原来以为只是对他们进行批评教育,没想到还有这样的组织处理。并说:下去结合自己的专业好好劳动锻炼,过段时间再把你们接回学校完成学业。当年团委承宪康参加了会议。我校经管学院 1981 级校友李山说,他的舅舅彭伟君 1953 年考入清华汽车系,在反右运动中被划为右派。"文革"一开始被送到新疆塔克拉玛干沙漠劳改,以顽强的意志坚持到组织上为他彻底平反。改革开放后由于对工厂发展有突出贡献,晋升为高工并被评为劳动模范。彭伟君虽然受到过错误对待,但仍对学校充满感情,他曾向李山讲过蒋南翔在这次座谈会上的讲话,并记得这个会是在 1958 年 3 月召开的。另外,大约在 1961 年有部分右派学生摘掉了帽子,蒋南翔校长召集他们开座谈会,方惠坚参加了座谈还做过记录。就是在这个座谈会上蒋南翔用"望子成龙"表达了对这些学生的殷切期望,而这成了"文革"中批判他的"罪状"之一。

在教育革命中有的同学在激情之下说了一些过头话,蒋南翔校长总是会进行纠正。他在听取各系汇报时听说有的班上的同学要批判"麦克斯韦方程",立即指出这是不对的,科学规律是不能随便批评、打破的。"红专"辩论中有个同学说我就想成为中国的爱因斯坦被指为"白专"。蒋南翔知道后表态说这不是什么白专道路,如果清华出了爱因斯坦,那是我们学校的光荣。

据刘冰同志回忆,20 世纪 60 年代初蒋南翔多次提醒要注意"左"的影响,防止思想政治工作中简单化的倾向。从 1960 年 10 月开始,清华党委就要求学校团组织多次在干部中进行政策教育。到 1961 年 2 月,刘冰指导校团委拟定了《班级团支部工作任务要点》《班级团支部干部工作方法和工作作风要点》和《班级团支部工作中一些问题的界限》三个文件的初稿,分别在分团委干部训练班和团支部书记训练班讨论之后,修改定稿印发各党支部和学生团支部讨论执行,并上

为了培育全面发展的新一代
—— 蒋南翔任校长期间清华共青团工作回顾

报到北京市委大学科学部。

这三个文件尤其是《班级团支部工作中一些问题的界限》，政策性很强，规定十分细致、明确，总共50条，基本涵盖了班级共青团工作遇到的各种问题，具有很强的可操作性。其中涉及的许多原则问题，在党的工作中也是完全适用的。根据刘冰的回忆，当年《红旗》杂志将这个文件选登在《内参》上。一次他和蒋南翔参加中宣部例会，康生在会前质问蒋南翔："好家伙，你一个学校可以制定团的工作条例，真了不起！能这样吗？"会后，蒋南翔对刘冰说，我们这个文件是为了贯彻中央的方针政策，从学校的实际和工作需要出发制定的，是好的，合法的。这个文件后来对高校工作"60条"中关于学生思想工作的内容也起到了一定的参考作用。这说明，清华大学党委从1960年下半年就开始反思以往运动中"左"的错误和偏向，开始着手纠正并消除它所造成的影响。

1961年6月30日蒋南翔校长在清华大学教师大会上的讲话中，分析了学校工作中产生缺点和错误的原因。他指出，我们有些做法使我们得到了成绩，同时由于掌握得不够好，或者过了头，就走到反面，就产生一些缺点和错误。如又红又专是完全正确的，但掌握不好界限就会发展到红而不专、红而反专、以红代专的错误，如把科学上的定理当成资产阶级的旧垃圾。如在学校工作中贯彻群众路线是对的，但对"一条龙""大兵团作战"等经验如果宣传过了头，离开了其本来的意义，就会影响学校的正常教学，抹杀个人的积极性。如提倡知识分子劳动化的方向是对的，但如果话说过了头，把知识分子等同于普通劳动者，那还有什么必要办大学？在政治上与资产阶级斗争是需要的，但把这种斗争扩大到自然科学领域就混淆了政治问题和科学问题的界限，违反了党的"双百方针"。蒋南翔还特别提到了所谓"新富农"问题，这原本是指有的贫雇农在土改中分得土地发展起来，就不愿意走合作化的道路，被称为"新富农"。蒋南翔以此来比喻一些年轻教师被培养起来后，不愿意走教育与生产劳动相结合的道路。后来他了解到，这一比喻被当成了衡量教师的一把尺子，并出现了"新富农路线"的说法。他意识到对业务好的教师扣上"新富农""白专道路"的帽子是扩大化、简单化，是完全错误的。解铃还须系铃人。蒋南翔在大会上郑重宣布，对被扣了这些帽子的同志全部一风吹，行脱帽典礼。他指出，对有些思想问题要进行帮助，但决不能扣这样的帽子。这里蒋南翔校长所强调的，就是要划清正确和错误的界限。真理、正确的东西，一旦过了头、超出了自己的界限，就变成了谬误。

可见，从1961年拟定团支部工作的"50条"界限，到1964年在"50条"的基础上修订、完善出新文件，是清华党委对纠正"左"的错误，清除"左"的影响所做的非常严肃的工作，是通过指导共青团的学生工作来进行的。

二、转变工作方式，开展深入细致的思想工作

在工作中划清是非界限，还要转变工作方式。采取搞运动大呼隆的工作方式，就非常容易过头，产生扩大化、简单化的问题。我到团委工作后，深切地感受到了这一点。

"50条"的第一条是要区分政治上的错误观点和思想认识问题，共分了6个小点，其中绝大部分规定的是工作方式问题。如不能给政治观点错误的同学乱扣帽子、班级不得擅自召开批判会、在帮助的过程中不能用对敌斗争的口号、不能违法乱纪等。那个时期中苏大论战的焦点之一是南斯拉夫问题，当时中方认为南斯拉夫全面复辟了资本主义，把铁托称为修正主义者和国际共产主义运动的叛徒。有一名新生，入学公开说喜欢铁托，要做铁托那样的人。这在当时可是典型的"反动言论"。但是根据"50条"的规定，团组织并没有对这个在内部被戏称为"小铁托"的同学进行批判斗争，而是采取与他个别谈心交换思想的方式进行帮助。那时艾知生同志多次与这个同学谈心，为我们树立了榜样。

在20世纪60年代重新强调阶级斗争后，看重阶级成分和家庭出身成为一个显著特征。那时，社会上有的高考学生因家庭出身问题被剥夺了报考保密、涉外专业的自由，有的甚至被剥夺了上大学的权利。在"50条"中，明确要把阶级分析和唯成分论区别开来，并提出了不要把本人的家庭出身当作本人的政治态度、不要把同学与剥削阶级家庭有某些必要的联系当作政治思想上与剥削阶级划不清界限等具体要求。但这样做的前提是要开展深入细致的工作，而搞运动就一定会走到荒谬的地步。事实上，那时清华在这个问题上处理的相对是比较好的。

我到团委工作后，先是担任学习劳动部的部长，贾春旺是副部长，后为部长。在这个岗位上，我真正明白了什么是深入细致的工作，并初步学会了如何开展这样的工作。

那时，经历了几番政治运动和三年经济困难时期，停止了批判斗争，也没有工作组之类的外来干扰，是一个相对平稳的阶段，学校可以大力地抓业务学习了。我们在学习方面首先是对全校学生的学习状况进行了深入细致的调查，并写出了

为了培育全面发展的新一代
——蒋南翔任校长期间清华共青团工作回顾

报告。团委要求每个干部都要联系一个班级,我那时还在系里兼任电工基础课的助教,给学生答疑和上习题课。我经常到学生宿舍去答疑,还要去找那些上课时提问少或学习成绩有点问题的学生个别交流,进行辅导。这样深入细致的工作对我自己的成长提高帮助极大。还记得给同学上习题课时,我常常准备了许多习题一道一道地讲解,费了很大工夫但效果并不好。后来去听了老教师讲习题课,他是和大家一起分析一道题有几种解法,然后比较哪种解法更好。讲的习题不多,但给大家的启发很大。在这样深入的工作中让我学到了很多宝贵的东西。

还有就是对一些特殊学生群体开展有针对性的工作。如学校对一些学习拔尖的学生进行调查,给他们配备导师,加强个别培养。后来"文革"中把校级的拔尖生称为从万人里挑出来的"万字号",而把系里的尖子生称为"千字号"。蒋南翔校长提出,为了这些拔尖生的全面发展,不仅注意业务上的培养,还要求在寒暑假给他们安排一些军训、劳动课。业务上的安排由学校教务部门推动各系进行,而军训、劳动就由我们来安排。还有一个重要的群体就是文艺、体育社团,这个群体有两个集体,一个是班集体,一个是社团集体。学校为他们安排了专门的宿舍,有的体育社团还特殊安排了食堂;在社团里成立了党团支部,有的同学就在社团里入了党。我们对社团同学的学习情况很注意,帮助有困难的同学,使他们在两个集体中都得到发展。在学校的关心和团委的工作下,文体社团对于每个成员有很强的凝聚力,很多人在毕业后还保持着联系,甚至到了老年还经常组织聚会,唱歌跳舞。胡锦涛在成为中央政治局常委之前,一直参加他们的活动。

给我印象很深并且一直影响着我后来工作的,是学校对女生的关心。由于经济困难时期营养不良和活动量过大等原因,一些女生的身体状况出现了问题,有的甚至不来例假。学校对此非常重视,成立了女生工作组,由党委委员李卓宝任组长。在后来的工作安排中,特别注意女生的生理特点和生活习惯。如在七饭厅开设了女生食堂,在不增加投入的前提下,尽量把菜做得精细一点,种类多一点。考虑女生的饭量,馒头和包子有一两一个的,不像其他食堂都是二两一个的。在劳动、军训的安排中,也考虑到女生的特点。1965年的学生军训,就专门成立了女生大队,由我任大队长,化工系汪昆华任副大队长,在200号进行军训。期间的活动都考虑女生的承受能力,对个别在生理期或身体不适的女生做特别安排。

另外还有一个特殊的群体值得一提,就是学生中的高干子女。我们党的很多老干部的子女这时都到了上大学的年龄,经过高考入学,哈军工、北大、清华都是他们选择较多的学校。那时我们做过一个统计，全校副部长级以上的干部子女有 80 多人。据说毛主席曾在一个小范围的干部会上讲到了干部子弟的教育问题，指出对他们要严格要求，干部子弟要"接班"而不是"接官"，要向人民群众学习，不能高高在上。蒋南翔校长召集部分高干子女开座谈会，听取他们对学校工作的意见，传达了毛主席的指示精神，并且给他们提出了一些明确的要求，如：要搞好学习；要参加班集体活动；生活上不能搞特殊化；等等。根据学校的要求，在各系安排辅导员特别关注高干子女的情况，并安排一些教师及时解决他们学习中的困难。后来的调查表明，这部分学生学习上都很努力，成绩大多在中上水平；在班级里表现大都不错，有些入了党，担任了班干部。周末回家都是骑自行车或是乘公共汽车，不让家里的小汽车接送。为了让他们了解社会、了解农村，有一个寒假由我和贾春旺带队，领着大约 30 个高干子女到清华北边的上庄公社参观、访贫问苦。现在的上庄已经很发达了，坐车去也很快，但那个时候还是显得偏远落后。我们去住在贫下中农家，我带着几个女生住在一个姓李的贫农家。这位户主虽然只有 40 多岁，但显得比较苍老。几个女生进屋后见了他张口就叫"大爷好！"随行的村干部马上低声纠正，"叫大哥就行了"。大哥土改翻了身，住的房子很大，但屋内几乎一无所有，只在炕边盘了一个地灶。我们住在另一个房间，在生产队集中吃饭。有一次我们在他的屋里看到他正在地灶的锅里用水煮地瓜叶，同学就问他"大哥，你在煮猪食吗？"弄得人家十分尴尬，后来大家才知道这是在做饭！我过去也听说过农村生活很苦，但没想到解放后这么久了，在北京城不远的地方，农民的生活还是这么艰苦！我当时受到了极大的震撼，我相信这些同学也受到了极大的震撼！

三、在党委的关怀下，在团组织中成长

我到团委工作后，"左"的影响基本排除了，工作作风也转变了，直到"文革"爆发前，那是一个对我的成长影响非常大的时期，也是我非常留恋的时期。

蒋南翔校长在团中央工作过，他十分信任共青团的干部，也放手大胆地使用共青团的干部。制定学校共青团工作的"50 条"，实际上体现的是清华大学党委的思想，是蒋南翔指示刘冰等同志亲手抓的十分重要的工作，但党委还是放手要团委的年轻干部参与研究、讨论并承担主要的写作任务。

团委的主要干部曾参加在三堡召开的党委常委扩大会，到会的除常委外，还

有一些系的分党委书记。那时我们很年轻,对一些书记虽闻其大名却较少有近距离接触。比如李传信同志,我们都听说这个人很厉害,很能怼人。但在会议间歇,传信同志与我们交谈时却非常平易近人,和蔼可亲。其他的一些书记也是这样。我们看到,与会的同志没有上下级的尊卑,十分民主,讨论问题时经常有不同意见甚至争吵,但形成决议时又非常一致。亲临现场,耳濡目染,给我们的印象很深,教育很大。

清华的团委正是在这种榜样的引领之下,形成了既有民主又有集中、既保持统一意志又和谐舒畅的工作氛围。团委的干部之间,既是同志式的关系,又充满了年轻人的欢乐气氛。在会议上,大家不分职务高低,完全自由讨论,相互间可以插话。形成决议后大家都自觉遵守,统一言行。团委干部之间,没有利益之争,没有相互猜疑。"文革"前学校曾进行过一次职称提升,无线电系的张克潜和团委的张慕葆是那批提升为讲师的代表,张克潜是搞业务的标杆,张慕葆做政治工作突出。张慕葆提升为讲师,团委没人有嫉妒心,因为他比我们多了十几块钱的工资,大家有时会起哄喊"张讲师请客!"

在学校党委的领导和关怀下,清华团委勇于承担重要的工作任务,党委也放手给团委干部压担子,培养他们的责任意识、担当意识。我们这些刚到团委工作的干部,由于都承担过独当一面的工作,所以成长较快。对于我来说,最难忘的还是那次带领学生到上庄公社参观学习。那次去了不到10天时间,一天晚上一个男生宿舍因生煤炉取暖发生了煤气中毒,幸亏一个同学起来上厕所晕倒在了屋门口,醒来后他立即叫醒了其他人,这才避免了一次重大事故。这件事的发生使我受到极大警醒,真正让我明白了什么是责任重大,有时候是人命关天啊!我好像一下子就成长了起来,成熟了起来。

这段在团委工作的难忘经历,虽然从时间上看是短暂的,但却是使我受到很大教育和锻炼的几年。清华党组织实事求是的思想作风、深入群众的工作作风、求真务实的工作态度、团结一致的班子风气、又红又专的自我要求,这些都从这个时期开始深深地铭刻于我的心中。

贺美英 1956年入清华大学电机系,曾任政治辅导员、校团委副书记、副校长、校党委书记。曾任中共中央纪律检查委员会委员、全国政协委员。

党委领导我们战严冬

李仙根

1960—1962年我国发生了严重的自然灾害，粮食短缺，食品都要凭票才能购买。市面萧条，形势严峻，好像一夜之间能吃的东西都变没了，人人定量，根据工种不同有所不同。民以食为天，一时间，粮食成了最金贵的物品。记得1961年我参加过两场婚礼，一场是1959年我校给排水专业毕业的潘丽华（曾任校学生会主席），另一场是我的同年级同学文明秀，她们给我们的"喜糖"是粮食，前者给每位宾客几块白薯，后者给几个窝头。当时我们如获至宝，喜出望外。十几年前我和侄女聊天，我说困难时期我觉得天下最美味的东西是在取暖的铁炉上烤的窝头，金黄焦脆，吃起来又甜又香，她不信，说我是故意说说、忆苦思甜。

当时我在团委工作，参加过校党委多次召开的全校干部会，校党委要求大家在这么大的困难面前要转变思想，转变工作重点，转变工作方式，一切活动根据我们能得到的热量来安排，要深入群众，了解群众，多做个别工作，平安地带领全校师生渡过难关。当年校党委第一副书记刘冰说的一句话令我记忆犹新，他说：我们以前形容一个人很吝啬，很小气，很较劲，常常用"斤斤计较"，现在粮食定量后，不仅是斤斤计较，而会两两计较。后来的事实证明了他的话是对的。党委动员会后，大家都动起来了，有的干部和群众一起在房前屋后开荒种地，后勤部门在东北找了一块地种大豆玉米及其他农副产品补贴食堂。团委也在校党委副书记兼团委书记艾知生同志的领导下，集中了团委主要干部张慕葡、方惠坚、罗征启、张孝文、谭浩强等，开了多次座谈会、讨论会，总结几年来学生工作中的优缺点，制定了学生工作"50条"，明确了什么该干，什么不该干，怎么干的问题。

这是一个集中了大家智慧的文件,是一个实事求是的文件,做过学生工作的人都觉得很好。可惜在"文革"中被批为修正主义的东西,参加制定文件的人也挨了批斗。

至于我,当时被分配去抓食堂和女生工作,我和政治经济学教研组老师沈瑞云同志几乎天天跑学生食堂、帮厨,督促食堂制定每周食谱,在现有的条件下,粗粮细作,精心搭配,花样翻新。各食堂的师傅们都全力以赴。食堂的质量有保证,比较稳定。但要经常提醒学生们,要计划吃饭,不要前松后紧,月底没有粮票会挨饿。我以前不知道粮食短缺会使人产生浮肿,导致妇女经期不调甚至闭经。困难时期陆续发现师生中有人浮肿,女生闭经等现象。团委派我去负责女生工作,自动化系分团委的林馥卿同志和我搭档,各系分团委都有一个女干部管女生工作,当时全校学生约4000人,其中女同学有800人左右,一个不落地做了调查,了解她们的月经情况。校医院的妇科主任徐式楷大夫是我们的顾问,我们每月定期碰头,汇总情况。症状轻的吃药调理,徐大夫还经常给些黄豆粉,葡萄糖之类的东西,给她们补充营养,症状重的则住院治疗。党委一直非常关心这件事,艾知生同志还专门让我到他的办公室汇报,这项工作持续了半年左右。待供应情况有了好转,女生的健康状况也大为改善,女生工作组也就解散了。

三年自然灾害最严重的时期是1960年11月到1961年的暑假前,由于国家采取了许多措施,如进口粮食及其他食品,调整政策,互通有无,鼓励农业生产,情况有了很大的改进。我们学校在党委的领导下也平安地度过了这段艰难时期。

时光荏苒,岁月如梭,一个甲子匆匆而过,我也成了一个耄耋老人,2020年我们又遇上新冠病毒肺炎这个全球的传染病,但我们国家在党中央的坚强领导下,取得战"疫"胜利,举世公认。我为我是一个中国人而骄傲,为光荣、伟大、坚强的中国共产党而骄傲。

李仙根　1951年入清华大学水利系,曾任政治辅导员、校团委副书记、外语系党总支书记、教授。

我和建5班

单德启

一滴水足以见证大海，建5班足以见证那个阶段我国高等教育的成功。我本人有幸学习、成长在那个时期，1954年入学建筑系，1958年担任政治辅导员，1959年迎来建5班的同学。之后几年，我和建5班同学们同住二号楼学生宿舍，同在学生食堂吃饭，参加他们的各项活动。在建筑系分团委和校团委工作期间，我又和建5班同学总结、申报成功了"先进集体"。记得当时校刊《新清华》用整版的篇幅以"团结向上"为题集中宣传了建5班的经验。现仅就个人的回忆和思考，写几段文字，作为1965届入学50周年征文的补充也好，注释也好，读后感言也好。

一、建5班与清华教育成功之处，最大的经验是：清华大学培养的是一个大写的"人"。无论是"双肩挑"，"两个集体"，还是"为祖国健康工作五十年"等，概括成一句话，就是塑造一个在任何岗位、任何境遇下都能起积极作用的人才。这个班毕业后，为建筑界贡献了两位部长，两位副部长，以及若干位市长、建设厅长，涌现了院士、总建筑师、教授等一大批各地各单位的中坚力量；即使是在他们到了法定退休年龄之后，还有不少人在二线、三线发挥作用，如：建筑学会会长宋春华，规划学会会长赵宝江，科协副主席马国馨院士，中国民族建筑研究会会长王景会，等等。

二、我要着重说的是：以建5班集体为例，说明在学校教育过程中，清华是怎样培养大写的"人"的。学校培养人的"方法"，概括起来，就是一个字——"宽"。

宽，就是宽松、宽容、宽泛。在人的成长过程中，特别是在大学教育的过程中，切忌把人管死、管窄，不能"生动活泼地主动地发展"。教育工作者在这里

为了培育全面发展的新一代
——蒋南翔任校长期间清华共青团工作回顾

要为同学们营造一个"宽松的成长环境""宽容的相互关系""宽泛的学习领域"。记得建5班同学入校不久,当时清华大学团委在校党委领导下,制定学生工作政策界限"50条",就是针对以往"左"的简单化做法给学生教育带来的负面影响。蒋南翔校长的理念很深刻,比如树立什么理想,他提出"各按步伐,共同前进";三个层次:爱国主义、社会主义、共产主义。这就最大限度地团结了各种思想境界的同学们,引导他们在自己的层次上逐步前进。那时我正好在建5班蹲点,和他们朝夕相处,有几个印象很深的例子。

有位建5班同学,相当关心政治,常常到我的房间(在二号楼学生宿舍兼工作室)看《参考消息》;班干部也反映他常常有一些"怪"想法。有次他看完《参考消息》突然问我:赫鲁晓夫搞修正主义,我们搞马列主义,修正主义和马列主义是不是"相互对称"的。这个问题我真的没有想过,但是,说真的,当时我就觉得他非常可爱。第一,他很关心政治;第二,他能毫不"设防"地和作为政治辅导员、分团委书记的老师敞开心扉,平等地讨论问题。我已经记不得我们讨论的细节了,估计没什么结论,但是双方都很开心。建5班同学,当时就有这种心态;建5班的政治生态环境,当时就那么宽松,后来看一些"文革"糗事,他当时说的话还不是抓"反革命"的好借口!

还有一位湖南籍的同学,1960年暑假回乡后,情绪极其低沉;同学们反映他讲了许多农村遭受天灾人祸的惨景。更要命的是:这位同学饭量很大,而学生粮票是定量的,且有所压缩,一个月的粮票,往往他半个月、二十天就用完了;没粮票就不上课,整天躺在床上喝点水。有次饿急了,甚至跑到气象台旁爬上桑树采集桑葚充饥。班上一批女同学,知道这个情况,纷纷把节约下来的粮票送给他,甚至后来还有位女同学专门管他的粮票,因为不能一次给他,给了他就没有计划,吃光了事。这是一件麻烦事,但这件麻烦事是情有可原的:一是这位同学回乡遭受了很大刺激,没有想到新中国居然也会饿死人!二是这位同学饭量很大,受不了"粮食过关"的困难。这个时候,班集体不仅没有歧视他、讨厌他,而且满怀深情地帮助他。几十年后的一次校庆,我看到这位湖南籍同学穿着得体的西服,神采奕奕地返回母校,心里真是感慨万千。

建5班同学入学成绩就很不错,而且人文、艺术基础都很好。但学习上也有另类情况。另一位湖南籍同学酷爱艺术,喜欢画画,每次都受到美术课老师的表扬。但糟糕的是,他对其他所有课程都不感兴趣,时有考试"挂红"(不及格)。

我也曾和他交谈过：你不是天生学不好其他课程，是自己太偏科。遗憾的是，不见效果；一再想办法，终不能挽救。学校按教务规定令其退学，这毕竟是不好的事。在班上，同学们虽有些看法，但没有瞧不起他。我和他的最后一次谈话，现在还有印象，意思是"条条大路通罗马"，虽然不在清华继续学习了，但是还是能根据自己的实际情况，有所作为的。后来这位同学在深圳办文化公司，书法、楹联独具特色，堪称一绝，还担任了全国楹联学会的副主席，影响远播中国香港、澳门地区和日本。

这样的学生，在某些人看来可能是另类，但总起来看，他们都很有个性，天真烂漫。学校的环境，学校的教育，对他们只能因势利导，因材施教，而不能削足适履。

三、宽松的成长环境，宽容的人际关系，目的是调动一切积极因素；而宽泛的学习领域，就是重点在引导同学们提高自己的人文素质，优化自己的思维能力和改进自己的学习方法。

班集体、团支部在这方面是可以大有作为的。建5班同学来自南方北方、城市农村，每个人都有自己的长处，也有自己的不足，至于生活习惯和爱好也各不相同。搞不好，鸡毛蒜皮矛盾成堆；搞得好，五彩缤纷各显神通，每个同学都能感到在集体里有一个位置。记得他们入学不久，就赶上1960年经济困难时期，当时学校提倡劳逸结合，引导同学发挥兴趣爱好。在元旦节前，建5班搞了一次"窗花比赛"。原来二号楼学生宿舍每个房间房门的上方都有一方玻璃，学生们一般就用报纸糊上或随便贴张图画。但建5班却别出心裁地让每个宿舍自己"创作"一个画面，粘贴在玻璃上。我记得对金石、木刻特有爱好的应朝同学把雷锋同志的木刻图像，用红、黑、白三色搭配贴在自己宿舍的门上，使人眼睛一亮；白福恩同学酷爱京戏，就代表宿舍设计了一幅京剧脸谱，也非常精彩。还有花卉图案的，书法的，等等。整个楼道如同一排小展廊，还吸引了别的系别的班同学来参观。这类"不起眼"的、没有说教的、潜移默化的活动，却是一种"真""善""美"的心灵熏陶，也促使同学们无形中关心集体、热爱集体，促使他们交流方方面面的知识。

当然，围绕学校和系里的各类教学安排和团委"创四好"活动，班级的主创性也进一步得到发展。建5班同学进校以后，是清华大学"文革"前外部环境和内部教育最少受到干扰，最多发挥清华"厚德载物""人文日新"治校大策的时期，记得在入学时的植树劳动、昌平工程兵学军和工地实习等活动当中,同学们组织的活动再不是那些"知识分子和农民谁贡献大"之类的,或者简单化的"阶级斗争之类"的讨论,而是提出"向劳动人民学习些什么"这类有意义的话题。更重要的是,让同学们在这些活动中自己去体验,特别是结合自己的专业。教育学表明,你要搭一个平台,提出问题,学生们的积极性、主动性调动起来了,创意也就有了,人也得到成长了。我再举两个小例子:

(1)盛允伟同学是一位德才兼备的好学生,但平时非常低调,毕业设计参加建校的中央主楼报告厅装修工程。一个半圆形的大厅天花板,要把价格不菲的吸音板嵌镶上去,怎么下料?因为都是异形体,搞得不好会浪费很多边角料。没有豪言壮语,只有默默无闻地苦干,他综合运用数学、几何学、材料学、环境艺术和装修工程技术,硬是用最少的边角料,最大限度地利用吸音板面材,设计、安装了一种发散式加切割拼装的顶篷。盛允伟同学的出色成果,不仅受到指导老师的称赞,也受到工程单位的好评。而对他自己,无疑是一次再学习,实践中的学习、提高。难怪在毕业后的多年中,盛允伟在总建筑师的岗位上也屡屡出手不凡!

(2)被系主任汪坦教授称为"鬼才"的马国馨,也是在学校历次实践中不断苦干、巧干,干出来的。毕业设计他到四川绵阳参加三线建校,那是从无到有,有什么干什么。马国馨被分配指导民工平整场地。绵阳工地坎坷不平,天气闷热阴雨,他光着胳膊,滚了一身泥巴,耳朵上架着一支笔,手上拿着画夹,对着图纸和现场,确定哪里取土、哪里填土,任务是土方平衡,减少土石方工程量。我是从一位在三线建校的校领导那里听到对马国馨出色表现的绘声绘色的介绍:"真是鬼才,真是鬼才。"这位领导赞不绝口:"真是先进集体里的好学生,将来大有出息!"大师,就是这样成长的。

四、记得爱因斯坦讲过一段话:"什么是教育?当你离开学校以后,把老师们的堂堂讲课都忘了,把那些课本教材都忘了,还剩下的东西,那就是教育。"我想,建5班同学们在学校的六年,学习了许多课程,听了许多课,无疑是必要的,也无疑对他们后来在不同岗位上的出色表现是有帮助的。但是,无论是我,还是他们回想起来,似乎还有更重要、更宝贵的,更难得的"教育",就是那些讲课、教材之外"剩下的东西"。我经常在想"剩下的是什么?"我认为,就是"人"的自我成长,就是马克思所说的:"每一个人的自由发展,是全社会发展的基础。"也就是毛泽东的名言:"一个完全的人,一个脱离了低级趣味的人"。建5班同学们的成长，是否可以作为一个虽不能说尽善尽美，但可以说是符合这一价值取向的标本之一呢？

单德启　1954年入清华大学建筑系，曾任政治辅导员、土建系分团委书记、校团委副书记、建筑学院副院长，教授、博士生导师。

"以身作则，作出表率"
——访最高人民检察院检察长贾春旺

李延武 邰 扬 程 璐 等

虽然已年逾古稀，贾春旺学长给我们的第一印象却完全不像老人，显得很年轻，热情而干练的语言中很难寻觅出岁月的痕迹，只有那深邃而有力的眼神在不断提醒我们，眼前的这位学长曾经经历过怎样的风浪，曾经怎样用自己的青春在共和国的大地上书写波澜壮阔的篇章。

一、担任辅导员，"牛刀小试"

清华大学的"双肩挑"学生政治辅导员制度自1953年创立以来，曾为祖国培养了大批专业素质优秀、政治过硬的人才。贾春旺就是清华较早一批辅导员队伍中的一员。这段经历也给他留下了非常深刻的印象。

1963年年初，贾春旺作为高年级本科生开始担任工物系的年级辅导员，同时承担大量毕业生教育和毕业生分配的相关工作。毕业后，他被调往校团委担任大一工作委员会副书记，和很多同学有过交流。提到这段经历，他觉得辅导员的经历是对自己"追求卓越"的一种特殊锻炼。"做辅导员最大的锻炼就是养成一个习惯，即努力把自己想做的事情做好，把该用的力量都用上。"在这一过程中，贾春旺以认真细致的工作习惯、敬业的工作态度做好每一件小事，克服遇到的困难，在很多"小事情"中锻炼了自己的能力。

贾春旺认为："又红又专，全面发展，是学校对每一名清华学子的要求。对于学生辅导员来说，还要加上几个字，那就是'以身作则，作出表率'。因为对

本文作者为工程物理系学生。

辅导员来说，重要的不是讲大道理，最重要的其实是作出表率。无论在哪里，最有说服力的还是你的表率作用。"这正是他对现在和未来学生辅导员的期望和要求。

二、"文革"期间，历经磨难

1966年"文化大革命"爆发后，贾春旺作为年轻教师，很快在校园里涌起的大字报风潮中受到冲击迫害，他先被关进造反派的牢房，又被送入监狱，随后下放劳动，直到6年后才重新回到教学岗位。提到这段时间的经历，他感触良多。

贾春旺印象最深的一段经历发生在监狱。那里的条件很差，同室关押的既有杀人犯，又有不慎摔了毛主席像章的"政治犯"，仅有的个人物品是家里送来的一床被褥。他至今还能清晰地记起，有一天，一个身上满是虱子的煤矿工人小伙子进入监狱，在其他室友都不愿意腾位置的情况下，是他主动让出了自己的位置。即使在最艰难的时候，在"感觉被党和人民抛弃"的时候，贾春旺也一直铭记着自己共产党员的身份，"在逆境中一定不要忘了自己的信念，越是逆境就是越要坚持下去。"他如是说。

党的教育，清华大学的培养，蒋南翔校长的关心，担任辅导员和"文革"前在校团委工作的锻炼，贾春旺在谈到这些时表示："对自己的成长和后来的工作非常重要。"

"文革"中的经历、见闻和思考，使得他对"文革"及其操纵者深恶痛绝，同时也使他养成了疾恶如仇的性格，并在他之后的职业生涯中不断显现出来。

三、政法部门，"低调务实"

1985年，贾春旺担任国家安全部部长、党组书记、党委书记，在事关国家安全的重要岗位上任职长达13年。1998年，他调任公安部部长，2002年进入最高人民检察院担任党组书记，2003年成为最高人民检察院检察长。用他自己的话说，是"在国家的政法部门工作了整整23年"。

在贾春旺参与国家安全工作的年代里，低调务实是他留给别人的印象。一方面，他极少在公共媒体上露面或表达。他一致保持清华人所特有的低调和谨慎，即使在与社会联系紧密的公安部门工作时，媒体上也很难看到他的信息。另一方面,"行胜于言"的校风在他身上也很明显地体现了出来。他在检察机关工作期间,提出"强化法律监督,维护公平正义"的工作主题和"加大工作力度,提高工作水平和质量"的总体要求,建立了人民监督员制度,推行讯问职务犯罪嫌疑人全程同步录音录像等。这些与时俱进又高度务实的工作深得社会认可。

作为五届中央委员,贾春旺长期在政府中担任重要工作,但他丝毫没有放松对自己的要求。严于律己是访谈中学长嘴边出现次数最多的词语之一。他特意和我们分享了他在担任公安部部长时发生的一件小事。当时公安部大食堂伙食较差,贾春旺来到公安部之后,坚持去大食堂吃饭,推动食堂人员改善伙食。他强调,"党的伟大光荣正确,必须体现在每一名党员,尤其是担任领导干部的同志身上。"他是这样说的,也是这样做的,用自己的行动回答了一个党员如何严格要求自己的问题。

在访谈中,他谦虚低调、平易近人的风格给我们留下了很深的印象。在谈及自己的经历时,他笑着说:"我对自己的定位是,一个北京京郊的农民子弟,新中国成立后,进城经过了几年培训,干了一辈子保安。我个人的经历,在党和共和国的历史上,不过如此,在中国历史上,更不过尔尔。"

四、学长寄语:脚踏实地

在访谈的最后,他告诉我们:"清华学生虽然都很优秀,但一定要既有远大理想,又脚踏实地做事。在自己的人生道路上,无论遇到什么事,都要认真努力做好。这样的事情做多、做好之后,国家和人民才会放心地把更重要的事情交给你来做。如果大家在进行人生道路的选择时只考虑收入、安稳,是否可以留在大城市,就不免有些短视。如果真想为党和国家做事业,就应该去基层,去老老实实而又奋发有为地做事,这才是作为一名清华人、一名共产党员所应有的本色。对于更有志向的同学,应该去边远地区,去边疆地区,去基层,去攻关,这才是好样的!"

最后,贾学长也提出了他对学生辅导员的一些建议:辅导员的工作是学校工作的重要组成部分,同时也是学校人才培养和学生培养很重要的一环和渠道,其意义不言而喻。对辅导员来说,除了要把辅导员的工作做好之外,还必须把本专业内的业务工作做好、学好。他强调说,能把辅导员工作和本专业内的工作同时做好，就是对自己很好、很重要的锻炼。

贾春旺　1958年入清华大学工程物理系，曾任政治辅导员、校团委书记、学生工作部部长。曾任国家安全部部长、公安部部长、最高人民检察院检察长。中共第十二届至第十六届中央委员。

两个集体　两个课堂

陈清泰

我 1957 年进入清华，很快加入了校舞蹈队。1958 年我开始参与校学生会和文艺社团的工作，1959 年我被选为校学生会副主席，主要联系文艺社团，开始了学生半脱产的生涯。1964 年 2 月毕业留校，进入校团委，在学习劳动部，成了教师半脱产，直至 1991 年离开清华到第二汽车制造厂。

我在清华学习和工作了 35 年。可以说前一半是学生半脱产，后一半是教师半脱产，基本没有离开校团委范围的学生工作，也没有离开我热爱的汽车专业。

那时，清华全校的学生工作是在党委领导下，主要由校团委进行的；学生会在团委领导下，是团委工作的一个重要方面。而团委和学生会主要工作人员大多是半脱产的"双肩挑"。相比一般同学，我们这些人得到了更加全面的学习和锻炼。回想起来，这一段对我一生的影响极其深刻。这也是蒋南翔校长因材施教非常重要的一个方面。

以下是我 2008 年有感而发，整理的一篇在校团委学生会参与文艺社团工作的文章《两个集体　两个课堂》。

我从学生时期到留校工作的十多年，始终没有离开清华团委—学生会—文工团的工作。前一段是一边学习，一边做学生政治辅导员的学生半脱产；后一段是一边备课、教书，一边做团委学生工作的教师半脱产。这一经历使我对以蒋南翔校长为代表的清华的育人理念，特别是德、智、体、美全面发展的教育思想有了颇多感受。

1958 年，为了深化因材施教的探索，促进德智体全面发展和提高文艺社团、体育代表队水平，当时负责学生工作的党委副书记艾知生和校团委提出，文艺社团、体育代表队可用各优选100名左右的学生，集中住宿和活动，单独建立党、团支部，成为这些同学的"第二集体"。这个建议与清华要建立"三个代表队"，即政治代表队（学生政治辅导员）、科技专业代表队、文艺体育代表队的思路完全一致。建议得到了蒋校长的肯定和校党委的批准。这一年的下学期就"集中"了。

学校党委、团委为文艺社团集中创造了很好的条件。蒋南翔校长、刘冰、高沂、胡健、艾知生等校领导和张慕葂、方惠坚、谭浩强、罗征启、单德启等团委领导，对文艺体育这支"代表队"的后续成长倾注大量心血。学校一些重要活动要文艺社团参加，文艺社团节目审查和演出他们也尽量出席，并提出意见和建议。舞蹈队很多队员的名字他们都叫得出来。实践证明，把文艺活动作为"第二课堂"、把社团作为"第二集体"，在贯彻蒋南翔校长关于又红又专、全面发展，因材施教、殊途同归的教育思想方面发挥了较好的作用。

文艺社团是培养又红又专人才的"第二课堂"的。在清华，每个班级的"第一课堂"在传授和学习专业技术知识方面都有良好的传统和保障。但是毕业后每个人对社会的贡献和取得的成就不仅取决于在校的学习水平和专业知识，政治素养、思想方法、共事能力和道德养成往往是更重要的因素。文艺与政治密切相关。清华早年的"民间歌舞社"是在进步学生运动中诞生，在与反动势力斗争中成长的。清华文艺社团集中后，舞蹈队的活动则侧重于服务同学、服务学校、服务政治，使队员在活动中受到艺术熏陶、接受思想教育和政治训练。队员们在排练"大秧歌""大头娃娃舞""鄂尔多斯"时，就要感受和表现翻身后的人民和少数民族的欢快心情；在学演"大刀进行曲""红色娘子军"等节目中就会领悟革命英雄主义的气概；在构思、创作"大扫除""锻炼舞""实习途中"时必须深入学习党的教育方针，捕捉同学学习和生活中的亮点；为参加在人民大会堂纪念"一二·九"演出，在创作、排演"支持世界革命"舞蹈的过程中，就接受了一次国际主义的教育。舞蹈队员在全国政协礼堂向中央领导做汇报演出后受到周总理的接见，有的同学还和周总理握了手，那动人的场面就好像"周总理就在我们中间"；在天安门广场，舞蹈队员有幸与毛泽东、刘少奇、周恩来等国家领导人同一个舞池共舞。如此等等，在每位队员心中留下了终生的记忆。对于二十岁左右的年轻人，这是一种潜移默化、触动心灵的思想政治教育，对同学人生观、世界观的形成都会产生无形、但深刻的影响，使我们终身受益。

"第二课堂"是实现因材施教、殊途同归的一条途径。全面发展与个性发展是辩证的统一。每个学生的志向、兴趣、爱好、特长存在很大的差异,学校教育不是消除这些差异。蒋南翔校长提出的"因材施教",就包含承认个性、尊重个性、引导个性的健康发展,殊途同归,最终都走向又红又专的深刻含义。他强调,总不能把学生培养得"都像从一个模子里铸出来的"。文艺社团活动的宗旨,主要的不是培养专业演员、职业艺术家(尽管清华也曾培养出了曹禺这样的文艺巨匠),而是发掘同学健康的爱好和特长,使同学在施展和提高这些兴趣和才能的过程中,提高自身的素养。集中队员在参加文艺活动、接受文化熏陶中培养了朝气蓬勃、健康向上、勇于创新的风格;在节目创作时,从内容选择、政策把握到表现形式,对同学都是很好的综合训练;在排练和演出时,在参加各种社会活动中见过各种世面、思想更加活跃、政治上更加成熟,培养了社会活动能力。这些都是学生时代在走向又红又专道路上难能可贵的积累。记得1960年前后,关于"红与专"、社团活动与学习的关系,在学校有很大的争论。认为文艺活动占用了集中队员的一些时间,必然影响学习。实际上,集中队员在"两个课堂""两个集体"接受教育和锻炼的过程中已经逐渐学会了"弹钢琴"、自己管理自己,大都能做到"拿得起来放得下,坐得下来学得进"。由于把握适度,集中队员的平均学习成绩不仅比全校平均成绩更好一些,而且毕业后成才的水平也更高一些。正如李政道先生所说,"艺术与科学是一个硬币的两面"。这十分深刻地阐明了艺术修养与科学技术的关系、全面发展与专业发展的关系。

文艺社团是提高同学创新能力和工作能力的实践平台。文艺社团是一个在校团委、学生会领导下,以学生半脱产政治辅导员为骨干的学生自治组织。一般情况下,校团委、学生会的"领导"主要是一种"指导"。这就给学生干部提供了广阔的实践锻炼的空间。社团团部、党支部和分团委大量的具体工作,大都由学生自己提出问题、研究问题、解决问题,开展工作。从文艺创作的政治方向和政策把握、课堂学习与社团活动关系的处理,到一个学期的创作、排练和演出计划制定、各队的业务配合和协调等,对学生干部的政策水平、统筹协调能力都是很好的锻炼。例如,一个成功的舞蹈创作,从选题、构思、思想性和政策性把握、表现形式创新等都要经受同学、老师,甚至校团委和党委的审查和认同,这个过程对同学的想象力、创新能力、艺术表现力、政策水平都是一次全面锻炼。一个大型舞蹈几十人,导演这样的节目对同学的现场组织指挥能力和特殊情况下的应变能力是很好的锻炼。舞蹈队是一个缩小了的艺术团体。节目创作、角色分工、导演排练、服装道具、灯光布景、化妆音乐等台前、台后很复杂的谋划、组织、管理、操作都是由同学们自己完成的。在这过程中，锻炼了同学们的创新能力、共事能力、组织能力、交际能力、协商沟通能力和办事能力；也培养了埋头苦干精神、集体主义精神和组织纪律性。在这里，同学们能较好地接受"行胜于言"的训练。

陈清泰　1957年入动力机械系学习，曾任校学生会副主席、政治辅导员。曾任第二汽车厂总工程师、东风汽车公司总经理，国务院发展研究中心党组书记、国务院经贸委副主任，曾兼任清华大学公共管理学院院长。

一次关于清华精神的交谈

张福森

2014年4月的一天,清华法学院团委的四名同学,来到司法部我的办公室进行了长时间的交谈。谈话内容相当广泛,除了谈到国家的法制建设以及法学教育和司法改革,还谈到了清华校训和清华精神。

对于清华精神的含义,四名同学告诉我,学校内讨论很热烈,总的提法归纳为八个字,就是"严谨、勤奋、求实、创新"。

他们希望我谈谈对这个问题的看法。我告诉他们,我赞同"严谨、勤奋、求实、创新"的提法,但是如果把这八个字具体分解一下,大体包括五方面的内容。

一、革命的精神

从1911年建立清华学堂到现在已经有100余年了,这100多年经历了不同时代的变迁,但是不管是哪一个时期的清华教师、学生,有一条都是不变的,那就是始终把自己的理想和国家的前途命运、民族的兴衰联系在一起。远的不说,抗日战争时期喊出"华北之大,已安放不得一张平静的书桌了!"解放战争时期,朱自清教授"宁可饿死,不领美国的救济粮",很有革命气节呀!再往后说,到了20世纪五六十年代,学校提出要德智体全面发展,要又红又专,要立志成为祖国的建设者,毕业后要到基层去,到边疆去,到祖国最需要的地方去。粉碎"四人帮"之后,清华喊出了"从我做起"的口号。从这些事可以看出,不同的历史时期,清华人的脉搏都永远和国家的脉搏一起跳动。咱们可以这么来归纳,就是清华人身上有一种爱国的热情、强国的愿望,一种强烈的时代感和使命感,从上述历程可以看出来,这种风气还是很浓厚的。

二、科学求实的精神

内涵是什么呢？就是在清华不管是做学问还是其他的工作，都要讲究科学，实事求是，不搞虚假，虚假的东西站不住脚。要讲究按规律办事情，搞学问有搞学问的规律，搞社会工作有搞社会工作的规律。我在清华也做了较长时间的社会工作，曾担任过校学生会主席，在工作实践中，深深体会到，清华讲究务实，就是要扎扎实实地干，用现在的话说就是要有政绩。你光会高谈阔论，光会喊口号，光会搞形式主义的东西是不行的，而是要具有一贯的科学求实的精神。

三、民主团结的精神

清华是讲"团结"的，讲团结就要讲民主，没有民主就没有团结。讲团结为什么要有民主呢？团结必须讲道理，不讲道理就没法团结人，不能搞简单化，要讲政策。1959年，我一进清华就赶上反右倾，报到第二天就有人敲我的门，说因为我是党员。我那时是预备党员，要去听一个报告。那个报告是蒋南翔校长传达庐山会议精神，然后党内开展了反右倾的学习，学生当中也开展了一些学习活动，展开了辩论，称为"三面红旗大辩论"，批评右倾的观点、右倾的思想。所以，清华也摆脱不了当时的历史环境，也曾经有过一些"左"的做法，但是很快就纠正了。后来就开展了"吐瓜子"的活动，就是说在运动中伤害了一些人，批判了一些学生，人家不服但是不说，后来就"吐瓜子"，有什么心里想不通的就吐出来。再后来又搞了学生工作"50条"，主要是讲学生思想政治工作方面的政策。现在你们可能看不到了，那"50条"也脱不开当时"左"的影响，但在当时的条件下已经很不容易了。它的基点是团结，就是要讲政策，所以后来学生工作很快就纠正过来了。"50条"对我们这代人影响很深。任何时候都要讲政策，毛主席说政策和策略是党的生命，我进清华的时候19岁，20岁的时候担任团支部书记，现在回想起来印象很深，清华的这个风气还是很浓厚的。

四、艰苦奋斗的精神

这也是清华比较强调的一点。让我们这一代人回忆起来最大的一个考验就是三年经济困难时期，你们现在已经很难想象了，我和我的儿子和女儿讲起来，他们老是说时代不同了,现在不会再出现了。但是在那种困难的情况下,大家的精神还是很好的。我记得1959年前后,吃饭是这样安排的:早、中、晚三张饭票,进门的时候就交餐券,早餐交一张早餐券,午饭交一张午餐券,主食馒头和米饭随便吃。那时候有一些社会青年到清华,不花钱就可以在这儿生活。不能从前门进,从饭厅的后门进,进去以后可以随便吃。1960年经济困难时期开始,就要定量了,每个人申报自己的定量。我自己报得比较低,最后评下来我是34斤粮食。饭卡把一个月的定量按本月的天数分成一份一份,像我一天只能吃一斤一两,今天只能吃今天的粮,只能少吃不能多吃,当然现在伙食好了,生活条件高了,也吃不了34斤粮食,但那时候副食是没有的,菜就是一勺,也很简单,肉很少,水果糖一个月只能买二两,也需要票证,点心好像是一个月半斤,真的很艰难。但在那么困难的情况下,有些同学甚至都缺营养浮肿了,但精神状态还很好,学习的气氛仍然很浓。大概到了1964年、1965年的时候,学校强调学生要能吃大苦耐大劳,也就是说,毕业以后可能要去比较艰苦的环境,在任何一种环境下都要能够适应,能够贡献你的力量,作出你的成绩,所以说艰苦奋斗的精神是很浓厚的。

五、谦虚谨慎的精神

清华是全国最高学府,在这样的学校里出来的学生或者在这样的学校里工作的人,容易形成一种傲气,或者叫莫名其妙的优越感,所以清华比较注重这个问题,讲求谦虚谨慎。我们上学时,每年的毕业生毕业,蒋南翔校长讲话都是经过仔细考虑的。先要在大礼堂开毕业典礼,然后晚上有个毕业生会餐,由学生会主席主持,我1963—1965年主持了3年。我第一次主持的会餐上蒋校长就讲到这个问题:清华的同学毕业以后,要注意谦虚谨慎:不要到处贩卖清华香肠,不要到处说清华这个好那个好,还是要讲求谦虚谨慎;到了第二年,也就是1964年的毕业典礼上没有讲,但在晚上会餐的时候又讲了。我就想他为什么要这样做?原来蒋校长认为毕业典礼的讲话内容很多,怕把这个冲淡了,因此到晚上会餐的时候(这是蒋校长给毕业生讲话的最后一次机会),别的话都没有,就这一个内容,"清华的学生毕业以后要谦虚谨慎,不要到处贩卖清华香肠",所以说学校非常注重谦虚谨慎。

我想这五个方面可以综合起来，作为清华一个总的校风。这个作风要说得很明白、很清楚还很难。它是一种无形的东西，是一种无形的力量，对人起着潜移默化的作用。通常讲一个好的单位有一种好的作风，就像一个大熔炉。人的一生在大学里的时间是比较短的，所以这种好的作风对一个人的影响还是很大的。回忆起当时在学校的情景真是历历在目。在大学里人生观基本形成，对一生的影响很大。

谈话快结束的时候，几位同学让我对法学院提些期望。我认为清华大学法学院要办出特色，一定要注意理论联系实际。与其他大学法学院相比，北大法学院比较重视理论，政法大学的培养对象更多是针对司法机关，清华法学院要注重培养复合型的人才。

对法学院学生来说：第一，注重综合能力和创新能力的培养；第二，同学们要充分利用在学校学习的时间，树立坚定的信念，要有宽阔的胸怀、扎实的作风、渊博的知识，作为法学院的学生、复合型的人才，应该具备这些条件、达到这些标准；第三，还是理论联系实际，要一边学习，一边参与一些社会实践。

张福森　1959年入清华大学自动控制系学习，在校期间曾任校学生会主席。曾任新疆维吾尔自治区委副书记、北京市委副书记、司法部部长，中共十四届、十五届、十六届中央委员会委员等。

母校学生思想政治工作的点滴回忆
——为清华大学共青团组织建立 90 周年而写

俞晓松

在母校清华，共产党领导的共青团组织（用过多个不同名称）已有 90 年历史。我在母校学习期间，也担任过共青团的支部书记、系分团委副书记，还被选为第十五届校学生会主席。在校 7 年，母校学生思想政治工作优良传统，对我个人成长有重大意义，也有些故事，值得回忆。

我是 1957 年土木系入学的。从那一年起，全国政治、经济工作连续几年都在过"左"路线、方针影响下，问题不少。从 1961 年起，中央开始总结前几年的经验教训，学校工作也不例外。

我入学后就担任了班级团干部，1961 年已是土建系分团委副书记、半脱产学生辅导员。学生思想工作几年来过"左"的表现甚多，有的团干部反映，班上少数所谓落后分子，很难教育好，就被列为"另类"。蒋南翔校长就在那个时期对学校干部有一次重要讲话，明确提出，社会上讲团结 95% 以上群众，对清华来说，应当是团结 100%，学生是全国高考中的优秀生，还经过政治审查，国家花那么多钱（那时上大学不交学费，生活困难的还有助学金），毕业时有一个比例不合格，应当检讨我们的教育工作没做好。这个讲话在我们这样级别的学生干部中传达后，震动很大，我们这些党员、团干部头脑中"左"的思维大都严重，组织了学习、反思。思想认识有了转变，觉悟有了提高。

1961 年，经过调查研究，针对学生思政教育工作，清华团委制订了《班级团支部工作中一些问题的界限》，即"50 条"，第二年国家教育部在"50 条"基础上又发布了《高等院校学生工作条例》（40 条），在当年是影响很大的一件事。

我要追忆的是"50条"制订过程中校团委（当然在校党委领导下）一些值得回忆的工作方法。

我的年级被定为调查研究的一个"点"，要一个一个班级分析，1957年以来，基层团组织搞的批判、批评、学习活动存在问题，哪些需要纠正，以后引以为鉴。但是，这些活动都是班级基层团干部组织的，他们都是班级工作的骨干，他们确实有过"左"的思维。由于过"左"的一些活动，不少班级已出现"干群关系紧张"，一些同学对班干部敬而远之。让这些班干部做检讨，挫伤了他们的积极性，实为不妥。

怎么办？校团委一位副书记（罗征启同志）在我这里蹲点。我们把每个班的团支书（加上曾任的团支书）约来个别谈，一个个事例共同分析，让这些团干部自己认识到哪些活动是过"左"的，是挫伤了同学心灵，不妥当、不应当的。还有些问题，认识不统一，但只是少数了，再开年级班干部会，大家评论，又有一些问题认识一致了。这期间，那个"50条"的大部分已有"界限"了，有了雏形了。

校团委在这种典型剖析、调查研究后，拟出"50条"草案，内部征求意见，各系分团委当然都要讨论，提出意见，在我这个当典型的年级，把班干部（除团支书还扩大一定范围）组织起来开了好几次会，请他们提意见，其中重要的一点，就是如果今后按此条例开展思想政治工作会有困难吗？会比以前更好吗？班级团干部对《草案》还提出了若干值得修改的好的建议。这个过程既提高了基层团干部的觉悟，又保护了这些学生中骨干的积极性。

"50条"正式确定后，印发给所有班级。班干部有，同学们也有，不论是否是团员，都可以看到。在这个基础上，各个班还开团员会、班会，由团支书向大家声明过往哪些批判活动有问题，并作自我批评，辅导员都要在场，要讲话，要替基层团干部承担"政治责任"。少数受到严重伤害的同学，还由辅导员陪同团支书约请个别谈话，给予安抚，鼓励放下包袱，积极上进。各班级少数团干部和大多数团员、同学的关系大大改善，出现了和谐团结的新气象。

"50条"是那个历史时期的有意义的产物，今天当然已不再适用，但制订过程的工作方法，确还有今天学生思政工作值得借鉴之处。

由于学制改变，我在清华读了7年书才毕业，有较长时间担负社会工作，1962年被选为校学生会主席。

学生会工作当然要在校团委指导下进行。学生会的工作是面向全体同学的，和团委的思政工作有必然联系而又有许多不同。

我当了学生会主席,开始还习惯于有事就向校团委领导汇报、请示。负责联系学生会的团委副书记方惠坚同志明确告诉我,大事、大活动要报告,也便于团委系统部署工作时,让各级团组织支持、配合,一般活动要有自己的开创性,不必汇报;要在学生会自主组织活动中锻炼系分会、班主席这个系统的学生干部。

学生会有三位半脱产辅导员,有文工团负责人、体育代表队的代表为副主席,文工团、校级体育代表队日常工作由校团委负责,群众文化活动、体育锻炼由学生会负责,分工很明确。

学生会还有生活福利部,同学们宿舍卫生、食堂伙食有问题都要反映或设法解决。同学们对各自专业学习以外的需求、反映,有些是团委系统得到信息的,会转达学生会予以处置。学生会组织了不少扩大同学知识面、增加社会知识的活动。

大活动,最大的是每年国庆节组织同学参加游行和晚上的广场联欢。清华的游行队伍是全市规模最大的,学生约8000人,由学生会组织,教职员1000多人,由校工会组织。由于是人数最多的一个单位,游行指挥部还会交代一些特别的任务。天不亮就起床、用餐,到清华园火车站乘火车进城到指定集合点,游行完毕后组织一部分留在市里参加晚上联欢。除了后勤服务由校行政负责,组织工作全部由校、系学生会和各班级主席负责。校团委只检查准备工作有无疏漏,届时有一位校团委干部参与组织指挥,完全放手让学生会担起重任。

共青团1929年在清华成立组织,90年了。我有幸也参与过一段工作,对我一生是极好的锻炼。写出以上回忆,作为纪念。

俞晓松 1957年入土木工程系,曾用名俞纪美,曾任政治辅导员、校学生会主席。毕业后曾任国家经贸委副主任、中国国际贸易促进委员会(中国国际商会)会长、党组书记等。

在学生会的日子

徐荣凯

我是在1965年的9月学生会换届时,接替前任张福森担任第17届清华大学学生会主席的。由于清华大学学生会是北京市学联的主席单位,我自然成为北京市学联主席。

我们这届学生会很不寻常,经历了"文化大革命",存在的时间比较短。1966年6月1日,北大聂元梓等人的一张大字报,标志着全国范围的"文化大革命"开始。谁也没想到,一闹就是10年。党委团委全垮了,成为"革命"的对象,学生会自然不复存在。算起来,这届学生会存在也就10个月。由于这是"文革"前最后一届学生会,因此被称为"末代学生会"。

虽然只在学生会短短工作了10个月,但这10个月过得很充实、很温暖,对自己提高很大。学生会在学校党委领导下开展工作,实际上党委是通过校团委来领导学生会的。我们和团委的办公室都在明斋,住也在一起。学生会干部脱离班级住在明斋的有副主席叶路、赵克斌、宋延光,副主席任丽翰(女)是学校文艺社团副团长,她和文艺社团住在一起。每天我们看见团委书记张慕葌和副书记方惠坚、谭浩强、单德启、贺美英等骑着破旧自行车到明斋来上班。住在明斋的团委干部贾春旺、陈清泰、承宪康、崔鸿超等和我们一起生活。我们从食堂打完饭回来,常常聚在一起吃。他们发了工资,或者我们发了辅导员补助(18元),有时买点啤酒、小菜,都叫到一起分享,那是最欢乐的时刻。团委专职干部都是老师,是我们的领导,学生会干部都是学生,但我们之间没有师生之隔,没有上下级之分。生活上其乐融融,但工作上一点儿都不含糊,布置了的事,要自己完成的工作,努力去完成,做得不好照挨批评。党委副书记艾知生联系学生工作,他经常骑着铃铛响全身也都响的自行车，到操场转悠和同学聊天，到教室进课堂听课。要是在路上碰到他，会停下来把腿一撇下车直呼徐荣凯，问食堂的菜怎么样，问为什么最近上操场的同学少了，还听说有的同学说蚊子、臭虫有点多，是不是该组织灭臭虫了。那时的清华除了对蒋南翔校长有职务称呼，对党政干部，从党委副书记刘冰开始，都不称呼职务，只在公共场合加"同志"二字，互相之间距离很近甚至没有距离。当然课堂上对老师，那是非常尊敬，或者称老师，或者称先生。艾知生很年轻，大家都叫他小艾，传到我们这儿也这样叫了。于是我说："小艾，你放心，我们就要组织灭臭虫了。"若干年后，艾知生同志任广电部部长，我也调到国务院研究室工作，开会时见到，小艾改称老艾，仍不习惯叫艾部长，改不过来了。称呼是一种习惯，时代的变迁会有不同的叫法，但良好的师生关系，融洽的上下级关系，通力协作的同事关系，不应该改变，应当传承下去，这是清华的优良传统。

在学生会工作，脑袋里从来没有"领导同学"的概念，只有"服务"二字。同学们吃不吃得好，睡不睡得着，4点半上大操场锻炼能不能得到保证……，这些都是我们要关注的事。国庆节组织同学白天游行晚上天安门广场联欢，从凌晨4点钟起床步行到清华园车站坐火车，到晚上10点联欢结束又步行到骑河楼集中坐车返回，都要十分细致，保证安全，一点儿不能出差错。人民大会堂演出大型音乐舞蹈史诗《东方红》，清华派出了100多人合唱队，学生会都要悉心组织，保证演出成功。1965年秋举办的第一届中日青年友好大联欢，是我国对尚未建交的日本一次重大外交活动，周总理亲自部署，负责对日工作的廖承志亲自抓。清华是参与的主要学校，在校内组织了很多场活动，还参加了全市性的多个活动。学校团委、学生会倾全力组织，圆满完成了任务。在这次活动中，廖承志在全聚德小范围宴请日本友好人士西园寺公以及一个重要的日本青年代表团，席间谈了很多重要的中日关系问题。我作为北京市学联主席和清华大学学生会主席，有幸受邀，人生中第一次吃到了烤鸭。

清华党委和蒋南翔校长向来关心同学们的德智体全面发展，认真贯彻毛主席提出的"让学生在德育、智育、体育诸方面生动活泼地、主动地得到发展"的指示，团委、学生会紧紧围绕学校的布置进行工作。有两件事让我记忆深刻。经历过20世纪60年代初的三年困难时期，正在长身体的同学，身体都受到不同程度的影响。特别是女同学，体质弱，得各种慢性病的比较多。蒋校长很关心女同学的身体和生活状况。学校首先抓了办女生食堂这件事。女同学食量小，一大勺菜吃不完，营养也跟不上。办了女生食堂后，菜量小了但精细了，花样品种也多了，改善了营养状况，受到女同学的热烈欢迎。学生会积极跟进，关注饭菜质量，倾听女同学的意见，及时向后勤部门反应。这么好的一件事，"文革"中成了蒋校长的一条罪状：执行修正主义路线，培养资产阶级娇小姐。另一件事是5号楼和6号楼是女生宿舍，和男生楼混在一起，夏天很不方便。为给女生宿舍做窗帘，学校女生工作委员会主任李卓宝带着校办主任朱志武、学生会是我，还有团委的老师、后勤部门的人专门到女生宿舍调研，确定窗帘高度、颜色。这些事情今天看起来真是小之又小，但却体现对同学们的真情关爱，做事之认真细致。

还有一件事要专门说一说，就是1966年的"六七事件"，这可以说是本届学生会遇到的最大一件事情。6月7日下午4点多，北大一批同学来到清华，煽动清华学生造反。清华同学奋起反驳，双方围绕"蒋南翔姓马还是姓修（修正主义）"展开激烈辩论。在二教外的空地上人越聚越多，大家开始还比较冷静，后来情绪越来越激烈。为了避免发生冲突，学校决定打开二教，由学生会出面组织，进入室内辩论。于是我上场做了主持人，规定一边一个轮流发言。在辩论中，清华同学摆事实讲道理，细述清华如何认真贯彻毛主席指示，在德、智、体各方面让同学得到全面发展，蒋南翔姓马不姓修，清华大学党委没有反党反社会主义而是执行了正确路线，是红线不是黑线。辩论中，虽然言辞激烈，场面有时混乱，但是还都比较理性，没有发生肢体冲突。辩论持续到凌晨3点，不能再进行下去了，我强行宣布结束。还好，双方都给我面子。这是清华同学面对疾风恶浪第一次经受的洗礼，是敢于伸张正义、与错误进行较量的正义行动。团委、学生会做了出色的组织工作，我有幸在第一线领着大家和造反派辩论，维护了清华的声誉，自己也得到了锻炼。

"六七事件"是本届学生会做的最值得记忆，最有意义的一件事。也是本届学生会做的最后一件事，从此完成了自己的历史使命。学生会也在清华沉寂了10年。

在写完这篇回忆文章之时，耳边响起孙楠、姚贝娜的歌声《我要回家》。这是我和弟弟徐荣旋为清华大学百年校庆写的歌，表达了校友们对母校的无比思念，也是我对清华的一片深情。转眼10年，又迎来110周年校庆，时间过得真是快啊！百年一瞬，清华变化日新月异，清华光荣传统永恒。作为清华学子，感到无比的欣慰。

徐荣凯　1960年入清华大学动力机械系学习，在校期间曾任校学生会主席。曾任轻工业部副部长、国务院副秘书长、云南省长等，中共十六届中央委员。

舞蹈队团支部书记工作育我成长

胡昭广

1958年有一支文艺小分队活跃在清华大学十三陵水库工地上。他们热情奔放地穿梭在每一处工地上，鼓舞着大家的劳动热情，宣传着党的教育方针。在几千名师生的劳动大军中产生了巨大影响，受到广大师生的赞扬。蒋南翔校长知道后非常高兴，给予极高的评价并提出成立一支集中住宿的文艺队伍——这就是清华大学文工团。

1958年正是我考入清华那年，随后在闵佟同学的动员、推荐下，1959年我成了一名集中住宿的正式舞蹈队员。入队不久我就担任了舞蹈队团支部书记工作，直到1962年底我调到校学生会做学生会副主席、政治辅导员。近三年的支部书记工作，真是育我成长、终身受益。五十几个春秋匆匆而过，时间荏苒、年华渐老、回首忆昔，更是感慨万分，丝毫没有随着时间的流逝而淡化。它对我的世界观、人生观的形成，对我政治上的成长，对我坚强毅力、工作能力的培养，让我久久回味，这里才是我人生真正的起点。

一、为党宣传　为党战斗

每个同学入队后"为党宣传，为党战斗"的信念就逐步深深扎根在每个人心中，而又是那么潜移默化、不可动摇。

"为党宣传，为党战斗"信念的培育和扎根，是在创作、排练、演出的过程中形成的。1958年至"文革"前的时间里，舞蹈队排练过几十个舞蹈，其中有十几个舞蹈，都是为宣传党的方针政策、学校的中心活动而创作、排练的，并演出了近百场，同学们从中受到很大教育。

为了培育全面发展的新一代
——蒋南翔任校长期间清华共青团工作回顾

1957年蒋南翔校长在全校体育教师、干部大会上，提出"争取为祖国健康工作五十年"的号召，这也成为当时同学们开展体育锻炼的口号。为宣传党的"德、智、体"全面发展教育方针，舞蹈队创作、排练了"锻炼舞"。这个舞蹈深受同学们的欢迎，为推动"劳卫制"的开展，为全校轰轰烈烈开展体育锻炼作出贡献。

1958年，学校提出"党的教育要与生产劳动相结合，学校的科学研究必须走结合生产的道路"，舞蹈队创排了"铝球舞"，这个舞蹈表述了电机系高压实验室重大科研与生产劳动相结合，取得突出成绩的故事，反映学校教学、科研、生产各项工作的深刻变化。

"大扫除舞"是学校大力开展爱国卫生运动，保证同学身体健康、创建文明校园活动中，应运而创作的。这个舞蹈生动、活泼，深受全校同学的喜爱，多次在学校大礼堂演出，还曾到人民大会堂演出。

特别是"民兵舞"。1960年5月学校文工团要在大礼堂为"全国民兵会议"作专场演出，舞蹈队为配合民兵会议精神，宣传"全民皆兵"的思想，决定创作一个以民兵奋勇抓空降敌特为题材的舞蹈——"民兵舞"。为了创作好这个舞蹈，队部决定在"圆明园"水稻田地组织一次"真刀真枪"的民兵训练。当同学们来到"圆明园"，面对被帝国主义践踏焚毁的残垣断壁，大家很快进入了角色，个个心中燃起"清华人"固有的"明耻"仇情，在"擒敌抢滩"的战斗中个个英姿飒爽、英勇奋先。"民兵舞"成功上演了，大家为圆满完成这次党的宣传任务而高兴。在创作中同学们深深受到了爱国主义的教育，也磨练了坚强的意志。舞蹈队还创作了"夸地瓜""大刀进行曲""实习途中""非洲在怒吼""我们劳动在上庄"……这些创作排练的舞蹈节目，都有着宣传党的方针政策的背景和一段段生动的故事。

舞蹈队承担的演出任务也是十分繁重的，如每年的"迎新生演出""校庆演出""五一""十一""一二·九""迎新年"以及一些重大政治任务的演出等。同学们把每场演出，都作为一次"为党宣传、为党战斗"的政治任务。

为保证每次战斗的胜利，我们在演出前总要开务虚会，讨论这场演出的重大意义、演出的节目要宣传什么、自己如何进入角色……务虚会的结尾是响亮的"战斗、胜利！"的口号。这体现了舞蹈队的精神，无论是演出还是排练的开始和结束你总会听到这句响亮的口号。几年坚持如一日，它凝聚着巨大的战斗力和战胜一切困难的力量。

1958年清华文工团在全国政协礼堂，要向敬爱的周恩来总理和全国政协委员作汇报演出。这个振奋人心的喜讯让同学们激动万分、久久不能平静。为迎接这次战斗任务，这次务虚会开得更加生动、热烈。特别是演出当天，大幕拉开前的务虚会，同学们跃跃欲试、摩拳擦掌，纷纷表示要以我们的精神面貌，体现出优秀的"清华精神"，要以我们的舞蹈表达出党的教育方针就是好，要以我们奔放的热情表达我们对敬爱的周总理的无限热爱和对全国政协委员深切的感谢！演出获得极大成功，演出后周总理健步走上舞台和大家一一握手，并和大家一起合影留念。总理热情的鼓励我们并对我们的演出给了很高的评价，夸我们："你们的演出、你们的创作很有新意，能很好地宣传党的教育方针，很好嘛！"同学们在返校途中，还久久沉醉在与周总理幸福相处之中。

二、战胜困难　磨练意志

1960年由于天灾人祸，国家进入了经济最困难时期。学校要求同学们维持"体力"，保存"能量"；多睡觉、多休息、少活动、少运动，以保证学习任务的完成。但是舞蹈队同学不仅要很好地完成学习任务，而且还要完成繁重的排练、演出任务。现在除了要参加原来的"迎新生""校庆""五一""十一""新年"等演出外，还增加了每周末小型广场演出活动，以活跃沉闷的校园气氛、丰富同学们业余生活，振奋精神，共渡困难。但是做到这些，在当时经济生活困难时期，是很不容易的事情。因为这要付出巨大的体能，对每个同学都是一个考验。令我十分感动和记忆犹新的是，在困难面前、在宣传任务面前，没有一个人退缩，没有一个人掉队，而是以饱满的热情，完成了一次次的演出任务。

1960年，我们"迎来"经济生活最困难的新年。这是一个"特殊"的新年，一定要过好，学校决定在西大饭厅举办全校迎新年晚会。为了配合学校的决定，出色完成这重要任务，舞蹈队队部决定把"狮子舞""大头娃娃舞""鼓子秧歌""欢乐青年"这些场面热烈、动作大、难度高、节日气氛浓厚的舞蹈，全部拿出来奉献给晚会，迎接新的一年到来。

这场演出任务相当艰巨、相当困难、相当劳累辛苦。我那天扮演"狮子舞"中的狮子屁股，要将演狮子头的同学高高举起来，还要他站在我的双腿上，作各种表演动作。当时我觉得两眼冒金花、两腿发软、浑身出虚汗，我知道现在每个同学都会和我一样，都在咬紧牙关，为完成任务而拼搏着。我偷偷看了看大家，同学们个个表情却是轻松、乐观、愉快，没有一丝劳累、痛苦的表情。我忍不住掉泪了，在国家经济生活困难时期，每个人的粮食定量都是很不足的，大家是饿着肚子在战斗，这是多么好战友呀！他们在咬紧牙关、克服巨大痛苦，以极大的毅力努力完成着自己的神圣任务。我为有这样的战友而自豪、而骄傲。

由于繁重的学习任务和演出任务，舞蹈队的同学几乎都出现浮肿，特别是许多女同学，都得了妇女病。舞蹈队的干部们看在眼里，疼在心上。我们深深知道同学们是为了努力完成为党宣传任务，而付出的代价。

支部委员们围坐在一起，冥思苦想缓解办法。团支部提出要压缩排练次数，减轻运动量；提出合理安排演出节目单，均衡同学们体力负担；团支部还决定组织大家养兔子、开荒种白薯，以增加大家的口粮。同学们自发地互相帮助，女同学自己勒紧腰带，把珍贵的粮票送给男同学；也有的男同学把自己的粮票送给演出任务重、饭量大的同学；一些家在北京的同学，把家里很"珍贵"的有营养能饱腹的食品拿回学校，分给家在外地的同学。

很快学校领导知道了这一情况，学校决定给舞蹈队的同学们增加一点粮食定量，学校还让校医院给女同学送中药"益母膏"，治疗妇女病。这样，问题大大得到缓解，情况有了很大好转。

团支部及时召开了"立大志"大会。会上，支部总结、表扬了同学们战胜经济生活困难顽强拼搏的精神；困难中无私无畏，真情帮助的精神；笑对困难，毫不畏惧、不退缩、不动摇的革命乐观主义精神。同学们就像"忍冬草"一样，挺拔在严寒之中，因为我们坚信春天必将到来！会上，同学们热烈发言，纷纷表示"困难是对我们革命青年的考验，我们要以革命精神去战胜它，我们一定能胜利。""我们的坚强意志、革命斗志，只有在与困难顽强拼搏中，才能磨练成。"会后，许多同学纷纷向组织递交了入党、入团申请书。几年间，舞蹈队有许多同学光荣加入了中国共产党，还有一批同学加入了共青团。

三、思想工作　团队精神

周总理曾经说过："每个学生除了把专业学好，把政治学好，还一定要掌握一门外语，一门革命文艺。"蒋南翔校长也说过："文艺活动，不能简单地认为只是跳跳唱唱而已，这是共产主义教育的一部分……我们应该有自己的爱好，多方面的兴趣，不要做'干面包'。"

舞蹈队的同学生活在两个集体中，一个是班级，一个是舞蹈队集体。舞蹈队这个集体的生活更加丰富多彩，更能受到全面锻炼，促进全面发展。我深深体会到，舞蹈队的政治思想工作有许多特点，其中，对大家的人生成长影响最大的是"团队精神"。舞蹈队的优秀"团队精神"对大家的影响是潜移默化的。"团队精神"是难以言表，但似乎又是具体可触摸，这种精神会升华为一种亲和力、战斗力、凝聚力，让人长久怀念，这种"团队精神"把大家紧紧联系在一起。

舞蹈队的"团队精神"是在创作、排练、演出和朝夕相处中形成的。如果要试说舞蹈队"团队精神"，我认为有几点。

一是"大胆尝鲜的精神"。敢于尝鲜的精神就是敢于创新的精神。舞蹈队的同学在大量创作、排练舞蹈节目中，展示了自己的智慧和才华，也得到了创新思维的锻炼和培养。在创作节目中要准确理解、把握"党的教育方针""党的方针政策""学校的中心活动"的精神，并且使其成为节目的灵魂。还要在节目形式、情节上贴近校园生活、贴近同学生活，使广大同学喜闻乐见。同时还领会了一个好的创作，必需有严谨的细节、细密的操作、程序，才能保证一个创作获得圆满实现的工作方法。在创作过程中，所受到的创新精神、创新意识、创新能力的培养，使同学们在走进社会，无论是科研攻关、还是担任学术带头人或是党、政领导人，都能出色完成任务，都会起到不可估量的作用。

二是"永不服输的精神"。舞蹈队的同学从不低头、从不服输，已经成为坚强意志力的重要表现。在面对国家经济生活困难而坚定、出色完成党的宣传任务；在面对舞蹈队任务重，业务学习任务也重的情况下，坚定、出色地完成两个重担；在面对一个个舞蹈创作的艰巨任务，坚定、出色、按时交出满意答卷；在面对两个集体关系处理的困难，坚定、出色地做到两个集体都满意。"永不服输的精神"使同学们走出校门后，为党、为国家，完成了许多重大又艰巨的任务。

三是"无私奉献的精神"。在舞蹈队创作、排练、演出活动中，在面对国家经济生活困难，在处理业务学习和舞蹈队活动的矛盾，没有一处不体现无私奉献精神。同时舞蹈是集体的协调与合作的活动，这就培养了大家的集体主义精神。在舞蹈队的同学们都甘当配角，特别是舞蹈后勤工作，他们默默地为演出做好一切准备工作，很多好事直到现在还不知是谁做的。

舞蹈队的"团队精神"是巨大的财富，教育、培养了一代人才。舞蹈队的"团队精神"产生了不可思议的凝聚力,50多年过去了,老舞蹈队员们每周还要集合一次,练习舞蹈。大家约定在我们平均70多岁的时候,要上台演出"鄂尔多斯舞",庆祝母校百年华诞。完成"为祖国健康工作五十年"的夙愿,我们已经实现,百周年校庆时平均71.5岁的40多位老队员精神抖擞地表演了"鄂尔多斯"舞。

四、又红又专　献身祖国

梅贻琦校长稳定了清华,开创了清华的第一个黄金时代;蒋南翔校长腾飞了清华,开创了清华的第二个黄金时代。南翔校长丰富、完善、发展了党的无产阶级教育方针。党的教育方针的核心,就是培养"又红又专"的社会主义建设者。

舞蹈队的同学和其他同学一样,在走入清华校门时,就立下了宏伟目标和远大志向。希望在"红色工程师摇篮"中,使自己成为建设祖国的栋梁之材;成为有本领的专家、学者、工程师。因此,绝大多数同学被要求参加文工团舞蹈队、集中住宿,都十分犹豫,都怕影响业务学习,怕离开班集体影响进步。我开始也是这个思想,要不是闵佟同学多次苦口婆心地劝说,我死活不想参加。入队后,我不断加强对党的教育方针的学习和理解,加深对全面发展的理解。特别是在集中住宿一段时间后,实践证明,经过努力,处理好两个集体的关系,处理好业务学习和舞蹈队活动之间的矛盾,是完全可能的。

我在担任舞蹈队支部书记工作后,更加认识到同学们的想法和要求和"党的教育方针"的要求完全是一致的。支部委员们也完全统一了思想,认为只有坚定不移地坚持"又红又专""全面发展"的要求,才能做好舞蹈队的思想政治工作,才能符符合同学们的最大利益,才能出色地完成学校党委交给我们的任务。我们坚持在业务学习上,只要出现三分的成绩或是学习吃力的队员,那就停止舞蹈队活动,送回班里补课。实际上,几年来,还没有发生舞蹈队员被送回班里去的情况。在舞蹈队团支部担任过干部的同学,都有一个心照不宣的约定,在走"又红又专"道路的问题上,干部必须以身作则。干部们说到,也做到了,大家的表现是非常优秀的。

在"文革"前的时期里,陈清泰和我获得优秀毕业生称号,蒋南翔校长给我们颁发了金质奖章。魏熙照、黄辰奎、靳东明等同学都获得了"优良毕业生"的称号，学校颁发了优良奖状。有12位同学光荣加入中国共产党，一大批同学加入共产主义青年团。毕业后，到了工作岗位，为党和国家作了重大贡献，如胡锦涛同学成为人民喜爱的党的总书记、陈清泰同学任国务院发展研究中心党组书记、主任，宋序彤同学担任了城建研究院院长，靳东明同学出任清华微电子所党总支书记，闵佟同学成为国家著名汽车发动机专家，金淑荃、涂光备、李川、魏熙照、靳东明等同学都获得国务院颁发的政府特殊津贴。一批优秀人才的涌现，是党的教育方针的胜利，是坚持又红又专、全面发展的结果。

当我漫步在熟悉的校园里，看到那一草一木，看到舞蹈队居住过的十六宿舍、三号楼和明斋前练功的小广场，引起我对舞蹈队这个育我、教我的集体的深切眷恋、无限思念。舞蹈队的优秀团队精神，使我牢固地树立了影响我一生的信念，这就是："永远和党在政治上保持一致""锐意进取、开拓创新""不怕艰险、坚忍不拔""勇挑重担、无私奉献"。在我工作过岗位上，担任过北京市医药总公司总工程师，开创了中国第一个科技园区——北京新技术产业开发试验区的工作（中关村园区前身），做过北京市第一只在香港上市的红筹股公司的董事局主席，担任过海淀区区长、北京市副市长。我能顺利完成党交给的这些任务，绝对是受益于我在舞蹈队担任团支部书记和后来担任政治辅导员工作岗位上的锻炼。

罗马非一日建成，清华百年的历史，再一次证明，清华不仅是红色工程师的摇篮，培养了一大批专家、教授、院士、学术带头人，也培养出了党和国家优秀的政治领袖和政府领导。

胡昭广　1958年入清华大学电机系，在校期间曾任政治辅导员、校学生会副主席。曾任北京市医药总公司总工程师、海淀区区长、北京市副市长、北京控股公司董事长等。

20世纪五六十年代清华体育代表队的实践与启示

宋尽贤

从调离学校到退休、退休后继续在社会团体工作,我将近30年的工作都是学校体育管理。那些年常常被问起:你一个学理工的,运动能力也不起眼,怎么管起了学校体育?起初还稍加解释,往后直接回答:从清华团委开始,担任学生辅导员时期我在团委军体部工作。

我1957年入学,后被同年级的校队主力李志敏拉到篮球队训练,不算正式队员。因担任小班的团支部书记,忙于"红专大辩论",会多,经常缺席训练。1958年暑假北京团市委组织大学生慰问团去海防前线慰问驻军,清华派了军乐队,并与矿业学院联手组派男子篮球队,还有舞蹈、合唱的陈清泰、陈君燕等,电机系沈熊是慰问团副团长。我担任慰问团篮球队的团支部书记。或是因为这次慰问团的经历,暑假后批准我正式入队,并在年底体育代表队直属团总支成立时担任了足球篮球队团支部书记。

1960年我被抽调担任体育代表队学生政治辅导员,同时抽调的有杨五万、韩洪樵、陶怡园,工作部门属团委军体部。而实际上党委武装部直接管军事体育和民兵工作,学生会分工管群众性体育锻炼,体育代表队团总支的主要任务是在党委、团委领导下做好体育代表队的工作。

清华大学体育代表队于1954年正式建队。为庆祝体育代表队建队60年,由崔鸿超同志发起并任主编,编写了《清华体育代表队1950—60年代纪实》(简称《纪实》下同),于2014年出版。阅读全书,深深感到这一年代清华体育代表队的实践值得认真总结。

一、20世纪五六十年代清华体育代表队成绩斐然

田径队运动成绩显赫。1955—1966年间10届北京高校田径运动会，清华田径队始终名列前茅。1963—1966年实现男子、女子和男女团体总分"四连冠"。在北京高校运动会比赛中清华运动员共105人（次）获得冠军、30余人（次）打破北京高校纪录或北京市纪录。

足球、篮球、排球三大球运动水平居全国高校一流水平。1960年女篮获"全国篮球乙级联赛（山东赛区）"比赛第二名，成为当年全国甲级联赛中唯一一支高校女子篮球队。1965年国家体委决定委派清华男篮赴柬埔寨参加一个国庆庆典，开启了派基层业余队执行出国比赛的先河（后因柬埔寨国内政局生变未能成行）。

20世纪50年代后期，清华先后成立了手球、乒乓球、棒球、垒球、网球、羽毛球、体操、游泳、冰上（速滑、花样、冰球）、自行车、击剑、武术、举重队、航海多项、摩托车、射击、无线电报务等运动队。这些队中有多人打破北京市或北京高校纪录。此外，还有李延龄（举重）、张立华（自行车）多次打破全国纪录。其中，李延龄在1956—1958年曾三破国家纪录；张立华在校期间曾14次打破自行车项目的全国纪录。

清华体育代表队是北京市竞技体育的一支重要力量。1958年清华代表队70人参加北京市第一届全国运动会集训。1959年18人正式入选第一届全国运动会北京代表团，11人获得名次，13人为北京团得分，获5金1银2铜。1965年第二届全国运动会，清华有4人代表北京市参加比赛，张立华获得3枚个人单项金牌，并打破3项（个人单项）全国纪录。

清华体育代表队坚持"德、智、体全面发展"，涌现了蓬铁权、李作英、赵希人、陈丰、关仁卿、胡方纲、陈铭忠、姚若萍、张立华、李延龄、李友琴、徐仲伦、严晓蒸、陈平等14名运动健将。许多优秀运动员既是共产党员、运动健将，又是清华大学优秀毕业生（金质奖章）获得者。清华体育代表队的一些优秀运动员为全校同学树立了"又红又专、德智体全面发展"的榜样。

二、建设"三支代表队"，把又红又专、全面发展作为建队的宗旨

清华大学有重视体育的优良传统，自1911年建校时就要求学生参加体育训

练，嗣后还建立了运动队。

蒋南翔校长1952年来校工作，翌年即提出体育工作要在"普及基础上提高，提高指导下普及"的指导思想，1954年11月他主持校行政会议通过了《清华大学运动代表队规章》，决定正式成立清华大学学生体育代表队。

《清华大学运动代表队规章》共9条，其中第3条、第8条"学习成绩全部及格""努力做到全面发展"的入队条件赫然在目。1954年3月2日第34期校刊《新清华》记载的这一历史事实说明清华体育代表队建立伊始就把运动员必须全面发展作为入队的基本条件。

20世纪60年代初蒋校长提出"培养学生要抓好三支代表队（即政治辅导员、学习成绩优秀的因材施教学生、文艺体育骨干），通过多种渠道殊途同归，向着又红又专、全面发展目标前进"。这是从人才培养的战略高度提出的更全面、更高水平的"因材施教"，把体育代表队列入其中彰显了体育代表队育人至上的建队宗旨。

为坚持这一宗旨，保证代表队员全面发展，学校党委、团委及有关部门采取了多项措施并拟订了相关制度，包括"两个集体"、运动员教学与训练比赛矛盾的协调安排、团委-体育教研室联席会议、加强运动员食堂管理等。

"两个集体"对代表队员的全面发展起了至关重要的作用。一是统筹协调课堂教学、训练比赛、政治学习、实习劳动等在时间安排上的矛盾，保证队员最基本、最必要的课堂学习和训练比赛，其余适当减免或推迟；二是加强体育代表队党、团组织建设，关心队员的思想政治上的成长，包括把体育训练、比赛中的表现也同样作为入党、入团的参考条件；三是安排好食宿，提供较好的伤病治疗和运动康复条件。

1964年成立了校体育运动委员会，由分管校行政工作的党委副书记、副校长高沂任主任。高沂参加革命前就读于以重视体育著称的名校——通州潞河书院，对体育工作非常关心。体育运动委员会对更好地落实有关加强体育代表队建设的各项措施起了很大作用。

育人至上的宗旨还体现在学校对代表队员提出了更严格、更高的要求。实施"两个集体"措施前，校党委副书记艾知生向集中住宿的代表队员语重心长地说：集中到代表队住宿后，会遇到更多的矛盾和困难，会出现新的不平衡。集中的代表队员100人是全校10000名学生的1%，出现在1%学生身上的不平衡可以争得全校 100% 的平衡。他勉励队员努力克服各种困难，为全校学生的全面发展作出应有的贡献。"1%"的概念使代表队员认识到自己肩负的责任，从觉得是"荣誉"到肩负责任，无疑是一种激励，激励代表队员更加严格要求自己，做全面发展的表率。

体育代表队员在运动场上为校争光顽强拼搏、克服困难努力实现全面发展的精神状态、思想政治上的进步，不仅从体育一个方面为全校同学树立了榜样，也对营造积极向上的育人环境和欢乐和谐的校园文化氛围起到了至关重要的作用。

三、"业余赶专业"，把提高国家竞技体育水平作为建队的长远目标

早期清华的办学思想源于美国，是办在半封建半殖民地时期中国的资本主义学校。蒋南翔校长认为资本主义教育重视学校体育，他在一次讲话中说："……业务和健康的矛盾，在封建时代就认为是不可克服的，文弱书生，肩不能挑，手不能提，被认为是理所当然。资本主义时代就前进了一步，认为业务与健康可以统一，在大、中、小学，都把体育课列为正式课程，……"翻阅记录百年清华体育的典籍、档案，可以查到以下资料：

—— 1913 年，菲律宾，第一届远东运动会。潘文炳等 6 名清华学生入选中国代表团，获得的成绩（2 项第一、6 项第二、2 项第三）居全团之首。

—— 1921 年，上海，第五届远东运动会。孙立人等 9 名清华学生参加，孙立人所在的篮球队获冠军。

—— 1933 年，南京，全国运动会。清华学生入选北平代表团，获 4 项第一名。

—— 1913—1925 年，12 次华北运动会，清华 7 项获得第一名。

1952 年蒋南翔任校长后充分肯定了清华重视体育的传统，一次对一年级新生讲话时他说："清华长时期以来（包括在旧中国时期）对体育运动是很重视的。各项体育锻炼风气比较普遍，在运动比赛方面成绩也比较好。"翻阅《蒋南翔文集》及其他讲话记录，可以发现他几乎每次都说清华要出体育健将，要破全国纪录；还提到世界纪录创造者郑凤荣、杨传广，问我们的跳高和十项全能校纪录与他们差多少；进入 20 世纪 60 年代更明确提出了"业余赶专业"的口号。1965 年

在与代表队员、教练员、团委负责人座谈时蒋校长明确提出了学校竞技体育的目标，要在几年内依靠自己努力奋斗，培养出40个运动健将、200个一级运动员。为了达到这个目标，他勉励运动员："一是要高标准，二是要实事求是。"在他的心目中，清华体育代表队的奋斗目标就应该达到国家水平。

在实际工作中，清华体育代表队确立了三个不同层次的目标：

最低标准——各项目在北京高校中要绝对领先（20世纪60年代初已近乎达成了）；

近期目标——市级及全国比赛夺标，达到全国水平（至1966年已部分实现）；

最终目标——"业余赶专业"，出健将、获全国冠军。

什么时候实现最终目标？蒋校长曾笑着对运动员说："一年完不成就两年，两年完不成就三年，三年完不成就五年，五年还完不成，那就该打屁股了。"

事实上，到1966年春清华代表队已经有了张立华、胡方纲、丁志胜、吴建时等一批达到或接近全国水平的运动员。几乎全部由清华队员组成的北京大学生男篮正厉兵秣马，以誓夺冠军的气势迎接将于8月在西安举行的十城市大学生锦标赛。在北京高校田径运动会上，清华田径队以女子团体207.0分（第二名139.0分）、男子团体314.5分（第二名183.0分）、男女团体521.5分（第二名322.0分）的绝对优势获全部三项冠军。制定若干年内实现"业余赶专业"的具体规划已恰逢其时。

以马约翰体育思想为基础的学校体育把各级学校体育视为一个整体。从20世纪50年代后期起，尝试了用一些办法物色、动员体育优秀的高中毕业生报考清华。一是与一些基础好、体育好的学校建立联系，如当时的清华附中、北京四中、北京101中学、天津耀华中学等，选好苗子；二是与学生、家长、老师接触，实事求是地介绍清华的情况，鼓励报考，并推荐合适的专业。学校教务部门、各系都非常支持，每年都有一批好苗子入学。他们多数人在入学后，在学习和体育成绩上都有出色表现。1966年春，已经选定十多名应届考生，像清华附中的陈小悦，他们正信心满满地准备应考。清华体育代表队已张开双臂迎接，期待他们参与实现"业余赶专业"的目标，但"文化大革命"使他们与清华体育代表队擦肩而过。

"文化大革命"结束后，国家的竞技体育水平迅速提高，但管理体制与学校体育几乎相背而行，且越行越远，"业余赶专业"似乎成了遥不可及的梦想。但从《纪实》笔录的实绩纵观清华体育代表队 1954—1957 年、1958—1962 年、1963—1966 年发展变化及发展趋势，我们坚信立足于学校体育的竞技体育发展之路是一条行得通的康庄大道，"业余赶专业"的目标也有望实现。

四、科学训练，遵循竞技体育的客观规律不断提高运动技术水平

20 世纪五六十年代，清华体育代表队能以课余训练的方式取得令人瞩目的成绩，而且在《纪实》覆盖的十多年间，没有发生过严重的伤害事故。究其原因，首推科学训练。

科学，就是要遵循客观规律。学校竞技体育发展必须同时遵循两个规律：大学教育培养专门人才的规律和竞技体育训练规律。

实施科学训练的先决条件是有高水平的教练，清华体育代表队的教练员几乎全部出自名师荟萃的清华体育教研组。清华体育代表队在这些懂科学、信科学的名师指导下，享受到真正的科学训练，保证了运动成绩的稳步提高。清华体育代表队实施科学训练概括为以下几点：

——制订科学的训练计划。教练为每一名运动员制订详细的年度训练计划，并根据学校的教学安排和年度比赛计划分为冬训期、赛前准备期、比赛期、恢复期。每个时期还有"周计划""日计划"。

——采用科学的训练手段。教练针对每个队员的身体情况选用适宜的训练手段和措施，如"斜坡跑道""锯末跑道"、力量训练器材等。

——学习科学的技术理论。教练重视对运动项目的技术和理论研究，并在训练中努力地传授给队员。如竞走队教练是从莫斯科体育学院毕业回国的冯莲丽老师，她认真研究每一个人特点，指导队员在保持动作规范性的基础上，加强动作合理性，即在全程保持原有步幅的基础上，加快频率。她为竞走队制订了科学的训练计划，加强力量，耐力和灵活性的训练。在训练中，她亲自测量步幅、频率，训练课后，教队员自我按摩，恢复体力。冯老师还找了一些俄文《田径》杂志上的分解动作照片，让队员们学习、改进动作。

——走出去，请进来，学先进。清华体育代表队非常重视学习先进，各队经常就近到北京体育学院与体育学院的运动员一起训练、交流技术，争取体育学院

老师的指导。学校还经常组织代表队员观摩重要的国际比赛和国内高水平的比赛，邀请一些专业队比赛和交流。开阔队员的眼界，学习新的技术、战术。

——调动运动员自身的积极性和主观能动性。针对大学生运动员知识面宽、认知能力强的特点，教练员注意启发调动运动员的积极性和创造性，启发运动员自觉适应训练要求。运动员通过个人的"训练日记"与教练交流，训练日记每周一交（给教练），教练对队员的训练日记审阅、批示。

当尘封的往事跃然纸上时，60年已经过去了。面对当今我国社会的快速发展，一个退休的老人无意"说三道四"，但20世纪五六十年代清华体育代表队的实践应该对当前有所启示。

20世纪五六十年代清华体育代表队的实践表明，学校竞技体育遵循教育规律以培养人为宗旨，是战略性的，起着决定性作用；学校竞技体育遵循竞技体育规律实施科学训练，是战术性的，起着不可或缺的关键作用。大学体育代表队建设必须同时遵循这两个规律。

20世纪五六十年代清华体育代表队的实践表明，当时清华体育代表队的经验是可借鉴的，值得进一步探讨。2011年春节原国际奥委会副主席何振梁参加清华-北大老代表队员聚会时重复了他在奥委会执委会上发表过的一个论断，并当场书写："不与教育结合的体育犹如一个没有灵魂的躯体，没有体育的教育是不全面、瘸腿的教育。"可见，在国际视野内清华的做法也是被肯定的。

20世纪五六十年代清华体育代表队的实践表明，清华体育代表队的探索难能可贵。探索的不仅限于大学体育代表队如何提高水平，而是国家竞技体育的发展之路。天遂人愿，人不遂人愿，"文化大革命"使这一探索戛然而止，但探索应该继续，也确在继续。"江山代有才人出"，我们希望灾难不再重复，我们坚信清华的领导更明智，学弟学妹更聪明，一定能沿着探索之路登上光明的顶点。

20世纪五六十年代清华体育代表队的实践表明，大学体育代表队"业余赶专业"不是凭空臆测，我国竞技体育必须实行不可回避的转身——以学校体育为基础。学校体育不单属于全民健身，也是竞技体育发展的基础。排除、低估学校体育作用的"举国体制"，不利于竞技体育的可持续发展。

宋尽贤　1957年入学，曾任校体育代表队辅导员、校团委军体部部长，曾任教育部体卫司司长。

清华体育"两个集体"的创建完善与发展

崔鸿超

20世纪50—60年代,我在清华团委工作了八年,是终生难忘的一段激情岁月,受益匪浅,感情最深。清华团委是充满活力、奋发向上、团结友爱、生动活泼的集体,在学校的学生工作中发挥了重要作用,我想如能把这段经历记载下来,可能是当年每位在团委工作过的同志的愿望,也对后人留下一段历史,于是我在2019年10月向方惠坚提出编写老团委的回忆录的建议,很快张慕葎组织主持团委老同志聚会,动员编写回忆文章。之后看到了很多同志写的总结回忆和宣传蒋南翔及党委的教育方针的文章,很有收益。看到大家写得很精彩,我却难以下笔了。

我是1958年夏与夏玲玲、李健同时调入团委做半脱产干部,到1966年6月前大量的时间精力从事以体育代表队为主的体育工作,同时一段时间参与了团委学习部和团委办公室的工作。

在团委的八年,我接触最多的是体育代表队的工作,我想借此机会回忆整理一下清华体育"两个集体"的创建、完善与发展的经历,从中说明清华团委在贯彻蒋南翔关于培养全面发展"三个代表队"教育思想中发挥的重要作用。

一、清华大学体育"两个集体"组织的创建

1952年11月体育教研组组织一批爱好冰球的同学准备参加1953年1月的华北地区高校冰球比赛,于是诞生了院系调整以后清华的第一个体育代表队。1953年3月校务会通过的《本学期健康工作计划》中决定成立体育代表队,之

为了培育全面发展的新一代
——蒋南翔任校长期间清华共青团工作回顾

后为了满足参加校外比赛的需要,逐步组建了一些运动队。1954年2月蒋南翔提出体育活动要"在普及的基础上提高,在提高的指导下普及",当年学校公布了《清华大学运动代表队规章》。之后,对体育代表队进行重组新建,组成了包括田径和主要球类、体操等项目由200人组成的代表队,学校给每个运动员月补贴2.5元伙食费增加营养。就此,清华大学体育代表队初具规模,在参加全国和北京市高校的各项比赛中开始有所建树。由此学生就可以自选加入两个不同的集体,同时进行学习和体育活动。

院系调整之后清华对体育运动及比赛抓得比较早,由于蒋南翔的重视,清华体育教师力量比较强,体育代表队建队初期在北京市及高校的体育比赛中取得了较好的成绩,在1954年5月北京市中学以上田径体操运动会上田径获得了团体总分第一,足球、篮球、冰球、体操、举重项目也获得了冠军。但在之后几年,其他院校运动水平不断提高,清华代表队相对优势不断下降,1956年和1957年第二届第三届北京市高校田径运动会上清华男子总分第四女子总分第三,1958年第四届北京市高校田径运动会上清华男子总分第四女子总分第六,在此期间虽然个别项目及个别运动员有较好的成绩,但整体水平提高缓慢,成绩优秀的运动员较少。

为什么体育代表队的成绩呈现提高缓慢的情况,1953—1956年团委学生会主管体育的王兆钰在回忆中写道:"当前教学改革,同学学习负担过重,有的一个学期要学十门以上的课程,训练强度大体力透支,有些运动员只好占用自习时间做社会工作,又要参加班级的活动,感到难以负担。"从当时情况看,体育代表队面临以下问题:

组织松散,缺乏凝聚力,责任心不强。运动员主要是出于兴趣爱好一起训练参加比赛,他们主要时间和精力都在班上,除锻炼时间外很少联系,体育教练只管具体的技术训练和组织比赛,代表队的思想政治工作较弱,缺少核心骨干力量,在代表队中的班、系干部由于工作忙甚至不能保证训练时间,更难以发挥骨干作用。我1956年参加田径队跨栏组,当时在班上任团支部书记,由于政治活动多经常不能参加正常训练,同组的建二班倪天增(曾任上海市副市长)是班长,也常缺勤,我们二人同在一组却很少见面。1956年开始担任代表队工作组组长的夏宗宁由于系里工作需要,于1958年被调回系离开代表队,凡有矛盾都是代表队的工作或训练让路。运动员的学习、班上活动与训练比赛时间和精力上的矛盾对运动员成绩的提高影响很大，在没有合理安排的情况下，虽然多数都服从于学习和班上的政治活动，但是运动员在精神上压力很大，甚至有的为此退了队。1957年之后由于政治运动频繁，学生的政治活动、劳动实习增多，对训练和比赛的影响更为突出，也是1958年训练比赛成绩滑坡的重要原因。我1957年反右开始后参加跨栏组的训练只是蜻蜓点水。

缺乏对代表队的统一有效的管理。当时代表队的管理主体是体育教师，队员的选拔、队长的选任（主要是按运动水平）、训练及组织比赛都由体育教师管，代表队工作组主要是配合了解、具体协调学习训练以及生活上的矛盾，向上级反映意见。教练和代表队工作组对全面管起代表队的学习训练思想工作，解决面临的问题无能为力。

体育代表队内部存在诸多矛盾的同时，外部的压力也很大，随着群众体育的蓬勃开展，兄弟院校运动水平的迅速提高，例如院系调整后刚建成的八大学院中，钢院的田径、矿院的篮球、石油学院的足球、航院的排球都很快成为清华的强劲对手，其他高校出现了一批国家水平的田径运动员，如钢院的楼大鹏（跨栏）、北医的钟南山（跨栏）、矿院的董耀禄（长跑）、地院的匡增祥（短跑）等。各校都在积极备战1959年的高校运动会和各项比赛。当时负责体育工作的张益和我压力极大，深感如不采取有力的打破常规的改革措施，1959年难以翻身。

1958年3月全校师生组织参加十三陵水库劳动，在1958年大量比赛的前夕有可能对运动员的训练造成很大的冲击。我们及时抓住这个机会，经团委研究，组织200多名运动员集中编队单独参加十三陵水库劳动，成立了"保尔突击队"，由我担任大队长，按运动项目下设三个中队及女运动员组成的"刘胡兰突击队"，抽调运动员中的班、系干部作中队长，这是代表队首次脱离班级单独组织的大型活动，参加的运动员以很高的热情投入新的集体。运动员在劳动中不怕苦累，抢挑重担，团结互助，举重队有人一次挑8筐土创全校最高纪录（一般人仅能挑2筐土），女运动员也创了女生的挑土纪录，她们还在劳动之余热情关心男队员的生活管理。校摩托车队队员在高强度劳动的同时，不分昼夜负责学校指挥部与各系的通信联络，没有道路，夜间行于荒野沙石滩上，他们在出色完成任务的同时，培养了坚强的意志和应变能力，为在第一届全国运动会上取得突出成绩打下了思想基础。十三陵水库劳动对代表队在思想、组织工作及凝聚力、战斗力的形成方面起了很大的推动作用。这次活动对代表队组织形式的发展是一次很有益的尝试。

为了培育全面发展的新一代
——蒋南翔任校长期间清华共青团工作回顾

1958年春夏体育比赛增多,对有的重点项目,比赛比较集中而且和学习、班级活动矛盾较大的代表队试行了短期集中住宿,上课正常,班上活动暂时请假(班上也很支持),使得运动员没有后顾之忧,全心投入集中训练和比赛,取得了较好的效果,这次安排尝到了集中管理的甜头。

清华建立"一线"运动员训练点,是一次天赐的改革良机。1958年夏,北京市体委决定抽调各单位优秀的运动员集中训练,准备第一届全国运动会,清华大学有65名运动员被选入,其中田径队29人,市体委要求全部脱产集中训练。当时我们考虑到田径队人数较多,而其中能够参加全运会的为数不会多,如全部脱产对学习影响太大,经研究并得到市体委同意清华运动员在清华设训练点,由学校按市体委要求组织集训,这29名运动员集中住宿,脱离班上活动,参照半脱产干部办法逐个安排学习计划,单独组织团支部。运动员的组织管理、学习、思想工作、生活安排由代表队工作组负责,训练由体育教研组负责。市赛艇队20名队员中清华有8名,集训点也设在清华,清华运动员适当安排学习不脱产。于1958年9月成立的由29人建立的"一线"运动员组织,成为代表队管理模式改革的先端。

我们分析了1959年参加各项比赛的形势和我们的力量,高校田径运动会是重头戏,需要准备参加运动会的男运动员50名女运动员40名,除"一线"29人外尚需约60人备战,五大球及体操游泳举重乒乓球9个队约需70名主力运动员备战,这130余名运动员是1959年打翻身仗的关键,要使他们到时候能冲得上打得响,必须得采取有力可行的措施。

已经有了"一线"运动员组织之前车,考虑借势把这130人扩大进去,集中住宿和管理,只是学习照常不脱产,这样能比较根本解决长期存在的训练与学习社会活动的矛盾,有利于健全和统一代表队的管理,能够较大的改变代表队的面貌。这项改革措施打破了学校传统的对学生管理的模式,关系的人数比较多、影响面积比较宽,事关重大,所以经蒋南翔及党委同意,在时任党委副书记兼团委书记艾知生的领导下,党、团委作出了体育代表队单独建立党、团组织,集中住宿的决定。在此期间我和张益抓紧确定集中运动员的名单,党、团、队干部的选配及生活后勤等事项,1958年11月艾知生在团委常委会上宣布这项决定,于12月19日举行了体育代表队直属团总支成立大会,至此,清华体育代表队"两个集体"的改革正式落幕。这部分集中的运动员被称为"二线"运动员,"三线"

运动员是在运动员食堂吃饭，一起训练的正式队员。体育代表队按一、二、三线管理的模式直到 1966 年夏。

建立体育代表队直属团总支进行集中管理后，于 1959 年得到了立竿见影的效果，在北京市高校运动会上以绝对优势取得了男女及团体总分第一，获得了 12 项个人冠军，当年运动员在 40 个田径项目中打破了 34 项校纪录，在足、篮、排等 14 个项目比赛中夺冠，有 20 人参加了第一届全国运动会 8 个项目的比赛，11 人获得名次，得到了五金一银二铜奖牌，当年有 7 名运动员达到运动健将标准。《新清华》几乎每期都有代表队的捷报。体育代表队取得的飞跃进步在学校产生了较大影响，"两个集体"得到进一步的认可，体育代表队的工作得到了全校师生更广泛的支持。

二、清华体育"两个集体"的组织形式不断完善

体育代表队集中管理措施提出的原始目标只是为了比赛出成绩打翻身仗，后来从培养学生全面发展的角度考虑到要避免有可能产生的负面影响，要使运动员不仅不影响而且促进提高政治思想及学习成绩也是代表队管理的重要着眼点，正如艾知生对兼任团总支书记的张孝文说的："我担心的是会不会突出了体育而影响他们的学习，影响他们的德育、智育的全面提高，所以让你去当团总支书记。"对体育代表队的管理工作，艾知生说："在团委统一领导下，一个是政治部负责运动员政治思想及学习工作，由团总支负责，一个是参谋部负责团总支工作以外的代表的训练比赛、队的建设、生活后勤等及'三线'队员的管理工作，由代表队工作组负责。"艾知生全面勾划了体育代表队的管理机制。同时，对体育"两个集体"做了大量加强完善的工作。

在健全和完善体育代表队"两个集体"的过程中做了以下工作。

（一）加强组织建设

由团委副书记兼组织部长张孝文任首届团总支书记，组织部副部长承宪康任副书记；配备学生和教师半脱产干部做辅导员及管理工作，先后共有 20 名半脱产干部参与了代表队的工作，其中 16 名曾是代表队队员；抽调运动员中的学生党员和团支部书记担任代表队的团支部书记，安排品学兼优运动成绩优秀的运动

员担任队长；加强体育代表队工作组的力量和成立学生会代表队分会抓运动员的生活和业余活动，建成了完整的代表队管理体系。

体育代表队党支部由党委宣传部分管，在运动员中发展党是党支部的主要工作，培养入党积极分子贯彻重在表现不唯成分论，把训练比赛中的思想表现作为考核条件之一，认真积极做好党的发展工作。仅1965年发展了39名党员，占当时"二线"运动员的16%，有9个在代表队发展的党员担任了半脱产干部。当时自控系党总支书记凌瑞骧的堂妹凌瑞芙由于社会关系复杂，我直接去党委宣传部研究过多次，考虑重在表现最后发展了，她在50年后的回忆中特别提道："我于1964年在体育代表队入党，使我能在国防工业战线上贡献自己的一生。"

（二）通过参加社会实践加强组织建设提高政治思想素质

1965年9月全校三四五年级学生到北京郊区参加"四清"。团委决定体育代表队、文艺社团单独组团参加延庆县永宁"四清"分团，以进一步加强代表队的组织建设，提高政治思想水平，并利于协调1966年体育比赛的运动员安排。由张慕葎分团副书记带队，谭浩强任分团政治部主任负责文艺社团的工作队，我任分团办公室主任负责代表队的工作队，共有200余名代表队员从1965年9月到1966年6月参加了9个村的工作队，其中20余名"一线"运动员从10月中旬到12月中旬参加"四清"，其他时间在学校训练，这些运动员在1966年的比赛中创造了很好的成绩。很多运动员初次到农村，了解了农民的艰苦生活，在劳动和农村社会实践中受到了教育。曾任河南省副省长的乒乓球运动员张以祥在《纪实》中专门回忆了参加"四清"所受到的终生难忘的教育和收获。

（三）结合代表队的特点不断加强政治思想教育

努力做到"四好"全面发展运动员的教育。直属团总支及团支部干部始终明确帮助和指导运动员提高学习成绩和思想政治素质是团组织工作的主要内容。经常了解运动员的学习情况，团支部每学期统计学习成绩，发现问题及时做工作。1963年10月发现低班队员有的有思想松懈情绪，学习成绩下降，有的要退队，当时400名运动员中有48人次不及格平均为4分，4人降级。团总支针对问题及时进行教育帮助，宣传高班的正面典型，经过一个学期有了好转，1964

年 1 月统计有 40% 人考试在 85 分以上，有 20 名运动员被列入系里因材施教对象，学习风气好转，对"四好"的信心也足了。当时以上情况分两次向团委常委会上作了汇报，以得到系团组织的配合。每年全校表扬"四好集体"中都包括全面发展做得好的代表队，如篮球、跳组、中长跑组、航海多项队。每年评优秀毕业生前代表队都向各系提名建议，有很多运动员被评为优秀毕业生。这些先进集体和优秀运动员的表扬对全体代表队是很好的教育和激励。

在训练比赛中发扬奋力拼搏和集体主义精神。所有队在训练比赛中都能结合思想实际和比赛的难度，进行不畏困难努力拼搏、发扬团结协作的集体主义精神的教育。

航海多项队在一次出征青岛比赛前，队里提出要过四关，即目的意义关、刻苦训练关、处理矛盾关、全面要求关，要求大家过关斩将。队员们表示"发扬顽强的战斗精神、团队精神和集体力量是我们的生命"，航海多项队表现的拼搏奋斗和团结互助精神在代表队中是比较突出的。历届高校运动会或比赛中都有一些运动员不能上场，他们能主动热情无微不至地做好比赛后勤及运动员的护理工作，甚至比参赛队员还辛苦，热情之高极为感人，他们不计个人得失的团结友爱、一切为了学校荣誉的集体主义精神成为清华体育代表队的优良传统，《新清华》就此进行大量宣传报道。蒋南翔在一次高校运动会的动员会上要求运动员在训练和比赛中要有"信心、决心、细心、放心、恒心"。我们在全体代表队中广为宣传这"五心"要求，针对各队面临的问题对照学习，效果很好。

提倡从实际出发以科学探索的精神进行训练和比赛。科学训练是清华体育代表队的一大特点和优势，工科学生习惯于从实际出发，开动脑筋思考问题，也体现在训练中，工作中注意激发运动员这个优势，一再强调要依据运动员的特点，遵循学校体育训练的规律，提倡运动员对科学的训练计划和训练手段进行敞开讨论，体育代表队集中住宿对此也创造了有利条件。

1965 年毛主席批示"徐寅生的讲话"，蒋南翔向学校团委干部传达后，立即组织全体代表队学习，结合训练比赛实际贯彻。当时体育界传来日本女排教练大松博文的"三从一大"训练经验，有的体育教师也在推广，要求运动员加大运动量训练，我和张益商量认为学校运动员不能搞"三从一大"，会损害运动员的身体，影响学习，不要跟风，提出要学习"徐寅生讲话"精神，结合自己特点讲科学、讲辩证唯物主义，否定了在学校推广"三从一大"。另一件讲科学训练的事例，蒋南翔在1959年高校运动会总结会上提出"以速度为纲"的号召,他提出:"要抓100米,所有队都要抓,体育运动要以速度为纲,匈牙利足球运动员100米平均成绩是11秒。"他抓住了提高体育运动成绩的关键点,而这本应是体育教授的事,代表队立即贯彻执行,举重队也上了100米跑道,一段时间各代表队的基本运动素质都有了提高。蒋南翔的号召也促使和启发运动员更科学的对待训练比赛。

体育代表队"两个集体"三级管理的模式经过几年的健全和完善对于体育代表队及学校工作产生了积极的效应,可归纳为以下几方面:

(1)体育成绩突飞猛进,在高等学校中占有绝对优势。在学校100周年校庆时,我倡议并与王兆钰、宋尽贤等一道发起编制《清华大学体育代表队1950—60年代纪实》(以下简称《纪实》,共四集1500页),全面详尽地记载了体育代表队成立以来尤其1958年以后所取得的成绩,这本《纪实》留存于清华各有关部门及每位当年体育代表队员,宋尽贤在团委的回忆文章中已有概要地载述,详细成绩就不在这重复。

体育代表队这几年取得的成绩推动了学校群众体育运动,很多同学积极参加了专项锻炼,每年全校参加专项训练的系队、校队的外围队员、体育提高班总共大约有千人以上,很多系主动送运动员到校代表队。

(2)在培养全面发展特殊人才方面为全校作出了榜样示范。"两个集体"的管理模式实行的几年,不仅表现在体育成绩的提高,也涌现一批运动成绩和全面发展都做得优秀的代表队集体和队员。女子排球队在代表队中学习成绩最好平均分最高,几乎都是班上优等生,队里高班队员主动帮助新入队的低班队员如何处理学习和训练关系;提高效率合理安排时间等,言传身教互相鼓励,形成共同争作"四好"的风气。中长跑队打破学校800米、1500米记录的吴健时是系里因材施教的对象,代表队中的20名因材施教的运动员为大家作出了榜样。品学兼优的运动健将胡方钢、蓬铁权、关仁卿和优秀篮球运动员王光纶的事迹被广为宣传。经过多年的实践,"两个集体"不仅培养出了优秀运动员也培养出一批高质量全面发展的人才。

(3)经过"两个集体"管理模式的改革,团委把体育代表队全面统一的管理了起来。建队初期,代表队的管理以体育教师为主团委学生会配合,形不成强有力的管理机制。随着"两个集体"管理机制的健全完善,干部队伍的加强,在党委领导下团委能够全面有力的管好体育代表队,对体育代表队的发展起到至关重要的作用。

（4）一、二、三线组织形式的"两个集体"的工作不仅是团委和体育教研组的事，这项措施得到了全校各部门教师和员工的理解和支持，特殊的教学要求要教务部门安排，学习有困难的要老师加强辅导，调入运动员骨干要各系的支持，生活后勤的特殊要求由后勤部门安排，使"两个集体"的运作成为全校一盘棋的系统工程。

经济困难时期，代表队压缩人数，减少运动量和比赛，在1963年开始逐步恢复，此时，各高校也在大抓体育代表队，北大校长陆平兼任体委主任，成立了500人的运动员食堂，提出要和清华全面比高低，石油学院矿院也采取措施准备在1964年的比赛中超清华。为了保持清华体育的优势再攀高峰，1964年1月经过蒋南翔、高沂、艾知生同意，团委提交了关于体育代表队的工作报告，主要提出以下措施：第一，组建30~50人的"一线"队伍，伙食标准提高，设专用食堂，由教务处安排加强对他们业务学习的辅导；第二，提高运动员粮食定量；第三，一般运动员的伙食标准提高到体育学院水平，增加补助费，运动员食堂扩容并加强管理；第四，校医院解决伤病运动员的治疗。以上措施很快在各部门的支持下落实到位。每年对达到录取线的运动成绩优秀的新生靶向录取的工作得到教务处人事处的大力支持，从1959年到1964年录取了92名新生运动员。当时我为了代表队的事情到各部门联系工作时，一路绿灯很顺畅。我认为体育代表队取得的成绩，进一步赢得全校各部门的支持，在配合工作中又加深他们了对蒋南翔全面发展"三个代表队"及"两个集体"的认识，使体育在学校整体工作中的色彩更浓了。

（5）经过"两个集体"组织所培养的运动员比一般同学经历了更多的锻炼，在德、智、体全面发展上均得到更大的收获，不仅体现在学校期间，毕业后的几十年工作中更是受益匪浅。在我们编辑的《纪实》中有250位运动员校友发表了回忆和感言，深情地回忆了在"两个集体"中的感受收获以及对毕业后几十年的深远影响。一位经过艰苦奋斗创建高科技企业的女排队员回忆说："排球队的生活锤炼了我的性格，严格的承诺、出色的表现能力和在变化的环境中的决断能力是我们排球队员的宝贵资产，是我在创业中百折不挠脚踏实地作风的重要来源，受人尊重的人格很大部分是在清华排球队所锤炼得出来的。"一位加拿大清华校友会会长在事业上也很有成就的女子手球队的队员说："清华给我扎实的知识，球队的锻炼使我坚韧顽强敢打敢拼，什么都不怕做什么都要做到最好。"有的队做了很生动的概括:"清华运动员是经过工程师摇篮又经体育代表队锤炼而精心加工的特殊螺丝钉,拧到哪里都能承受重载发光发热。健康的体魄、顽强奋斗永不服输的精神、团队精神和克服困难的能力是清华运动员的特点。"

三、"两个集体"内涵的提升及期待的发展

蒋南翔提出"三个代表队"的思想,尤其在体育方面要求清华培养出40个运动健将和奥运水平的运动员,赋予"两个集体"更高的使命,提升了"两个集体"的内涵。在"三个代表队"中蒋南翔尤其对"体育代表队"具体关注最多,从战略思想、组织机构、甚至具体的要求做了很多指示,我直接多次听到蒋南翔关于培养高水平运动员的意见。

1964年一次与运动员座谈会上,蒋南翔谈及普及与提高以及运动员的培养问题时说:"①体育有两块,群众体育推动尖子,后来慢慢分离了,搞了专业队,而在学校里运动队能推动学校体育活动,二者不能分离;②运动成绩提高与学校素质教育相结合,作为四有新人不能有偏颇,学校里培养尖子运动员是个路子,学校是能够培养出素质高的运动员这点很重要,张立华、何浩就是,美国的运动员基本上是大学生。理论上讲是两个问题,一是群众体育与代表队,二是素质和成绩。"这次谈话突出阐明要在大学里培养高素质高水平的运动员的必要和可能,不要完全由国家专业队培养,同时,说明了运动员的素质水平对成绩提高非常重要,也体现了蒋南翔的体育育人思想。1959年以后几次高校田径运动会前,我都到教育部对面蒋南翔住所送情况汇报,有时当面汇报比赛准备情况,蒋南翔询问较多的是优秀运动员的成绩与学习情况,他对不少尖子运动员的名字很熟悉,如马纪龙、胡方纲、蓬铁权、温以德、施永长、姚若萍、吴健时等,很关切他们的成长。在1959年一次一线运动员座谈会上蒋南翔提出:"有的国家大学生参加奥运会,而且得了好成绩,能不能有中国大学生参加奥运会。"1966年3月中旬,我从延庆永宁"四清"分团回校抓高校运动会,搭乘蒋南翔的车到清华,在当时国内政治形势很紧张的情况下蒋南翔仍关心学校的体育代表队,询问代表队比赛的准备情况,主要运动员的成绩,谈到典型和整体的关系时说,一是影响二是示范。要再提高运动成绩,创造培养人的路子,要争取达到全国和奥运会水平,问现在没有人可以争取,我说有如吴健时、丁志胜、张立华。蒋南翔说要重点培养,创造条件再提高再扩大,你们的目标要高。我说对个别有前途的运动员最好能进

一步采取措施，减少学业，加大力度冲击国家水平。蒋南翔表示同意要和艾知生研究。"文革"前按照蒋南翔的精神，在培养尖子运动员方面已经有些设想，如从中学着手物色和培养苗子（如清华附中）再经大学和研究生共 9 年，采取比当时"一线"运动员更大力度的措施，在几年内有可能达到蒋南翔提出的目标。

从我与蒋南翔的直接接触以及他的有关论述，我感到蒋南翔的"三个代表队"的战略思想中对"体育代表队"的要求更具体，他所期待的不仅是一般的体育代表队，是更突出尖子运动员的培养，这在"三个代表队"中更具有鲜明的代表意义。"三个代表队"的思想突破了"工程师摇篮"的目标，促成有特长的学生得到个性发展也是大学培养人才的方向，"两个集体"为了实现这个目标发挥了重要作用。

从贯彻蒋南翔"三个代表队"的思想及培养尖子运动员的角度审视；从以上所述运动员在德、智、体全面取得突出成绩以及他们经过几十年实践检验而体现的深远的影响来看，"两个集体"已经不是简单的组织关系与住宿的具体安排，应该说是蒋南翔"三个代表队"教育思想的延伸，是贯彻"三个代表队"的重要途径。富有生命力的"两个集体"在已有基础上还会继续改革充实发展，清华大学将会培养出高文化高素质的"四十个"或更多运动健将，一批运动员参加奥运会，实现蒋南翔的期望，使清华大学培养全面发展并具特长人才的方针更放光辉，遗憾的是，时间没有给蒋南翔和清华大学以机会。

清华大学为什么能成功通过"两个集体"实现培养全面发展的体育人才并迅速提高运动的成绩？"两个集体"在北京高校是独创，1959 年后有的高校也效仿采取类似的措施，但效果远不如清华，我认为原因有三：

（一）蒋南翔的培养全面发展"三个代表队"教育思想及优秀运动员的培养方针，和亲自抓体育工作的力度在高等学校是独一无二的

体育代表的几项重要措施都是在蒋南翔的直接关心和批示后实施的。蒋南翔是参加学校体育及体育代表队活动最多的学校领导（主抓体育的艾知生除外），每年都参加高校运动会及运动会前后动员和总结会。蒋南翔很重视足球运动，因为这是老清华的传统项目，也是社会上影响最大的项目，1960 年一次在钢院的足球赛，场外没观众，蒋南翔自己去了，并在赛后和大家交谈。蒋南翔对足球队的训练很关心，针对我校足球队员的弱点提出要敢拼敢打，不能打"姑娘球"，点出要害，他很夸奖关仁卿的技术与配合和金光会的拼斗风格（金是朝鲜族学生，

以踢球勇猛顽强闻名高校）。

由于蒋南翔的重视，带动负责体育工作的干部和全校各部门更积极主动地抓好体育工作及培养学生全面发展的教育。

主抓学生工作的党委副书记艾知生，为体育和体育代表队的工作花了大量的精力，为贯彻蒋南翔提出的教育思想发挥了重要作用，蒋南翔说艾知生抓的是德、智、体中的两育。艾知生为各个阶段加强体育代表队而采取的措施起了重要作用。深入实践联系群众是艾知生具有特色的工作作风，他与游泳队接触很多，被队里称为"名誉队员"；他尤其重视篮球队，多次参加篮球队的比赛准备会，并在会上提出打篮球的辩证法，要以己之长打对方之短，战术要灵活多变、虚虚实实，引起队员很大的兴趣并在比赛中取得了良好的效果。当时北京高校流传矿院党委副书记魏明、清华党委副书记艾知生被称为两位体育书记，是对艾知生重视体育及在体育工作中发挥重要作用的评价。

党办院办主任兼武装部长何介人以极大的兴趣关心国防体育代表队，对项目的发展、设备条件、教练以及生活后勤都主动关心并促成解决，他领导下的武装部有三位教师半脱产干部两位专职干部投入了几个代表队工作，使几个国防体育代表队在高校中一直保持绝对优势。

党委为实现蒋南翔提出的体育工作的目标，在管理体系方面也开始进行调整。当时管理清华体育工作有两条线，一是团委学生会，一是教务处下管的体育教研组，那时体育教研组党员不多矛盾不少，对学校精神贯彻不力，教务处实际上对体育业务也管不上。1965年艾知生担任学校体育运动委员会主任，力图将团委、体育教研组和各有关部门统一在体育运动委员会领导下，为加强体育教研组工作，经蒋南翔同意，1965年下半年调我到体育教研组任党支部书记，同时调党员优秀运动员王光纶和关仁卿到体育教研组任教师。艾知生找我谈话，说学校体育要有高境界和长远目标，为贯彻蒋南翔的精神从组织上要加强对体育工作的统一领导，所以派我去作体育教研组党支部书记，同时安排我作体育运动委员会秘书长，还继续兼团委常委联系代表队工作，协助他把体育工作统起来。我上任前去"四清"，1966年3月回来抓高校运动会后仅仅在体育教研组工作了10天后，"文化大革命"开始，这个新的岗位就此结束。

我认为在蒋南翔思想的指导下，以及以他为首的清华党委在体育及体育代表队工作中的投入和所取得的成绩在当时高校中是仅有的。

（二）清华团委发挥的重要作用

"文化大革命"初期有批判大字报说团委是蒋南翔的"嫡系部队""御林军"。大字报的作者确实了解并道出了清华团委在贯彻蒋南翔及党委的方针政策中发挥的重要作用，是党委得心应力的助手。

团委把体育代表队作为一项重要工作，一直由书记直接抓。1958年"两个集体"就是在时任团委书记艾知生领导时期创建的。1960年以后到1966年一直由团委书记张慕葎分工联系体育代表队（我作为常委协助作经常的具体工作）。1963年半年内张慕葎两次主持团委常委会讨论代表队的全面发展工作；1964年初及10月给蒋南翔及党委提交了两次关于体育代表队的工作报告。我所保存的当初我拟的草稿上都有张慕葎批改的字迹。我印象中每年团委给蒋南翔及党委呈送的书面报告中最多的内容之一是关于体育代表队的工作。那时，送去的是由办公室秘书汪鹤年用非常工整的字写的手抄本，是蒋南翔最喜欢看的（当时文件多用蜡纸打字油印，有时字迹看不清楚）。

团委前后安排了20名教师学生半脱产干部参与体育代表队的管理工作，这样的阵容在其他高等学校也是没有的。

由于党委领导的言传身教，团委干部形成的密切联系群众的作风对体育代表队扎扎实实深入细致地做好各项工作起了很好的作用。直属团总支成立初期由几位副书记分头联系各代表队，曾经是老排球校队队员的张慕葎联系男子排球队，张孝文联系乒乓球队，并一起去上海参加比赛。此外还有张益联系篮球队，多次带队参加重要比赛；承宪康联系女排，和很多女排队员非常熟悉；我联系运动会得分最多的田径队短跑和跳组。我一直在运动员食堂吃饭，在跳组宿舍有个床位，能够经常在一起，可以及时了解关心队员各方面的要求。由于团委领导深入代表队，使代表队在各项政治活动中没有出现简单化的事例，很多队员反映在体育代表队的环境很宽松和谐。

（三）清华学生尤其是运动员"智商"和"情商"高，善于独立思考有科学探索精神及判断解决问题的能力

体育代表队很重视激发和调动运动员的积极性和主观能动性，使得运动员在处理学习与训练的关系上着重提高效率和科学安排时间，在训练比赛上尊重客观

规律，发扬民主制订科学的训练计划和方法，对迅速提高成绩起了关键作用。清华代表队员是大脑和四肢同样发达的新型运动员。

由于以上原因，使清华体育代表队能在高校中一枝独秀，不仅提高学校的体育成绩，为国家培养了大批体魄健康、德才兼备的栋梁之材。

回忆了60年前学校体育代表队的发展历程，展阅了经过体育代表队的"两个集体"在培养全面发展的人才和提高运动水平方面所取得的成绩，尤其看到250位运动员在回忆和感言中所表达的，"两个集体"中的锤炼使他们受益于一生在事业上开花结果，为社会作出了大量贡献。我身为当时直接参与了清华体育"两个集体"的创建完善和发展全过程的一员。内心深感欣慰和自豪，也可以说是我为母校为社会所作贡献的一个亮点。

后记

我在清华大学学习和工作了21年，其中在团委任半脱产干部工作8年，1975年我肩扛着母校和清华团委授予的"猎枪"离开了清华，开始我此后几十年从事专业技术工作的生涯。先后在北京市建筑设计院和冶金部建筑研究总院工作，退休后主持一个专业设计所继续从事专业的设计和科研。直到2019年完全脱离业务工作，身体尚健，提前10年实现了蒋南翔提出的"争取至少为祖国健康工作五十年"的要求。在此期间，为开拓我国高层钢结构事业作了一定贡献；为开创国内超高层建筑结构的设计和研究起了一定作用；培养了一批国内短缺的钢结构设计人才，没有虚度年华。在几十年的工作中始终坚持着"不断开拓进取的精神、实事求是讲科学的态度、严谨认真的工作作风"，这是60年前在清华团委练就的内功。

耄耋之年，回首往事，要对母校和清华团委表示深深的感谢，对曾在清华团委一起工作已故去的同志表示深深的怀念。

崔鸿超　1954年入清华大学土木工程系，曾任政治辅导员、校团委军体部部长，长期领导校体育代表队工作。毕业后，曾任冶金部建筑研究总院副总工程师、上海中巍结构设计事务所所长、中日建筑结构技术交流会会长、教授级高级工程师。

蒋南翔校长对毕业学生寄予厚望

方惠坚

从1958年到学校团委工作,我就分工负责毕业班工作,直到1966年,前后8年。这段时间里由于学制调整,有时一年寒假暑假有两次学生毕业,每次南翔同志都要和毕业生代表座谈并参加毕业典礼,他在毕业典礼上都要讲话,对毕业生提出希望和要求。这些活动,我大部分都参加了。在纪念南翔同志诞辰100周年时,我写了一篇文章,回顾他对毕业生的厚望,现在把它编入这个集子里面。

蒋南翔校长是马克思主义教育家、我国青年运动的著名领导者。他长期从事青年工作、教育工作,对青年学生的思想脉搏了如指掌,他在学校担任校长14年,直接面对毕业学生讲话20余次,每次讲话都有新的内容,用生动的语言给人以启迪,很多毕业生离开学校以后几十年,还记得蒋校长的讲话,他对毕业生的讲话体现了他的教育思想。

他在校工作期间,正值学制变动较多,有的年代一年有两次学生毕业,还有时他给一届毕业生作不止一次报告。这里还没有计算他和毕业学生座谈、参加班会活动。即使他到教育部和高教部工作以后,每届毕业典礼他都还是参加的而且要对毕业生讲话。

在他1952年底到校任职不到半年,他在对1953届毕业生的讲话中就怎样对待工作、学习和处理群众关系阐述了他的观点,其核心是如何处理好个人和集体、个人和国家的关系。他一开始就说:用两句古语,"无欲则刚""当仁不让"。"'无欲则刚',给它一个新的解释,就是在工作当中,如果没有与国家、人民的利益相违背的个人打算,全心全意地为人民服务,那么,工作热情就会高,动力就会大,就能勇于克服困难,就会坚强。……'无欲则刚',不是说要消极退让,相反,是要丢掉个人欲望,不计较个人得失,积极地为人民更好更多的工作。""'当仁不让',用新的意思解释,就是凡对革命、对人民有益的事,凡是革命所需做的工作,我们就要坚决地全力去做。"他还说:这个事业的轰轰烈烈,是由于千百万人的一点一滴的辛勤劳动的结果。一个人在这个集体中,只不过是一个螺丝钉而已,但人不同于螺丝钉,人有思想,有语言,能发展。他还说:只有把小的工作做好,才能做大的工作。我们不应拒绝任何小事情,我们要踏踏实实地努力把当前工作做好,逐渐负担起更大范围的工作。他还谈到如何处理和群众、和领导的关系。他说:与工人结合,首先是要自己放下架子,了解他们,向他们学习,尽力多帮助他们。合作是双方面的,片面有利不是合作,是依赖,只要求人家照顾、帮助自己,合作是不能维持下去的。他还说:我们工作要有高度的组织性纪律性,要尊重领导,服从领导。服从领导不是盲目的,领导不是神仙,我们国家建设刚刚开始,没有经验。对工作要有独立负责的精神,服从领导是基本的出发点,但是要创造性地服从领导。

这是蒋南翔校长第一次对毕业生的讲话,作为一位教育家,在学生就要离开学校走向社会的时候,他耐心细致地给学生讲解处理好各方面关系的原则,千叮咛万嘱咐,体现了教育家对自己培养的学生的殷切期望。

如何选择工作岗位,是每个毕业生都要面对的问题。蒋南翔同志在1954年对毕业生的讲话中说道:"人的工作、活动,最后是由历史环境决定的。人只能在历史客观所规定的任务下,发挥个人的作用,不能随心所欲。"1961年1月在对当年寒假毕业同学的讲话中更进一步深刻地阐述了这个问题。他说:"马克思主义者永远认为客观决定主观,从根本上说,不是人选择工作,而是工作选择人,如果人们不能适应工作的选择,就会落后于形势。"他还说:"自己从事的专业,随工作需要、时间地点的不同可以有所变化,但是作为一个社会主义建设者却是不变的。每一个人都应该首先努力使自己成为一个坚定的革命战士,然后才是专业上的分工。"他的这段讲话,从哲学的高度说清了人与工作的关系,尽管现在毕业生的就业办法有了很大改变,人与工作的基本关系还是这样的。

在对待工作岗位的态度方面,他在1964年对毕业生的讲话中说道:"正如一个战士,不能挑选战场,不能等待好的掩蔽、好的地形条件,等敌人送到枪口上来才能打胜仗一样,而是要能攻能守,在各种条件下都能主动作战。"

在与人合作的方面,蒋南翔同志多次反复地对毕业生讲,要善于与人合作。

在工作中有多方面的关系，我们要成为这个集体中团结的、积极的因素。"要能当主角，也能当配角；能当领导，也能当被领导"。"要能'自立立人'，不仅自己能经得起各种考验，还要有余力去帮助别人。"

1958年，在贯彻党的"教育与生产劳动相结合"的方针时，一些系改变了原来学习苏联教育制度毕业设计采用虚拟题目的做法，结合实际生产任务进行。当时，建筑系结合国家大剧院进行，水利系在教师指导下承担了北京密云水库的任务。蒋南翔校长听到水利系毕业生们自豪地说：我们是真刀真枪地作毕业设计。他敏锐地看到这是一个新生事物。在全校毕业设计开始不久，在毕业生大会上鼓励各系毕业设计尽可能地结合实际任务进行。在当年，1400多名毕业生中大多数同学的设计是结合实际生产任务进行的，对于同学们运用已经掌握的基础知识和专业知识是很好的机会，对于适应生产实际的需要，也是一次锻炼。在那一年的8月，举办了毕业设计展览，向全校师生展出了设计成果，周恩来总理也应邀参观展览，并给予很高的评价。"真刀真枪"的毕业设计开创了我国教育改革的重要方向，走出了有中国特色的理论结合实际的教育途径，教育、科研、生产三结合成为中国高等教育的一个特点。毕业生在真刀真枪的毕业设计中也得到锻炼，使他们能够比较快地到工作岗位以后进入角色。许多毕业生回顾在校期间的学习生活时，都会深情地谈到他们在毕业设计阶段受到的锻炼。

他在对毕业生的讲话中，结合不同的时期，针对不同的问题，对毕业生提出不同的要求。20世纪60年代初期，国家提出"调整、巩固、充实、提高"的方针，纠正1958年以来工作中的一些失误，学校工作中也有同样的问题。怎样看待工作中的缺点？蒋南翔同志在1961年6月毕业生大会上说："马克思主义者对缺点的态度是，一要正视，二要作历史唯物主义的分析。任何一种新的事业总有一段摸索过程，科学技术上的发明创造也没有一次试验就成功的。我们是在从事前人没有做过的事情，走点弯路，碰钉子，是不足奇怪的，这正是合乎规律的现象。"同时，他又明确地指出："在工作中，要注意克服'宁左勿右'的心理状态，这种倾向在对待红专问题、师生关系问题上都有所反映。有人认为'左'比右好些。'左'和右都应当同正确的来比。为什么要拿'左'同右比呢？同样都是掉到泥塘里了，难道能说从左边掉下去比从右边掉下去要好吗？"他用通俗的语言来说明一些政治概念，给人留下深刻的印象。就在这次讲话一个多月以后，在这届毕业生的毕业典礼上，他又谈道："'红'是重要的，但是对'红'的要求应该恰当，要是过了头，又红又专的口号就会变成'以红代专'，甚至'红而反专'，把'红'与'专'对立起来，这样就反而达不到我们希望达到的目的。""'又红又专'是正确的，但是正确的东西，如果提得太高，要求过多，也会犯错误的……错误不足怕，问题要正确认识，严肃对待。只有这样，我们才能把消极因素化为积极因素，把坏事变成好事。我们每个同学对正确和错误都应该有一个辩证的观点，这样才不致使我们的思想片面化、僵硬化。"在同学们走上工作岗位以前，蒋南翔同志一而再、再而三地叮嘱毕业生要正确处理好"红"与"专"、"左"与"右"的关系，体现了一位教育工作者的良苦用心。

蒋南翔校长对培养研究生十分重视，他希望研究生能够成为科学登山队，攀登科学高峰。他在1964年1月研究生毕业典礼上说："这批研究生是贯彻执行党的教育方针以后受到正规的训练而成批毕业的第一批研究生，希望大家成为新的开拓者，创造我国自力更生培养高级专家的道路和经验。"他要求研究生做"新的开拓者"，立足国内培养高级专门人才。

1965届毕业生是1959年入学的，他们在学校学习的6年，正值学校贯彻《教育部直属高等学校暂行工作条例》，重视提高教学质量，加强学生思想政治工作，注意学生身体健康。学生在校期间德、智、体得到全面发展。在这届学生毕业前夕，蒋南翔校长对他们做了长篇讲话，要求他们做到思想过硬、业务过硬、身体过硬。对于思想过硬，他说："我们可以把思想过硬概括为三个境界或比喻成'上三层楼'来要求：第一层楼是爱国主义，即爱我们伟大的中华人民共和国；第二层楼是社会主义，即愿意为社会主义服务，拥护社会主义制度；第三层楼是树立共产主义世界观。就目前同学的状况来看，第一层楼可以说是都登上了；第二层楼虽然要比第一层楼要求高些，也可以说绝大多数同学都登上了；但是登上第三层楼的，恐怕就是少数了。"关于业务过硬，他认为：最正确的、最严格的评定标准，则是工作上的成绩。要有较强的独立学习能力和适应能力，不怕改行，不怕跨行。还要有一定的组织工作、群众工作的经验。身体过硬这问题说来比较容易，做起来却是最不容易。蒋南翔同志对于大学生思想要上三层楼的讲话，已经过去40多年了，现在仍然是我们在学生中开展思想政治工作要区别对待，鼓励学生"各按步伐、共同前进"的重要指导方针。在清华学习过的学生也都是按照蒋南翔校长的要求，不断提高自己的思想境界。我们已毕业的校友中，有多少已经上了第三层楼，现在无法统计，但从他们担负的工作责任看，大多数已经上了第三层楼,是可以肯定的。现在由于我们学校输送的主要是研究生,再加上现在在校发展的党员比例比较高,毕业时的党员已经超过半数,我们当然希望他们不仅组织上入党,而是在思想上真正上了第三层楼,这样,清华对于国家的贡献就会比较大了。

蒋南翔同志有较高的文学修养,在给毕业生的讲话中,经常引用古语勉励大家。1964年对毕业生说:"'以铜为镜可以整衣冠,以人为镜可以通古今'。同学们应该以过去的毕业生为镜,吸取他们的经验教训。"在他联系的土木系房82班毕业离校前夕,他送给同学们三句话:"无欲则刚,锲而不舍,不耻下问。"在1961年7月的毕业典礼上,他说:"没有正确的政治方向,就好像一个人没有灵魂。这种人到了社会上,一定经不住政治风浪的考验,也经不住艰苦困难的考验,他们一碰到困难就会摇摇摆摆。新中国的大学生应该有'富贵不能淫,贫贱不能移'的气概。"

他让同学们注意学校和社会环境的区别,在多次讲话中强调这个问题。他说:"在学校好比在苗圃中,环境毕竟是较平静的,但到了工作岗位上,走向了生活,就要有经受风雨的精神,在任何情况下,永远坚持社会主义方向,坚定胜利的信念,不断前进!""你们在解放后的清华园的土壤上生根发芽,你们将要散布到伟大祖国的各个地方,开放出奇花异卉。"

蒋南翔校长还在多次讲话中勉励大家要养成谦虚朴素、实事求是的道德作风,防止骄傲自大。他说:"只看到自己成功的、有利的一面,看不到有问题和困难的一面,就会使自己自满、麻痹,就会妨碍自己进步;经常看到自己的不足,就会兢兢业业、虚心地努力工作和学习,就会克服面前的困难。""同学们毕业以后切记不要骄傲自大,对自己要求高一些是应该的,但是不能凭着大学生高居人上,更不要以清华学生居于人上。'自己夸自己,有嘴也无功',自己的成绩,要让组织和群众去鉴定。"他还说:"有些同学出去以后有一种'优越感'。他们说起什么来总是清华的好,表现得自高自大。谚云:'自矜无功','自伐无能'。是好是坏,不能靠自己褒奖,而是要在实践中让群众来作鉴定。"每个清华校友都熟知的"不要推销'清华香肠'",也是他对毕业生的嘱托。

在对毕业生的讲话中,他还特别对毕业生中的党员提出要求。他说:"加强党的领导对我们共产党员来说,不是什么特权,而是加强自己的责任感,加强党与非党的合作。只有领导没有被领导,也就谈不到加强领导,从这个意义上讲,加强党的领导也就是加强党与非党的合作。"

  这里汇集的只是蒋南翔校长在对毕业生讲话中的部分内容，没有包括他在全校大会、团的活动以及其他场合对学生的要求。从他的这些讲话中，可以看到他对毕业生要成为又红又专的社会主义建设者寄予厚望。他反复叮嘱同学们要处理好"红"与"专"的关系，针对一些"左"的倾向，给同学们以正确的引导。结合毕业生的特点，要走向社会、走上工作岗位，他对于同学们怎样选择工作岗位反复给予指导，他说的"从根本上说，不是人选择工作，而是工作选择人"，也是深刻地论述了人与工作之间的辩证关系，对于每个毕业生今后处理这个问题也是有益的。他针对毕业生走上社会，满怀深情地告诉同学们要处理好和上下左右的关系。他在讲话中要求毕业生能够当好领导，还要当好被领导；要能当好主角，还要能当好配角。这是有深刻意义的，这不仅是在最初走上工作岗位遇到的问题，其实人的一生中都要处理好当领导和被领导、当主角和配角的问题。南翔同志是从哲学的高度论述这些问题，使毕业生可以终生受益。南翔同志在1965年对毕业生讲话中提出学生的思想境界要"上三层楼"，是他长期从事青年工作、教育工作的经验结晶，体现了对青年知识分子区别对待，"各按步伐、共同前进"的方针。南翔同志还针对青年知识分子的特点，嘱咐他们要谦虚谨慎，注意向群众学习，特别要向工人学习。针对清华毕业生特别要求他们更要虚心学习，不要推销"清华香肠"。纵观他的历次讲话，可以体现他对学校学生的培养目标和思想修养的要求，也凝聚了一位教育家对自己培养的学生的殷切期望。

  南翔同志讲话的特点是针对性很强，每年根据毕业生的实际情况提出要求。他每年的讲话内容很少重复，每次用不同的语言阐述他的观点。1958年以后，我在学校团委负责毕业生工作，几乎每次讲话我都听了，但是，每次都感觉有新意。他还很善于引用我国古代和传统的语句教育同学，使同学们听了以后，感到内涵深刻，可以回味无穷。这也体现了清华"古今贯通"的文化传统。

  总之，从南翔同志对毕业生的讲话中，体现了他对毕业生寄予厚望，体现了他的教育思想和教育理念。有近两万名毕业生先后聆听了他的讲话，他们走到工作岗位以后，经常想到在校时的学习生活，也牢记校长的谆谆教导，清华的毕业生在祖国社会主义建设事业中发挥了积极作用，为国家作出了贡献。

  此文原刊登于《清华之魂——蒋南翔教育思想论文集》，方惠坚、史宗恺主编，清华大学出版社2011年4月出版。

时代的号召
——"争取至少为祖国健康工作五十年"

张 益

回忆蒋南翔同志在体育工作中的建树，不得不提他的"争取至少为祖国健康工作五十年"的口号。这个命题方惠坚、陈希、齐家莹、田端智、蓬铁权、胡方纲及许许多多亲身实践及得益的同学都早有精辟的论述与体会。我只从"文革"前当团委军体部长及"文革"后当体委副主任的角度及与南翔同志直接接触的一些情景，作一些追忆，谈一些感想作为诠释。

一、口号的时代背景

南翔同志的这个口号是1957年12月29日在西阶梯教室由我主持的全校学生体育干部会上提出的，他说："每个同学要争取毕业后工作五十年，因为老年应当是收获的季节，年纪越大经验越丰富。要想老年丰收，就必须在青年时代播种。"而当时这个口号的提出有着深刻的时代背景。20世纪50年代，第一个"五年计划"的实施，国家的大规模经济建设。极大地鼓舞着广大青年学生的爱国热情。"到工厂去，到边疆去，到祖国最需要的地方去"，为建设强盛的祖国做好一切准备，是绝大多数青年的"最高目标"。体育方面，国家体委学习苏联于1953年开始在青年学生中推行"准备劳动与卫国体育制度（简称'劳卫制'）"，当时清华大学是全国第一批试点单位。劳卫制的具体内容是一系列以田径（跑、跳、掷的部分项目）、单杠引体向上、双杠双臂推起、女同学仰卧起坐等项目的具体成绩指标，并按水平高低分为一级、二级两个等级（或称及格、优秀）。但当时设定的标准不高，记得男生3000米跑及格为15分钟，优秀也仅为14分钟，像我们基础较好的学生，基本不需锻炼随时测验都能通过。到1957年，全校同学中80%以上都达标，都拿到了奖牌，一下子体育锻炼失去了具体追求的目标。有些同学认为，劳卫制已通过，去工地生产实习也经受得住，何必再花大量时间锻炼。体育锻炼热情有所下降，体育代表队的成绩也有下滑趋势。因而客观需要一个更为深刻、更为全面、更有长远号召力的具体目标，用以指引学生在健康及体育锻炼方面进一步努力。南翔同志敏锐地察觉到了时代的需要，不失时机地创造性地提出这个划时代的口号，把体育锻炼的目标定为"为祖国健康工作五十年"。这可以说是说到了当时青年学生的心坎上，极大地鼓舞了体育锻炼的激情，为清华大学的体育工作奠定了理论性、方向性的基础，将体育锻炼提高到一个新的历史高度。

二、口号的深刻内涵

南翔同志的口号仅15个字，却包含十分丰富的内涵。由于我当时的工作关系，有机会与南翔同志直接接触及聆听他的教导。他一般每学期都要给体育干部或全体代表队员作一次报告，报告前要听我们的汇报，报告后还要听取同学的反映。在口号酝酿时，他和我们讨论的大意是：第一，体育锻炼要有明确的目标，要健康工作50年，就是说第一要健康，病病快快、弱不禁风、靠人伺候不行。第二，健康的标准是要能坚持正常工作，三天打鱼，两天晒网不行。第三，年限不能少，要实干50年。第四，工作的目的是为祖国建设，要有明确的人生观、世界观。记得口号提出后同学中有人（包括我自己）说："我身体很好，可以工作50年以上。"有的身体比较弱的同学说："50年做不到怎么办？"南翔同志听后很风趣地对我说："那就加上两个前缀词，改为'争取至少为祖国健康地工作五十年'，身体好的要'至少'，越长越好；身体弱的要'争取'，通过努力锻炼去争取达到。"这样全面而深刻的提法让每个同学各按步伐、共同前进，人人都需要努力，人人都可以努力超越。这个口号表面上看是针对青年的健康和体育锻炼的要求，而实质上是把国家对青年一代的德、智、体全面发展的要求科学地结合起来，转变为青年自觉的实践行动口号，应该说是南翔同志对体育锻炼全面目标的理论性论述，也是对党的教育方针生动具体的创造性贡献。

三、口号的全面实践

南翔同志能提出这样生动而又深刻的口号绝不是偶然的,是与他经常深入青年学生了解实情及他对体育的热爱和实践分不开的。他对清华体育的历史及当时的情况了解得一清二楚,对不少优秀运动员的名字(包括解放前的)和成绩如数家珍,并亲自和他们谈话,鼓励、关心他们的成长。记得1966年初,他还曾专门打电话给我,关心优秀运动员蓬铁权的入党问题。每次校运动会开幕式结束后,不少领导都匆匆离开,而他常常是驻足一个上午。他曾对我说:"以后要告诉各系主任,要坐在主席台上不要走,这样学生才会重视体育。"学校代表队有比赛,只要我们去请他,他有空必到。大家都知道清华校领导有个锻炼小组,这是他亲自提倡、组织的,他自告奋勇当组长,亲自去请马老师做指导。他身体力行,几乎从不缺席。我当时是锻炼小组的联络员,负责通知校领导及联络马老师,记得当时还有何东昌及高沂同志也几乎每次必到。南翔同志多次说过:"不懂体育,就是不懂教育。"他还提出体育要以"速度为纲,力量为基础",这其实已经是体育学科理论中的问题了。他说过:"跑步要靠起跑速度及速度耐力,跳跃要靠起跳速度,投掷要靠出手速度,球类等要靠运动中运用技巧的速度。"要求我们每个月开一次全校高速度运动会,他经常亲临指导。在他的倡导及鼓励下,全校成立了十几个单项体育协会。同学们各自作出自己一生的体育规划,逐步打破过去仅靠锻炼小组的组织形式,掀起了新的锻炼高潮。南翔同志深知体育中提高与普及的关系,明确提出"体育也要在普及的基础上提高,在提高的指导下普及",提出要"业余赶专业""出一批运动健将"。为此在代表队及文艺社团中提出了"两个集体"的概念。成立代表队党团组织,建立了运动员食堂,集中食宿,协调帮助运动员学习、运动、生活三方面全面安排。他积极支持学生运动员参加"第一届全运会",取得5金、1银、2铜的好成绩。"文革"前清华大学出了12位运动健将,这不仅是体育代表队,也是全校师生集体努力的集中体现。

四、口号的继承与发展

"文革"前,南翔同志亲自培养、教育的各级干部都十分重视体育。艾知生同志除担任北京大学生足、篮、排球队总领队外,还直接担任清华大学男篮领队,并经常参加赛前准备会,讨论篮球比赛中如何运用辩证法。张孝文同志曾担任体育代表队团总支书记,方惠坚同志担任"第一届全运会"北京赛艇队的领队,教务处处长邢家鲤同志也长期担任女垒领队一职。

"文革"后的清华大学重新走上发展创新之路,各级领导一如既往地继承南翔同志高度重视体育的好传统,取得了更为突出的成绩。我仅列举我直接参加的两次校领导参加的出国访问作为佐证。

第一次是在1988年,当时何东昌同志任教育部部长,他到校运会观看比赛后主动向我了解学校的体育情况,当得知由于遭受"文革"破坏水平不高时,当即要我转告李传信、高景德、张慕葏等同志,他希望学校领导组织代表团出访时要去前民主德国考察体育发展情况。当时民主德国的体育水平世界一流,创造了所有女子短、中距离跑的世界纪录,1988年汉城奥运会上前民主德国女运动员奥托一人独得6枚金牌,而我国当年全部项目加起来仅获5枚金牌。他要求我们"好好看一看,如果可行,回来照办"。当年年底,由高景德校长、李传信书记、徐秉业、俞靖芝教授和我组成欧洲访问团,第一站就访问前民主德国。景德同志当时说:"这是清华历史上第一次由校长书记出访体育。"我们走访了德累斯顿工业大学的体育部并参观体育设施,了解他们用学分制半天学习、半天训练,及发放体育奖学金的培养运动员体制。我们还到莱比锡德意志体育学院参观培养出大量世界冠军的"金牌工厂"。回国后我们在清华附中建立以田径、游泳为主的马约翰体育班,从小开始培养,并在无线电系试办体育特长班,2008年代表我国参加北京奥运会的胡凯同学,就是从马约翰班逐渐走上奥运赛场的。

第二次是1998年初,陈希同志任党委副书记兼体委主任。清华由校领导专门组织体育代表团出访,目标瞄准体育强国美国,着重考察高水平运动员的培养及大学体育设施。同行的有体育部王培勇主任、于芬教练、建筑设计院庄惟敏副院长和我。我们访问了7所高校及社会体育设施,收获颇丰,回来后很快按照国际优秀大学的标准,建成了东区新体育馆及跳水游泳馆。陈希同志用"体教结合"的创新思路,"高起点、高水平、高效率"培养出达到全国一级水平的跳水队、射击队、田径队(短中距离跑)、赛艇队、男篮等高水平代表队。2004年全部由清华大学学生组成的射击队代表中国参加亚洲射击锦标赛并取得8金、1银、4铜的好成绩。

如果说清华大学的目标是世界一流大学,那么现在可以说从体育教学、体育科研及运动员水平三方面评价,世界一流大学的体育水平已经基本上达到了,这也可以告慰南翔同志的在天之灵。

国家在前进,时代在发展,体育及健康生活的内涵也在不断发展。随着生产力的提高,医疗水平的提高及环境质量的改善,人们对精神、物质及健康的追求无疑会更上一层楼。"每天锻炼一小时,健康工作五十年,幸福生活一辈子"一定会变成新时代青年的理想与实践。

张益　1952年入清华大学机械系,曾任政治辅导员、校团委军体部长、校体委副主任、校办副主任、副总务长等。

清华文艺　清华精神

郑小筠

　　2017年11月，清华大学校友舞蹈团的《向美而行》专场文艺晚会进入倒计时彩排阶段了，我颇感兴趣地去观看了一眼，当即就被看到的场景和阵容感动了。我看到的是：在一个只容四五十名学生上课的舞蹈教室里，拥挤着近百名的队员，有上至81岁的1957级陈清泰（国务院政策研究中心党组书记）、78岁的1958级胡昭广（曾任北京市副市长、香港北控集团总裁），以及12位75岁以上的团友；下到现在的在校学生7名舞蹈队员，年级相差60年、年龄相差60岁，在一起有条不紊地排练。很多校友都是单位的领导、核心、骨干，都是上有老、下有小的家庭栋梁，而这些人都能每周六回到清华来排练一次，尤其是还有部分队员要在差旅、食宿费用全部自理的情况下，从上海、重庆、呼和浩特、大连甚至美国，每两三周、四五周飞回来一次，满腔热情地参加排练。看到这样的情景，怎能不叫人感动。

　　我在想，是什么原因能使他们做到这样？

　　有朋友说："他们就是喜欢舞蹈"，也有人说："他们就是想在一起玩玩。"但我觉得不是这么简单。因为我知道，有的团友在他的工作单位已经组织了舞蹈队，并且组织了他们的排练、表演；也有团友参加过本工作单位组织的舞蹈表演，甚至参加了所在系统的舞蹈比赛。说他们"就是喜欢舞蹈"，他们在单位不是也能跳舞吗？说他们"就是想玩玩"，我想他们在单位、在居住小区，一定也能找到一批同事、一些朋友一起玩。然而他们愿意"弃近求远""弃易求难"，费时、费钱地回到清华园，与认识或不认识的队友（因为不同年代、不同班次）一起排练。没有一种强大的清华情结，没有一种强大的凝聚力量，没有一种清华精神，我想是难以做到的。

我们常说：清华文艺有悠久的历史，有优良的传统。这些一般还是从学生文艺活动的丰富、学生文艺社团的广泛而言。今天我们再仔细观察和思考，看到了清华文艺还有更深层次的因素，那就是清华精神的基因。

一、我们先看看清华的戏剧：清华是中国话剧的发祥地之一

洪深，中国话剧的创始人之一。他1912年考入清华。一开始就参与组织了清华的戏剧活动，成为清华"新剧"（也有称"文明戏"）活动的主力。他创作并排演了《卖梨人》（1915年）、《贫民惨剧》（1916年）等剧目，在校内外演出，感动了许多清华学子及附近的居民。1928年他从美国学习戏剧回国，即将"新剧"定名为"话剧"，以后一直从事话剧及电影的编创和制作演出工作。他是与田汉等著名戏剧家齐名的中国话剧的先驱者。

洪深学长离校之后，清华园的话剧活动依然十分活跃。1933年，已经担任清华学生"戏剧社"社长的曹禺，在清华图书馆完成了他享誉中外的成名作《雷雨》，成为中国戏剧走向成熟阶段的标志。随后，他又出版了《日出》《原野》《蜕变》《北京人》等。奠定了他成为中国话剧界泰斗的地位。

清华的话剧活动，也培养了众多的戏剧人才，包括剧作家和戏剧表演艺术家，如李健吾、张骏祥、英若诚、王松声、孙瑜、陈铨、杨绛、孙浩然等。就是著名的电机工程专家（1972年国际电机工程最高奖"兰姆"金奖的获得者）顾毓琇先生，也编创过《孤鸿》《长约翰》《国殇》《琵琶记》等"新剧"，并完成了这些剧目的表演。中国的著名诗人、爱国之士闻一多先生，也担任过清华戏剧社的社长，表演过多曲话剧（还在称呼"新剧"的时期），而且闻一多先生还是当年的许多戏剧宣传品及戏剧布景的主要设计者和制作者。还能对化妆作出可信的指导（他曾学习美术，担任过美术社社长）。

此外，清华的"国剧"（即现在的京剧）活动也十分活跃。1929年学校聘请了京城名票"红豆馆主"溥侗先生担任"中乐部"导师，教授中国音乐（即京剧和昆曲曲谱）、戏曲表演、中国美术等。这样的环境下，我校也出了一位现代"京剧学泰斗"级的刘曾复先生。刘曾复1932年保送入清华生物系，毕业以后始终从事生物医学工程工作，担任过首都医科大学生物医学工程学院名誉院长、北京

生物医学工程学会理事长,是一位"定量生理学""整合生理学"知名专家。然而他又先后担任过北京戏曲艺术学院顾问,中国戏曲学院的首届硕士生班导师,以及余叔岩、孟小冬研究会会长等职务。他至90岁,还能说戏100多曲,甚至谭元寿、梅葆玖这样的专家有时也会来向他请教。他绘制了1090幅京剧脸谱。他的《京剧脸谱图说》《京剧脸谱大观》著作,除了被中国艺术研究院、北京市艺术研究所、天津戏曲博物馆收藏以外,还被英国的大英、牛津、东方博物馆、德国的汉堡人类文化博物馆收藏,瑞士、德国、日本分别用自己的语言出版了刘曾复先生的脸谱作品的书籍。2005年被中国京剧界冠以"京剧学泰斗"的称号。

上述众位前辈和学长,他们不仅当年活跃了清华学生的文化艺术生活,还推动了中国戏剧事业的发展,他们的文化底蕴为清华戏剧艺术发展奠定了深厚的基础。

二、清华的音乐:清华是将西方作曲法引入中国的先驱

清华的西式音乐教育开始于建校之初。1912年清华就设立了音乐课,由音乐教师组建了一个10来人的合唱团体。改制大学以后,赵元任先生成为清华国学院的四大导师之一。他是语言学大师,然而他也是最早将西方作曲法用于创作中国歌曲之人。他在清华教授过物理、心理学,也教授过"中国乐谱乐调""西洋音乐欣赏"等课程,还担任过"清华音乐委员会"主任。1987年上海音乐出版社出版了《赵元任音乐作品全集》,就收集了他的作品:歌曲83首、编配合唱歌曲24首、编配民歌19首,器乐小品6首。他的《教我如何不想她》(刘半农词)和《海韵》(徐志摩词),成为中国艺术歌曲创作的典范,至今依然是专业音乐院校艺术歌曲教学的教材,并广为合唱团体传唱。中国现代音乐开基创业的一代宗师、现代专业音乐教育的开拓者萧友梅先生说:"他虽然不是专门研究音乐的,但他有音乐的天赋,精细的头脑,微妙的听觉。他能够利用研究物理学、语言学之余暇,作出这本舒伯特派的艺术歌曲,替我国音乐界开一个新纪元"。并称誉赵元任为"中国的舒伯特"。

黄自先生,1916年12岁的他考进清华(学堂)。当即向当年的音乐老师何林一女士学习钢琴,并参加了童子军鼓乐队。在管乐队中演奏单簧管的同时,还在合唱队里唱男高音。他也曾与梁思成等四位同学一起,表演过男生四重唱。18岁时,再向王力山夫人学和声与作曲。此时他已选定以音乐为终身职业。1924

年他出国留学,在俄亥俄州欧伯林大学音乐学院和耶鲁大学音乐学院学习作曲和钢琴。回国以后先后在上海沪江大学音乐系、国立音乐专科学校任教,并兼任音乐专科学校的教务主任。他系统地将西方作曲法应用于中国创作,他开创了多个中国音乐第一:中国第一部交响乐、中国第一首救亡歌曲、中国第一部清唱剧、中国第一个电影音乐,并建立了中国第一支交响乐队。我国老一辈音乐家贺绿汀先生说:"他(指黄自)是第一个系统、全面地向国内学子传授欧美近代专业作曲技术理论,并且有着建立中国民族乐派抱负的音乐教育家"。遗憾的是他英年早逝,仅活了34岁。

清华的音乐教育环境同时也养育了不少音乐家、音乐教育家,如费培杰、聂鸿逵、应尚能、张萧虎、李维宁、李季方、姚锦新、湛亚选、周淑安、方堃等。

由上简述,我们就可以看到清华的文艺传统,不仅仅是学生文艺活动的活跃热度和广度,更重要的是它有相当的文化深度,也就是我理解的"文化底蕴"。这样的文化底蕴不仅培养了广大清华学子对文艺的热爱,更影响着中国文艺的发展。同时也影响着清华学生的精神。就是在这样的文化底蕴熏陶中(当然,首先是在清华学校的全面教育的整体环境中),逐渐形成了清华精神。

关于清华精神,学校里有多种提法:有"自强不息、厚德载物",有"行胜于言",有"严谨、勤奋、求实、创新",有"爱国、成才、奉献"等。这些都说出了清华人的品格,确实都是清华精神。我想结合清华文艺的特点,来理解这些"清华精神",更直白地表述清华精神是:有明确的人生目标——爱祖国、爱人民;有强烈的事业责任心——高标准、严要求;有执着的顽强干劲——尽全力、拼命干;有优良的团队协作精神——识大体、能通融。

清华文艺为大家营造了这样的氛围;这样的氛围熏陶着大家的清华精神。

首先,看人生的目标性明确——爱祖国、爱人民。

清华的多数学生,在参加文工团、文艺社团、艺术团时,并没有明确地要求:必须要表示"我爱祖国、爱人民"。但是在参与创作、表演艺术作品时,都表现了爱国、爱民的激情。这是清华文艺人的第一精神。

闻一多,1912年以湖北省第一名考入清华。1913年才14岁的他就参加了新剧《革命军》的排演。从下面的剧照中我们看到他扮演了一位革命军战士。

洪深,1912年考入清华。1915年编写了新剧《卖梨人》、1916年编写了《贫民惨剧》,都是中国最早以贫民生活为背景的作品。据说他在写作之前,常到清

为了培育全面发展的新一代
——蒋南翔任校长期间清华共青团工作回顾

华西门外的成府街、水磨村走动;剧本演出后,也受到了这些居民的强烈反响。

曹禺先生谈到他写作《雷雨》的意图时曾说:"《雷雨》是在没有太阳的日子里的产物。"他说:"我生于一个没落的封建家庭,青少年时代就目睹了半封建半殖民地中国社会的黑暗现实。于旧社会的昏暗、腐恶,我不甘模棱地活下去,产生了强烈的反抗情绪,所以我才拿起笔。""《雷雨》是我的第一声呻吟,或许是一声呼喊。"

1935年12月,"一二·九"运动爆发,清华同学立即成立了"海燕歌咏团",他们创作了《海燕歌咏团团歌》,宣布:

要如"海燕不怕狂风巨浪,

海燕不怕雷鸣电闪,

勇往直前,青年伙伴们,

高声呐喊,大家来救亡"

他们迅速收集了《救亡进行曲》《牺牲已到最后关头》《打回老家去》《义勇军进行曲》等60多首救亡歌曲,印成了20余万张明信片,分别寄往各地。队伍也迅速由40人发展到170余人。

20世纪40年代,从抗日战争到解放战争,清华的歌咏队、戏剧社都紧跟时代,编创、演出了反映时代声音的艺术作品。1945年,为配合在"一二·一"运动中被国民党当局杀害的四位烈士的抬棺游行,"高声唱歌咏队"队员创作了《送葬歌》;"剧艺社"社员创作了《审判前夕》等节目,在昆明市广为宣传、演出;他们还经常到农村去、到国民党的军队中去,一面表演、一面教唱揭露、讽刺国民党政府的歌曲:《我们反对这个(指内战)》《团结就是力量》《古怪歌》(歌词:"往年古怪少啊,今年古怪多啊,板凳爬上墙,灯草打破了锅。灯草打破了锅啊……月亮西边出啊,太阳东边落啊,天上绫罗地下裁啊,河里的石头滚啊滚上坡,滚上坡。"这样的歌词,完全是以一种反自然、反常识的词语,在讽刺、揭露当年的国民党政府的腐败、反动)等。

1946年清华从昆明返回北京以后,清华"大家唱歌咏团""清华剧艺社"(在昆明时期是清华、北大、南开三校联合的)在"反饥饿、反内战"的斗争中发挥着重要作用,并引起了国民党对艺术社团的进步同学的逮捕。党组织迅速将部分同学转移到华北根据地。

中华人民共和国成立以后,清华的文艺爱好者继承了这样的爱国传统。清华军乐队作为大学生唯一的文艺队伍,参加了开国大典,参加了全国第一届文代会的音乐会。当年的文艺社团,混合组编为四支"文艺宣传队",到城里宣传解放区的成果,演出《白毛女》《夫妻识字》《解放区的天》等节目;1951年组织了抗美援朝文艺宣传队到城里宣传演出;1958年,党中央提出"鼓足干劲,力争上游,多快好省建设社会主义"的总路线,北京市发动40万群众参加修建十三陵水库,清华成立了"十三陵文工队",配合6000名师生参加工地劳动,进行鼓动宣传;随后艺术团的同学紧紧配合党的"教育为无产阶级政治服务,教育与生产劳动相结合"的教育方针,深入到教育方针实践的第一线(清华的"土电厂"、北京市的密云水库等地),到工厂(如清河毛纺厂)、到农村(如徐水人民公社)、到部队,创作、排演了大量艺术作品,其中有话剧《清华园的早晨》、合唱《党的教育方针就是好》《密云水库大联唱》、京剧《关羽搬家》、舞蹈《大扫除》《锻炼舞》(芭蕾)、军乐《清华大学民兵师进行曲》、民乐《人民公社好》等。到政协礼堂为政协委员们演出,在清华大礼堂为全国民兵工作会议代表演出,他们到市里的民族歌舞团剧场、北京音乐厅、中山音乐堂、天桥剧场等场地,为北京市中学生演出;到上海为上海大、中学生们演出。舞蹈队每次排练前都会高呼口号:"为党宣传,永远战斗"。这就是当年文工团精神的代表。

20世纪七八十年代文艺社团,同样以创作、表演反映教育方针、反映为祖国、为人民的精神作品。他们创作表演了舞蹈《四点半》(反映贯彻蒋南翔校长所提出的"为祖国健康工作50年"的精神)等节目,并为纪念"一二·九"运动50周年,举办了全部由自己编创的音乐、舞蹈、史诗剧《冬天,火的回忆》,并进行了多场演出等。

1991年,艺术团特邀徐葆耕、王玉田老师创作了合唱《清华颂》;1993—1995年,话剧队分别创作了《爱心》《希望不是梦》《路》《血魂》等短剧;1999年,创作了《清晨,国旗从这里升起》《归去来兮》;2001年,又创作并演出了《精神的丰碑》和大型话剧《紫荆花开》(全部由学生自己完成),舞蹈队创作并表演了《红旗颂》《骤雨新荷》等。为纪念90周年校庆而复建的曲艺队,创作了反映清华成果的《夺金杯》;接下来他们每年为欢迎新同学,或在新生入学时,或在新生军训时,为新生献上一台自己创作的、介绍清华的专场演出。这些也都反映了艺术团"紧跟形势、为党宣传"的精神。艺术团也选择排演了不少的社会优秀作品。

为了培育全面发展的新一代
——蒋南翔任校长期间清华共青团工作回顾

艺术团员要完成这些作品（无论是歌曲、舞蹈、戏剧、曲艺等）的创作和演出，都需要查阅资料、采访座谈、剖析核心、分析领会、缜密构思。这每一步，对于作者、表演者都是一种很好的思想提升、能力历练、技能完善、情感陶冶的过程。他们正是在这样的锻炼中，使自己与祖国、与人民有了真切的感情，对国家的政策有更准确、更深刻的理解。也促进了自身的人格成长。这样的机会是一般班级的同学不易得到的。20世纪60年代毕业的魏熙照（"对国家有特殊贡献的专家"获得者）团友说得好：正是那些创作、排练，锻炼了我们对于党的政策的敏感性，使我们在后来的工作中能比其他人更快地、更准确地理解党的方针政策，使我们能更快地、更好地投入工作。《紫荆花开》的主创团队，从调研、采访、座谈、收集资料到完成剧本，花了一年多的时间。主创、主演者之一常宇（1993级）毕业以后，经历了一定的工作磨练，现成为北京市委宣传部主管奥运宣传的副部长，我想与当年这样的锻炼不无关系。

2005年，一位已经获得面试推荐研究生资格的特长生，自愿休学一年，远赴什邡市，成为一名西部计划抗震救灾专项行动的志愿者。在谈起这个选择时，她说："我们当代青年尽可以在学术的论坛上激扬文字，也可以在社会的舞台上挥斥方遒。但是就像温总理在座谈会上说的那样：每一个青年的前途，离不开国家的前途；国家的前途也离不开青年的前途。没有青年的牺牲和奋斗精神，国家是没有希望的。报效祖国，回馈社会，是我们代代相承的责任和义务，到祖国最需要的地方去，做人民最需要的事，我们责无旁贷。"我想这个表白，能够明确表述清华文艺人的清华精神。

其次，事业的责任心——高标准、严要求。

我们对艺术团员的要求是严格的。从做人方面，要求艺术团员必须首先是清华的好学生，然后才能称得上清华的好艺术团员。这就是说：我们必须首先完成清华对学生的"三好"要求，即要努力地向"思想好、学习好、身体好"的三好标准前进，然后才能实现自己的艺术爱好，做一个好的艺术团员。

回想当年，胡锦涛、华建敏、陈清泰、秦中一、胡昭广、徐锡安等团友，在校时都是思想好、学习好、身体好的"三好"突出的好学生。同时他们还能在不同的工作岗位上做好自己的工作。他们都是思想敏锐、关爱同学、认真实干的同学。此外，1960届的钢琴队长陈陈；军乐队、文艺社的"两栖"队员陈虎，都是毕业时的学校少有的"全五分"（当年成绩按5分制计算，5分为满分）获得者，因而获得了学校的"优秀毕业生"称号和金质奖章。陈陈当年还获得了中央音乐学院业余部（钢琴班）的结业证明书（同时获得此"证明书"的还有声乐、创作、指挥、黑管等类的11人）。

在艺术水准方面，"我们不是专业艺术团体，但要以专业艺术团体的水准要求自己，努力训练，使自己的艺术表演能力达到准专业水平"，"我们不要求做到最好（专业最高标准），但要求做得更好（不断前进）"。我们的队员中，确实有达到专业水平者，并出现过专业团体来要人的情景。记得1959年周恩来总理在政协礼堂看完我们的演出，当场就说："她（合唱队的张五球，也是这次演出的主持人）可以到总政歌舞团去做报幕员（当年将现在的'主持人'叫'报幕员'）呀！"话剧队的胡泊（极受欢迎的"小品朗诵"表演者。他朗诵的《猴子的牢骚》《木偶探海》享誉清华，清华有人40年后还点名要听他的这个朗诵），人艺曾经问过他是否愿意去人艺。

艺术团的高标准、严要求，使大家在艰苦的训练中不懈奋斗，锻炼了自己的韧性，培养了吃苦耐劳的能力。队员间的相互影响，逐渐形成了队风、团风，形成了艺术团内的严谨、勤奋、踏实、认真的作风。也养成了他们在后来的工作中，能尽职尽责的优良风格。

再次，执着的顽强干劲——尽全力、努力干。

艺术团的活动是频繁的，除了每年常规的迎新演出、毕业演出、校庆演出、新年演出外，还会有不定期的礼宾活动、典礼仪仗、纪念仪式，以及系里的艺术节、学生节；班里的聚会、联欢，艺术团员是当然的组织者、表演者。艺术团工作是繁杂的，既要保证每一项演出的表演质量，还要做好后勤服务——管理乐器、服装、道具。不得丢失、不得损坏；既要搞好艺术训练，又要搞好功课学习；既要处理好队内队友的关系，也要处理好班级同学的关系。艺术团的干部更要多加一层：作为艺术团的带头人，既要组织、带领全团搞好艺术业务训练，完成艺术团的各项演出、比赛任务；还要建设好艺术团的整体队伍，使之成为一个既生龙活虎又团结友爱、既"听话"出活又高效创新的优秀集体，还要努力做到自身功课学业好，艺术训练好。必须做到工作、功课、艺术三不误。要全面处理好这些关系，必须严格要求自己，一是养成科学、严谨安排时间的习惯；二是锻炼"拿得起，放得下"的心理素质；三是以拼搏的精神，尽全力完成工作。其实，经历过这样高负荷的历练，提升了大家的抗压力、协调力、组织力，也对未来的工作

为了培育全面发展的新一代
——蒋南翔任校长期间清华共青团工作回顾

增强了适应性。

最后,团队的协作精神——识大体、能通融。

艺术团的协作训练来自两个方面:一方面是作品本身的要求,文艺节目绝大多数是集体的,如合唱、乐队演奏、集体舞蹈、戏剧等,哪一种节目都有对于各个声部、各位角色的特定要求,作者科学地、艺术地给予了各声部、各类角色及其之间关系以严格要求、和谐安排,形成完美的艺术作品;另一方面是人为的因素,要能准确地按照作者和指挥的意图高质量地完成作品,队员之间自觉的相互尊重(声部的需要),自觉地相互配合是十分重要的。完美作品的呈现,既需要各位演员对作品的深入理解,也需要队员相互之间自觉地配合。某一个声部、某一个角色出现得早一点、晚一点;声音高了一点、低了一点;音色浊了一点、清了一点,都会离开作者的本意,影响作品的效果,带来作品的不完美;只有做到配合默契,才能得到高水平的节目质量。队员之间的相互扶持、相互帮衬,应该是艺术团队员们在排练艺术作品的过程中养成的基本品质。能自觉做到配合默契,它带给队员们的"好处"就是到工作岗位以后,正确认识自己应有的位置,懂得尊重他人,乐于与他人配合,即善于待人接物,善于团结同志,有亲和力,表现得情商较高,从而易于打开工作局面。

艺术团员们在艺术团的活动中,无形地养成这些品格,也就是在清华文艺中逐步形成清华精神;这种精神也带给了艺术团强大的亲和力、吸引力、凝聚力。正是这样的力量使这么多的舞蹈队员聚到一起,完成这样一场只有清华人、清华舞蹈队才能做到的《向美而行》的舞蹈专场。

当然,这种精神、这种凝聚力绝不是仅为舞蹈队独有。我最早参加队友聚会的是军乐队。大约从20世纪五六十年代开始,他们在京的队员,每年春节都到周乃森老师家,既向周老师拜年,也是队友们聚会。只是因为他们的演奏方式(需要特定乐器,而且年纪大了,吹管漏风——生理条件也不允许)限制他们的演出。有时,他们实在忍不住,太想吹奏的时候,就会用嘴唱着他们各自声部的曲谱,过过瘾。现在军乐队也已经将老、中、青的队员们串在一起,不能集中表演,但他们也会每年聚会一次。话剧队也坚持了多年的排练演出,为了演出行动方便,他们组织了多年的朗诵活动,并在许多高校去巡回演出了近百场,近年又在老、中、青队友结合的情况下,排练演出了《雷雨》《日出》。中青年的合唱队友,也组织了多场合唱演出。为了纪念团庆60周年,各队都在积极地准备,带着自己的节目向母校汇报。

清华的艺术团员们,对祖国的热爱、对事业的执着、对生活的热爱,对友情的真诚,是他们凝聚的纽带。衷心祝愿清华文艺,永远流传!清华精神,永葆青春!

郑小筠　1955年入清华大学土木系,曾任政治辅导员,毕业后曾任中国革命史教师,后长期任学校艺术教育中心主任。

那时我们都很年轻

王洪瑾

1959年4月的一天,我刚从张坊水库坝址踏勘回来,时任水利系分团委书记的朱爱菁同志找到我,对我说:"你被调到团委工作了,择日就去报到吧。"其他话也没有对我多说。我本来是1959届毕业生,但1958年11月被提前抽调留校做了教师,本打算还是跟着本届同学作完毕业设计,并同时担任年级团总支书记的工作。现在突然把我调走了,对组织上的这个决定感到很突然,思想上没有准备。但是作为一名党员还是要服从组织分配,于是就去团委报到了。

当时正是党委在蒋南翔校长提议下,为加强对学生的政治思想教育工作,决定从各系抽调一批青年干部充实团委干部队伍的时候,团委为了能够对新入学的大一新生和即将毕业的毕业班学生的思想特点,开展有针对性的思想工作,决定成立大一工作委员会和毕业生工作委员会。我到团委报到后,领导征求我对工作岗位的意见时,我考虑我还在兼任水利系水九年级团总支工作,就选择了做毕业生工作。当时这两个委员会属于团委的学习劳动部,我去后该部共有4人,他们是方惠坚、刁会光、我,还有一位也是刚调来的机械系的徐玉琤。于是我就跟着方惠坚做毕业生工作,徐玉琤就跟着刁会光做大一工作。方惠坚当时是团委副书记,我以前不认识他,开始时还有点陌生,由于他的年龄在他们同届中偏小,所以大家都叫他小方。一起工作后感到他性情温和,作风比较民主,按现在的话说他"情商"比较高,在他手下工作比较舒服。

从1959年到1966年"文化大革命"爆发,我在团委工作了7年,这7年中直接或间接受到蒋南翔校长有关办好社会主义大学的教育思想的教诲,以及他的那些对大学生讲的生动、实际又富有哲理的名言警句,一直牢记在心,终身受益。同时通过这七年的工作锻炼,也使自己的工作能力有了提高。热爱学生,和学生容易沟通等方面都对我后来在教书育人工作中起了重要作用。正如南翔同志说的"一个人年轻时担任一些政治工作，树立正确的思想方法和工作方法，对今后一生的工作都会有好处"。

回想起来这七年中我大概主要做了三方面的工作：一是毕业生工作，这是最主要的工作；二是大一工作（只作了1年）；三是学习部的工作。如今60年过去了，我们都已从年轻人变成了耄耋老人，当时工作的很多细节、内容都不记得了，现在我只能把记忆较深刻的若干片段记叙如下。

一、二类座谈会

从新生入学到毕业班毕业，这"二头"的工作不仅是团委的工作重点，也是蒋南翔校长直接关心并亲自参与其中的工作。每年新生入学时，他都要和新生中的一些有代表性的优秀学生进行座谈，并亲自主持座谈会，这其中我参加过几次。见到他每次都把到会同学的名字记在专用的本子上，还有他们是什么地方人，从哪个中学来的，到清华后有什么印象和希望。对从南方来的同学（比如福建），像他们对北方的气候和饮食是否习惯等，十分亲切。而每年的毕业典礼以前，他也都要亲自召开毕业生座谈会，了解他们的思想情况，听取他们经过五（六）年学习对学校工作有什么意见。在这些座谈会上有几件事印象深刻仍然记得。一是1959年新生入学座谈会上（记得共10人参加），有一名动农系热五班叫米盈野的女同学，作为新选出的班团支书，参加了座谈会。蒋校长当时对她的名字很感兴趣，认为很有特点。会上这位女同学也很健谈（可惜具体说的什么不记得了）。1965年6月我们召开的毕业生座谈会上，这位米盈野同学刚好又参加了，当蒋校长见到她后，立即认出了她，而且叫出了她的名字。时间已过了6年（五字班是六年制），他还能如此准确地记住六年前这一位同学的名字，不得不使我为蒋校长这种惊人的记忆力所折服。后来这位米盈野同学也调到团委做过辅导员。

除了亲自召开座谈会外，蒋校长也听取团委所掌握的这两个年级学生的思想情况汇报。记得1960年大一新生入学时，团委大一委员会召开的部分新生座谈会上，在问到来清华后对清华的印象时，一位同学说了两点意见，一是印象清华园"一大二脏"（相比当时人民公社的"一大二专"），不如北大；二是他们报到当天夜里到北京站后，看见有清华的校车来接，心里感到很温暖，但刚一上车就要求他们交三角钱，"这温暖就立刻消失了"。我们把这位同学的反映汇报给了蒋

为了培育全面发展的新一代
——蒋南翔任校长期间清华共青团工作回顾

校长，他听到后很重视，对第一点意见，他在那年的新生开学典礼上公开讲给了全体新生听，表示接受这位同学的意见；对于第二点则责成行政后勤部门改进上车就收钱的做法。我印象中后来就不收钱了。

每年的毕业典礼以前他也都要和应届毕业生开座谈会，了解他们五年来的学习情况，听取他们对学校各方面工作的意见。我印象深的一次是1959年6月的九字班毕业代表座谈会上，当时经过"大跃进"、大炼钢铁等运动，不少同学在会上结合自身家乡和学校情况，提出了不少问题和意见，有的还比较尖锐，问蒋校长如何看。蒋校长一方面向同学指出党中央已注意到"过热"的问题，已开了郑州、南宁等会议，准备"降温"；另一方面他也坦诚地表示自己对在学校里搞大炼钢铁是不赞成的，但是也没有办法。

除了和毕业生代表开座谈会外，蒋校长还要在每年的毕业典礼上致辞作报告，即时聆听蒋校长讲话是每一个毕业生最期待的一件事。蒋校长会对即将走上社会、服务祖国的清华学子给予亲切的嘱托。针对当时形势和毕业生思想情况，教导毕业生去工作后应该注意哪些问题。记得有一次的毕业典礼上，南翔校长要求毕业生到工作岗位后要谦虚谨慎，尊重他人，不要推销"清华香肠"。讲这段话的起因是那年团委对已毕业的清华学生，通过多种途径进行了调查，反馈回来的意见都是肯定清华毕业生业务能力强，工作适应快。但也有不少反映是说清华学生存在骄傲自大、不好与人相处的缺点。反映给蒋校长后于是就有了上面那段语重心长的教导。

而对我印象最深的是蒋校长1965年在毕业典礼上有关教导学生"上三层楼"的讲话。我认为这篇讲话算得上是他诸多毕业典礼致词中的华彩乐段。那时毛主席提出了"阶级斗争、生产斗争、科学实验是建设社会主义强国的三项伟大革命运动"的指示，团委在做当年毕业生工作时，提出了"做三大革命运动战士"的口号，还出版了一本同名的小册子，搜集了在"三大革命运动"战线上作出出色战绩的清华毕业生事迹。蒋校长在毕业典礼上说：要做"三大革命运动"战士就要求我们做到思想过硬、业务过硬、身体过硬。我们把思想过硬概括为三个境界，或比喻成"上三层楼"来要求。第一层楼是爱国主义，即爱我们伟大的中华人民共和国；第二层楼是社会主义，即愿意为社会主义服务，拥护社会主义制度；第三层楼是树立共产主义世界观。他说就目前同学情况看，第一层楼可以说都登上了；第二层楼虽然比第一层楼要求高些，也可以说绝大多数同学都登上了；但登上第三层楼的，恐怕就是少数了，因为建立共产主义世界观的问题不单是一个愿望问题，这需要努力学习马克思主义理论，积极参加实际斗争，在斗争中逐步进行世界观的改造，作为一个无产阶级革命战士应该努力登上第三层楼。蒋校长这番非常形象的"上三层楼"的教导，不仅使应届的毕业生终生难忘，而且对全校师生员工也指出了建立革命人生观努力的目标和方向。

二、反对宁左勿右与学生支部工作"50条"的制定

自1957年反右、1958年大跃进、1959年反右倾后，社会上"左"倾思想产生。反映到学校内，经过红专辩论（当时着重抵制了只专不红），插红旗拔白旗及发动学生参与教育革命运动，学校学生工作也出现了一些简单化的工作之风和工作方法。在一些学生和干部中存在着"左"比右好，"宁左勿右"的心理状态，在对待红与专的问题，师生关系问题以及对待学术遗产继承等问题上都有所反映。例如，在批判了只专不红后，出现了忽视业务，有些同学不敢多看业务书，对教师不够尊重等情况。还有1960年教育革命中，同学发起了"考试革命"，我当时负责团委学习部的工作，同在一个部工作的庄福顺同志从一个系的低年级学生中拿到一首同学赞美考试革命的打油诗，诗中写道"身经百战考试关，如今过去不一般，过去提心又吊胆，现在打的主动战；过去考试只背诵，如今件件靠实践；过去考试只继承，如今批判又发展；过去考试肚里空，今天论文几大篇。"我当时思想也比较"左"，觉得这首打油诗写得很好，"考试革命"搞得好，应该推广，并把这首诗及考试革命的做法写成简报反映给党委。蒋南翔校长也看到了。当然，这种"革命"做法并没有推广下去。后来蒋校长在1961年全校师生大会上讲话中，在"我们工作中的问题"部分中，还专门讲到了这个考试革命，指出"这样就把考试原来的意义——复习与巩固原来已经学习的东西，走了样子，容易出偏差。"批评我们"对一个群众运动的推广，不适当的、过分的提高就不好，妨害了我们一般的基本训练"。这件事使我受到教育，正如他指出的"我们还是没有冷热结合，政治热情多一些，科学分析、冷静头脑不够一些"。

针对种种"宁左勿右""左比右好"的思想，蒋校长在1961年的应届毕业生大会上的报告中指出，有人认为"左"比"右"好些，其实，"左"和"右"都应当同正确的来对比，而不应当拿左同右比。他形象地比喻说："如果一个人掉到茅坑里，从左边掉和从右边掉效果是一样的，难道从左边掉下去比从右边掉

去好吗?"

为了进一步梳理上述干部和学生中存在的"左"的表现,团委发动全部同志下到各系分团委基层,了解情况,列出都有哪些思想政治上的政策界限不清的问题,需要引起注意。记得我当时到水利系分团委,从一个辅导员处了解到有个学习好的同学,去图书馆看书时带一本《红旗》杂志盖在业务书上,怕被别人看见了说成走白专道路。我把这个情况带回到团委,在讨论制定"50条"时,就列出了"要把刻苦读书与走白专道路区别开来"的一条。在那段时间,团委的同志几乎天天到刘冰同志办公室里,由刘冰同志带领,逐条讨论团委搜集到的各种政策界限不清的问题,并提出应采取的正确方式和方法,形成了《班级团支部工作中一些问题的界限》("50条")。"50条"的制定,不仅提高了团支部干部思想和工作水平,也使我们在团委工作的同志从中受到教育,应该说是当时团委工作的一大亮点,我也因参与了其中的制定工作,至今仍有成就感。

三、不要人穷志短、马瘦毛长

从1959年底到60年代初期,国家处于三年经济困难时期。我清楚地记得,刚刚过完国庆十年大庆,党委在大礼堂召开全校党员大会。刘冰同志作报告,指出由于"天灾"粮食歉收,要党员带头降低粮食定量,先自报后批准。其实,在这之前大家吃的粮票已经足量,只是给的比较多,我大概是32斤,由于当时蔬菜、副食品都比较多,所以我的粮票总是有较多富余,常常接济给我系肚皮大的男老师。于是这次我报了24斤,最后上级批准给了26斤。但是实际上当时的困难是除了定量的粮食外,蔬菜、副食,特别是肉、油都非常稀缺,而且市场上买不到。因此,大家吃不饱肚子,在学生和教师中出现了浮肿现象(我也在其中),影响了大家的精神状态。我记得学生当时戏称吃的主食是"小二黑",喝的稀粥是"洪湖水浪打浪"。用两个歌剧的戏词来作比喻,所谓"小二"是指吃的窝头每个重小二两(当时是按每斤16小两计算),且个儿很小;黑则是因为用高粱面作的窝头,蒸熟后颜色发黑。至于用"洪湖水浪打浪"来形容用红色高粱面煮的粥其稀如水的状态,就不难想象了。

针对这种情况,蒋南翔校长一方面强调要注意劳逸结合、健康第一、按照热量办事;另一方面他在全校大会上作报告时,要求大家要正确对待眼前的困难,

"不要人穷志短,马瘦毛长"。这句话使大家受到鼓舞,振作了精神。党委当时要求关心学生健康,不少系里的干部、辅导员亲自下食堂,帮助、监督食堂工作,采取粗粮细做等措施,还出现了建筑系年轻党员教师风存荣站台卖窝头的事迹,传为美谈。

学校为了应对当时困难情况,决定在东北创办克山农场,生产一些副食以补充师生营养。经过近百名职工的努力,前后两年运回学校100多万斤大豆,补给健康不太好的教师和学生。我也有幸领到过2斤黄豆。就这样,大家经受住了经济困难的考验,仍然以饱满的精神状态,战斗在各自的工作岗位上。

四、团结而朝气蓬勃的集体

团委的组成人员都是20多岁的年轻人,和所有的年轻人一样,思想单纯,朝气蓬勃。"文化大革命"中造反派写大字报批判清华团委干部走的是一条"听话出活"的修正主义路线。其实,"听话出活"这四字还真是当年团委干部的写照。"听话"就是听党的话,"出活"就是指工作效率高,有作为"不懒政",这不正是今天习近平总书记对党员干部提出的要求吗?看来这四个字是一种美誉呢。记得那时团委各部门的同志都非常深入学生,深入实际。对团委布置的工作,"闻风而动",腿特别勤。遇到国家有重大事情发生,团委干部会在第一时间把了解到的学生情况反映写成"简报"上报给党委。这种作风也和当时负责联系团委工作的党委副书记艾知生同志的表率作用有关。几乎每天学生们吃过晚饭,晚自习前,艾知生同志多会出现在学生宿舍,找学生谈话,了解和掌握第一手、最鲜活的学生思想动态。我就在13号楼(水利系学生居住)的楼梯上遇见过他不止一次。

团委当时也是一个团结温暖的集体,同志之间互相关心帮助。我记得1961年我得了浮肿病后肝脏受到损害,肝肿大两公分多,开始感觉吃不饱老饿,后来就不想吃饭了,身体极度瘦弱。很多同志对我十分关心,李仙根同志把她自己制作的"泡菜"送给我一大碗,让我开胃;李健同志送我一饭盒他自己蒸的"烧麦";陈崇端同志做了一碗梅菜炒肉送给我补充营养,要知道当时肉票每人每月才有半斤。真是吃在嘴里,暖在心中。还有贺美英同志介绍我去广安门的中医研究院找给他父亲贺麟看病的老中医给我看病。除此之外,团委组织上还安排我去潭柘寺等地去疗养。凡此种,使我现在想起来也仍然感到当时这种同志间友谊的弥足珍贵，一下子好像又回到了 60 年前的节奏里。

如今岁月的流逝在我们每个人的脸上、身体上都刻下了不可磨灭的痕迹。特别是不少同志已经离我们而去了，但那段充满激情的日子将永远不会忘记。

王洪瑾　1954 年入清华大学水利系，曾在校团委学习劳动部、大一工作委员会、毕业生工作委员会工作 7 年。水利系教授。

青春岁月
——在清华大学团委工作的日子

王学芳

重庆解放是在新中国成立以后，1949年12月。解放军进入重庆，我们在重庆沙坪坝南开中学的大校门口，迎接朝气蓬勃、红光满面的解放军，背着行装，走进沙坪坝，向磁器口方向前进。不远的地方，就是歌乐山脚下的杀人魔窟——渣滓洞、白公馆。许多烈士（包括我的三位老师），就在几天前牺牲在这里，那年我14岁。

国民党统治的黑暗、腐败、民不聊生，在我幼小的心灵种下仇恨旧社会，强烈地要打倒反动派，建设新中国的愿望。我们唱着"解放区的天是明朗的天""山那边有好地方""你是灯塔"等歌在迎接重庆的解放。

我中学时就积极要求进步，1950年5月2日光荣地加入新民主主义青年团，成为南开中学的第一批团员。1951年，在全校评一个模范团员，我被大家推选为全校模范团员、班长和学生会副主席，高三时被推选为重庆市第一次妇女大会的代表，似乎人长大了，从过去只会用功读书的人，变成一个追求理想、深爱祖国的青年。

1953年，国家开始了第一个五年计划，机械工业的恢复和发展是"五年计划"的核心，重工业是机械工业的心脏。我放弃了做医生的理想，高考时，我的志愿改为清华大学机械系，并如愿实现。我以满腔热情迎接人生中这一重要的阶段。我以使不完的劲头在清华大学努力学习和工作，按照党的要求，努力奋斗，过好新生入学的第一关，并以自己的经历在全校大一新同学会上交流自己的体会和经验。大一第二学期，1954年3月21日，我加入了中国共产党。1954年9月我被选为第二届清华大学共青团代表大会候补委员。之后的10年，包括1958年毕业后，我一直担任着团的工作。当选为校团委委员，并兼任过多年团委常委。在清华大学团委工作是党交给我的任务，在工作中党培养和锻炼我，提高了我对党、对事业的认识，更坚定了自己为共产主义事业而奋斗的决心和信心。

1955年暑假，党委调我到肃反办公室宗教小组工作了两个月。1955年下半年，大学三年级的时候，党委决定抽调我当半脱产学生政治辅导员，离开班级团工作，到学校团委组织部任组织部副部长。

当时团委组织部部长由黄志冲副书记兼任，同时调去的还有杨淑芳同志。我们两人是副部长，由我主管的工作是以下四个方面：

（1）负责清华附小和清华附中少先队总辅导员的挑选和配备，工作汇报；

（2）少数民族学生的思想政治工作，形成各民族团结友爱的大家庭；

（3）学生的宗教信仰和宗教团体，加强这些学生的思想教育工作，以免上当受骗；

（4）加强对个别思想糊涂同学的思想教育工作。

我的工作很有意思，给我增加了很多的知识和见识，知道了共产党对各个方面的统战政策，团结全国人民，齐心合力，建设新中国，实现"五年计划"，使新中国实现大踏步的发展和强盛。

一、挑选和委派大学生中优秀的共青团员到附小、附中的少先队去做少先队总辅导员

新中国成立后，我所在中学建立了少先队组织，那时我已15岁，超龄了，不能参加少先队，少先队的总辅导员是当时区团委派来的。她戴上红领巾，领导少先队员们组织各种活动，格外和蔼可亲，在孩子们中有很高的威信。

1956年的夏季学期，党组织抽调我做学生的政治辅导员，半脱产到清华大学团委任组织部副部长。我承担的工作之一就是为清华大学的附中、附小派优秀的共青团员去做总辅导员。经过精心的挑选，附小的少先队总辅导员由水利系的刘冀生同志担任，附中的总辅导员由优秀的音乐老师王玉田同志担任。刘冀生很优秀，后来是经管学院的教授。他来团委接任时，高高的个子，红红的脸，笑嘻嘻的，特别可爱。他经常去附小，联系附小的校长（当年是著名力学专家钱伟长

的夫人担任）。他们经常讨论附小少先队员如何开展活动，每周的升旗仪式他都参加。有时主持人会叫："请少先队总辅导员讲话"。他往往很难为情，窘迫地站在操场最前面，满脸通红，对少先队员们喊道："好好学习，天天向上！""敬礼！"现在回忆起来还十分亲切。他还和在附中担任总辅导员的王玉田老师经常在一起交流做少先队工作的感想和经验。

二、做好少数民族学生的思想教育工作，团结向上，做新中国的优秀大学生

清华大学每年都有1000多名新同学入校，其中有很多的少数民族学生，他们有时有特殊的问题，需要解决和帮助。学生中回族同学最多，在饮食和餐厅上需要特殊的考虑。我在团委组织部负责这方面的工作，有一位回民同学、共产党员穆瑞和同志专门负责这方面同学的工作，时常来和我联系。我记得1956年我们在党委的领导和关怀下，过了一次盛大热闹的开斋节。北京市的领导、伊斯兰教的阿訇都来清华参加，清真食堂布置得节日般漂亮，做了各种开斋节传统的年货，如炸散子、糖耳朵等。北京市领导，学校领导，回民协会的领导和阿訇，还在大礼堂和全体回民同学合影，那一年的开斋节和汉族同学过春节一样的快乐和兴奋，我也参加了在清真食堂的聚餐，至今记忆犹新。

做少数民族工作还有一件事让我记忆深刻。回族同学分散在全校各系各班不同专业，只有吃饭时间才能聚在回民餐厅。大学期间，同学们也到了谈恋爱的年龄，回汉之间谈情说爱是免不了的，但是有部分回族同学认为，回族男同学可以和汉族女同学谈恋爱，却不允许回族女同学和汉族男同学谈恋爱。如果知道哪一位回族女同学在和汉族男同学谈恋爱交朋友，就会遭到歧视，进饭厅会被起哄，没法吃饭。从国家法律看，婚姻自主，恋爱自由，不分国际和民族通婚都是自由的，受国家法律保护。我们碰到这种情况就要去做思想工作，不可以阻拦和干涉婚姻恋爱的自由，不可以轻视与异族异性谈恋爱的同学，让人家敢来餐厅吃饭。

少数民族工作是政策性很强的工作，我从中又学到了许多过去没有接触的事情，有了很多提高，直到最近这几年，还碰到有这种思想的人，经过我的开导和宣传党的政策和国家法律，使这些人明白了道理，开心地把女儿嫁出去，使家庭和睦。

三、做好信宗教同学的思想教育工作

在清华教师和学生中，有不少人信仰基督教，在学校中分成王明道派和小群派，他们在不同的地方聚会和做礼拜。王明道派的负责人是电机系一个讲师，他利用周日大家聚会做礼拜的机会，用圣经中的话含沙射影地攻击新中国、共产党，毒害我们的青年学生，使他们情绪低落，扭曲地看待新社会，对党的方针政策始终有抵触，不能朝气蓬勃地向前进，大大地影响着学生思想的进步。于是我们在全校开展揭露他们披着宗教外衣，在学生教徒中散布反社会主义、反新中国、反共产党的言论并进行批判。教育我们的学生认清敌人和朋友，认清"真善美"和"假丑恶"，1956年这个人因反革命罪被判入狱。

我所在的班上有一位同学信基督教，不过他是小群派的，只是思想中毒，并不反动，分不清"敌人"和"朋友"。也曾从外界带回班上一些糊涂观点和认识，我们全班开会，苦口婆心地帮助他，分清是非和敌我，希望他甩掉包袱、解放思想、认清形势、努力进步，做新中国的好大学生，将来毕业出去为祖国作贡献。大会小会帮助他，终于使他想明白了，表现很好，毕业后走向社会，为祖国做了很多工作。他对我们班同学的帮助深表感谢，和同学们感情很深。我们的工作使这些同学分清了敌、我、友，奋斗的目标更明确了。在清华大学的培养下，在党团教育下，他有了更大的进步，成为合格的社会主义建设人才。

四、团委是帮助党教育青年的组织，加强个别同学的政治思想工作

共青团要帮助后进的学生，他们思想认识模糊，缺乏远大的理想，缺乏奋斗的精神。共青团要对他们进行耐心、细致的思想工作，认清当今世界和中国的形势以及历史发展的必然规律，使他们进步起来，甩掉包袱，大踏步地轻装前进。

在学生中，由于出身不同，过去所受的教育不同，接触的人群不同，受着形形色色的人和思想的影响。

有的同学喜欢资产阶级的生活方式，形形色色资产阶级思想侵蚀着他们的意志，缺乏伟大的理想和奋斗目标，意志消沉，积极性调动不起来。有的同学羡慕西方资产阶级的情调，在宿舍坐一个躺椅，在边上放一杯红葡萄酒（开水滴几滴

红墨水代替），再在边上点上一支小蜡烛。清华团委特别重视这些同学的思想教育工作。

清华团委在党委和团市委领导下，也参加到这个工作中来，团委组织部由我负责这方面的工作，了解这方面个别同学的思想情况，细致地向团市委领导同志汇报，辅助上级制定政策、确定工作指导思想和工作方法。经过努力，这些同学认识提高，积极进步，努力学习和工作，转变为思想进步的好青年，为社会主义祖国作贡献。清华党委不放弃对任何一个学生的帮助，党委要求团委工作要耐心细致，循循善诱，引导和转变他们的思想，使他们进步起来，积极性高度调动起来。这些同学大多也是勤于思考、非常聪明的人，只是一时认识糊涂而已。

党委要求共青团要更加细心、耐心地帮助他们，提高觉悟，成为社会主义建设的有用之才。我在工程数学力学系任分团委书记和学生工作组长期间，在党委、团委亲自指导下，曾经成功帮助了一位学生转变思想认识。在思想教育运动中，党委提出学生"自己提出问题""自己分析问题""自己解决问题"的循循善诱的思想教育方法。个别思想糊涂同学的教育和培养是共青团清华大学团委抓得很成功的工作之一。

那时各个系的分团委组织委员，手中有很多这类同学的表现和信息，我们一一记下来，经常要到团市委大学部去汇报，团市委领导亲自来听我们的汇报。他们会制定非常正确的目标、政策和方法来做这些青年学生的工作，使我们这个大学校形成"又有统一意志，又有个人心情舒畅"的这样一种政治局面。这种工作目标和工作作风，会使一个班级"协调温馨团结进步"，人人要求进步，班级争取先进。凡是这方面做得好的班级，即便毕业了50年、60年之后，仍然是非常亲热和友爱的，同学之间友谊长存，相互关心和鼓励一辈子。

五、到中南海怀仁堂参加国际会议

由于我的努力和学习工作中的表现，在党组织的教育和关心下，1954年3月21日，我被批准加入了中国共产党，作为一名预备党员，许多同学都来参加了我入党的党支部讨论会，还有许多中学同学从外校赶来参加，因为对中学同班同学来说，这是一件很受鼓舞的大事。

1954年9月，清华大学召开第二届团代会，我被选为团委候补委员。之后，

为了培育全面发展的新一代
——蒋南翔任校长期间清华共青团工作回顾

我做了整整10年共青团和学生工作,担任过班团支部书记、团委委员、团委常委、学生半脱产政治辅导员、团委组织部副部长、系分团委书记、系学生工作组长等。

1954年8月,团委领导通知我和另外两位同学(凤存荣和邓士芳)去参加1954年8月9日至15日在北京召开的世界民主青年联盟北京理事会,开会地点在中南海怀仁堂。我们只是做列席代表,听候组织安排,做好世界各国与会代表的向导,协助大会的工作。

我从来没有参加过国际会议,更没有去过北京中南海怀仁堂。我们接受了任务,代表着中国的大学生,精神状态要不卑不亢、落落大方,我向好朋友借了两身漂亮的衣服,打扮一下去参加会议。开会时,我们坐在会场听讲,会后陪着外国代表参加各种活动,期间介绍清华大学,介绍新中国大学生,还和各国朋友促膝谈心,互赠小礼物作为纪念品。

这次大会开得很好,特别是在北京举行很有意义、很有影响。中国和朝鲜在抗美援朝战争中战胜了以美帝国主义为首的联合国军队,中国的威望大大地提高了,极大地鼓舞了反殖民主义、争独立争民主争自由的世界青年联盟的运动。来自68个国家的代表、观察员和来宾有263人,其中有51位代表着各种政治见解、宗教信仰的列席观察员。中国方面十分重视,参加会议的理事有胡耀邦、廖承志、刘导生、区棠亮、陈绪宗、吴学谦、钱李仁、李寿葆、钱大卫,列席代表有于北辰、钱伟长、丁聪、郝诒纯、王松声、阿衣夏木、朱良等。

8月9日开幕式,世界民主青年联盟主席首先致开幕词,大会主席团成员登上主席台。紧接着,中国青年代表团团长胡耀邦在热烈的掌声中致祝词。他说:"世界青联是全世界青年一面光辉的旗帜,我们确信:它在吸引和鼓舞千百万青年为和平、民主、民族独立,青年的美好将来而奋斗的事业中,一定会获得更大的成就,中国青年永远忠实于全世界青年的团结事业,永远是各国青年最忠实可靠的朋友。"那天,执行主席是廖承志同志。

东道主中国对第一项议程"关系到殖民地和附属国的青年运动"格外重视,共青团中央起草了一个题为《对世界青联在亚洲殖民地、半殖民地国家工作中一些问题的建议和意见》,第一次系统地阐明了中国对世界青联工作的意见。

完成各项议程后,8月16日,首都北京各界青年一万多人在劳动人民文化宫大殿前举行盛大集会,热烈庆祝北京世界青联理事会胜利闭幕。北京市民主青年联合会主席张大中宣布大会开始,中国青联主席廖承志讲话,他说:中国青年坚决拥护这次会议的各项决议，并将为其实现做不懈的努力。接着，苏联、越南、朝鲜、美国、印度、德国、智利青年代表相继讲话。最后，中国青年团中央书记胡耀邦讲话，表示中国青年一定为全世界青年的团结事业奋斗到底。这时无数的和平鸽和气球飞上了蔚蓝色的天空，"全世界青年大团结万岁"的标语升入天际。

8月16日中午，周恩来总理举行盛大招待宴会，祝贺大会的成功，提醒"世界各国青年警惕美国侵略者不会甘心于自己的失败"。

一周的国际会议结束了，我会牢牢记住自己的任务，为全人类的解放事业奉献我的终生。

王学芳　1953年入清华大学机械系，曾任校团委常委、组织部副部长，工程力学系流体力学教授、博士生导师，SMC国际合作中心主任。

纪念清华大学文工团成立 60 周年

张慕葎

一、清华文艺代表队的丰富实践是蒋南翔"全面发展、殊途同归"教育思想的生动体现

2018 年是清华大学文工团建立 60 周年，我深感到蒋南翔校长对文艺代表队的高度重视与无微不至的关心与爱护。我们不会忘记他大力支持 1958 年十三陵劳动后学生文工团建立，他说"这符合毛主席《在延安文艺座谈会上讲话》的方向"。他教诲我们，要通过生动活泼的文艺活动宣传党的方针政策，也要通过健康丰富的文化生活陶冶学生的美好情操、要处理好普及和提高的关系，把文工团办成一流水平。他说，搞话剧的同学要向人民艺术剧院著名演员学习，男生要学习光罩，女生要学习朱琳。搞音乐的要到中央音乐学院去进修。为此于 1959 年选送了 12 位同学到中央音乐学院分别学习声乐、钢琴、指挥、单簧管，两年半以后都拿到了中央音乐学院业余部的结业证书，有效地提高了文艺社团的水平。

我们不会忘记，凡举行学生文艺会演，只要没有学校外面重要活动，蒋校长必到场，而且从不提前退场。有一次，他已担任了教育部长，在校外开会回校较晚，已过了晚 8 点，蒋校长匆匆赶到大礼堂，兴致勃勃地观看后面的节目。对学生创作的节目，他都聚精会神地观看，而且亲自为我们修改歌词和戏剧的台词。如 1958 年在学生创作的《党的教育方针就是好》大合唱歌词中有一句话"走出课堂进工厂"，南翔校长建议改为"走进课堂进工厂"，而且说"学生去工厂实习劳动，不是不上课了"，一字之差使大家深受教育。歌词中有"做一个普通劳动者"，他说，我们要求学生以普通劳动者面貌出现，不要有看不起工人农民、高人一等

的思想,并不是国家花钱培养了你们,将来让你们做扫马路的清洁工人。他建议改为"有觉悟、有知识的劳动者"或者"又红又专的劳动者"。学生创作的《清华园的早晨》话剧中,把教师作为保守思想、白专道路的反面典型,蒋校长看后指出,不要把教师当作对立面,广大教师是革命的,拥护党的教育方针的。蒋校长的这些教诲使大家不仅学习到了全面的实事求是的思想方法,也学习到了很多政策观念,对文艺代表队员毕业后参加工作都有很大帮助。1960年清华大学学生文艺社收集编辑了一本《清华诗选》,蒋校长为诗选题词,他亲笔写了整整一页纸,写道"文艺创作是教育青年最有力的手段之一""未来的红色工程师,不但需要有科学知识和生产劳动的锻炼,而且需要吸收革命文艺的精神食粮。"1964年,我校学生文艺社团排演富有教育意义的话剧《年轻的一代》时,蒋校长亲自联系该剧的作者青年艺术剧院院长吴雪到清华来指导演出。蒋校长经常参加文艺社团的联欢活动,除了讲话外,还表演一段二胡独奏《良宵》和《光明行》。

我们不会忘记蒋校长,他关心学生体育、文艺代表队员真是到了充满感情无微不至的地步。他对文艺社团的骨干成员吴亭莉、张剑、肖运鸿、张五球、陈陈等,对体育代表团的优秀运动员胡方纲、蓬铁权、温以德等,都十分熟悉,记得他们的演出节目和体育成绩的纪录。当他在病重期间,原文艺代表队员、优秀毕业生金质奖章获得者陈陈和原体育代表队员、清华女子百米纪录保持者温以德去医院探望时,陈陈拿出一张在美国留学演出《青年钢琴协奏曲》的照片说:"我要让外国学生知道,中国学生不仅学习上刻苦努力,而且是全面发展的,我在美国举行的独奏音乐会,当地人都很惊奇。"蒋校长连声说:"全面发展的方针还是对的。"他笑着问温以德:"胡方纲的100米纪录现在打破了没有?"陈陈向老校长汇报了胡方纲的情况。他回忆起清华文艺、体育有特长同学的名字和成绩,真是如数家珍,牢记不忘。就在他病危弥留之际,第二汽车厂厂长、原清华舞蹈队员陈清泰去看望老校长,汇报了工作和在实践中学习的情况。南翔同志躺在病床上,拉着陈清泰的手睁大眼睛说:"告诉厂里的同学们,希望大家坚持为人民服务,坚持马列主义!"老校长最后目送陈清泰走出屋门,吃力地摇手以表示告别。一个为祖国教育事业和青年工作奋斗一生的老教育家,在他弥留之际,依然把学生的健康成长、作出成绩作为最大的幸福与安慰。

为了办好文艺体育两支代表队,1960年蒋南翔校长同意和支持党委副书记艾知生的建议,建设好"两个集体"。1960年决定从文工团和体育代表队各选

100名骨干，集中住宿，单独设立党团支部，上面设立体育代表队团总支和文工团总支，由团委直接领导。以加强对文体队伍的思想领导和对其成员的思想教育，保证队员学习与社团活动两不误。文工团的集体生活很丰富，不同专业不同班级的同学一起生活，互相学习，两个集体优势互补，更有利于同学们全面发展、健康成长。

文工团的成员由两部分人组成：一部分是集中住宿的100名骨干；另一部分是一般队员与班级一起住宿和生活，但积极参加文工团的活动，这部分人占大多数。这样做的好处是既保证了重点队员，形成核心，又照顾了一般队员的特点。"两个集体"做到了提高和普及相结合，是在组织领导上的创新。

蒋南翔校长为什么如此地重视和关心"三支代表队"和学校的课外学生文艺体育活动？这是因为他深刻地认识到这是清华大学校内重要的"第二课堂"，更是培育全面发展高质量人才的重要阵地。1955年他在一次高校校长座谈会上作《清华怎样执行"培养学生全面发展"的教育方针》报告时说："清华学生的文艺活动，丰富了学生的精神生活，对于提高学生的文化修养，发展学生社会活动的兴趣能力，培养学生乐观主义和集体主义都有很大意义。"在总结清华大学多年教育实践的基础上，蒋南翔又提出了"三支代表队（政治、业务、文体）殊途同归，全面发展"的重要教育思想，多年来的实践证明了这一教育思想的正确和成功。

关于艺术教育在学习阶段所起的作用，2011年清华对几十名院士和清华大学学生艺术团老团员进行问卷调查，结果如下：养成良好的道德修养为68.6%，锻炼调剂生活的能力为51.4%，形成良好的思维习惯为48.6%，促进智力的开发为37.1%，其他为5.7%。由此可见，学校中的艺术教育和活动是美育的重要组成部分，是美育的"主要内容和途径"。它不仅帮助学生树立高尚的审美理想，培养高尚的审美情趣，给予人们真、善、美的情感和追求，而且有助于助德、益智、健体促进学生全面发展的重要作用。

在德育方面，参加文艺代表队的学生通过选材、创作、排练和演出活动可以潜移默化地受到多方面的教育。在演出体现国外优秀文化艺术的《贝多芬第九交响乐》《莫斯科郊外的晚上》《共青团员之歌》时，在演出中国民族的《关羽搬家》等京剧和民乐时，会吸收到人类优秀文化和中国传统文化中宝贵营养；在演出体现中国革命文化的《黄河大合唱》中，能感受到保卫祖国不屈不挠的民族精神；在《雷雨》演出中体会旧中国的苦难和黑暗；在演出体现社会主义先进文化《紫荆花开》话剧时，邓稼先成为大家学习的英雄榜样；在《木偶探海》《猴子的牢骚》演出中体会到工作要"敬业"不要见异思迁，要深入实际"沉到底"；在演出《鄂尔多斯舞》和《乌苏里江》中体会到中国民族大家庭的和谐与幸福。

文艺代表队的活动会使大家受到集体主义团队精神的教育，各种乐队、合唱、集体舞蹈、大型戏剧的训练和演出都无形地训练学生的相互配合、高度默契的合作精神，"虽然每人岗位不同，但必须共同努力合作，才能创作出一个优美的艺术作品"，这种不计较个人地位和作用，能严谨努力完成本人职责，与他人很好合作的品德也是未来参加工作所必须的。文艺代表队的活动还能培养意志顽强、坚忍不拔的精神。"台上一分钟，台下十年功"是很多队员的深刻体会，培养这种精神对于学习科学知识和未来工作都有着重要意义。

通过这些活动都会潜移默化、润物无声地帮助文艺代表队员坚持中国共产党领导的中国特色社会主义方向，形成正确的价值观和人生观，提高文化觉悟和自信。

在智育方面，文艺代表队员的活动可以培养学生的创新思维，提高学生的创造力。钱学森等人曾经总结出：创造性思维是创新过程中的思维活动，它主要是两种思维（抽象、形象）新颖、灵活有机的结合。创新要有创新的想象力和灵感、直觉。而原始性创新的主要源泉——想象力的创造，灵感、直觉的产生，主要是和人文文化、艺术有关的大脑形象思维。提高创新能力也要培养提高分析推理的能力，这些都与培养大脑的抽象思维逻辑推理的数学等科学有关。创造性思维的培养需要科学与人文艺术融合的教育。参加文艺社团活动可以大大提高学生的形象思维能力，有助于创新思维和能力的培养。

参加文艺活动有助于培养严谨、勤奋、求实、创新的优良学风。清华对文艺代表队员的要求不仅要有文艺特长而且要求学习也是优秀全面发展的。如果有一门功课不及格，就不能再参加文艺社团的活动。为了做到学习和社团活动"两不误"，队员们就必须发扬勤奋刻苦的精神，比其他同学更加努力地学习和参加社团活动。为了做到"拿得起来放得下，坐得下来学得进"学会"弹钢琴"就必须从"海绵里挤时间"，科学地分配时间，精神集中提高效率。优秀毕业生金质奖章获得者陈陈的高等数学作业，常常是在演出前舞台一角心爱的钢琴边"旁若无人"地完成。合唱队的一位队员曾经制作了一张精细的时间表，连几点几分与女友约会谈心都有明确安排，被传为佳话。由于严格的要求和队员们的努力，集中住宿队员的平均学习成绩不仅比全校水平更好一些，而且毕业后的成才水平也更高一些。这有力地说明了文艺代表队对于培养全面发展人才的重要作用。

在体育方面，文艺活动也能促进身心健康，舞蹈的身体运动，声乐的气息贯通，器乐、指挥的肢体、手指运动有利于身体健康；艺术的美与和谐，有利于心理健康。体美结合的项目，艺术体操，水上、冰上芭蕾，国际标准舞，街舞，广场舞，正在成为学生喜爱的项目。清华有的文艺代表队员也是体育代表队员，相互促进全面发展。

二、清华文艺代表队多年实践，取得了丰硕的成果

在蒋南翔"三支代表队殊途同归全面发展"教育思想指引下，60年来清华文艺代表队的实践取得了重要成果。

第一，培养出各方面杰出的优秀高质量人才

清华大学培养了大批治国人才、学术大师、兴业英才。在清华校友中我们了解到众多的优秀人才在清华的学习生活中参加了文艺代表队，有着丰富艺术实践的经历，艺术教育在他们的成长中发挥了潜移默化的重要作用。胡锦涛总书记在清华参加了舞蹈队，也是文艺社团的政治辅导员，他深情地回忆说："清华园里昂扬的青春理想，严谨勤奋的治学氛围，艰苦朴素的优良作风，生动活泼的文化生活，深深地熏陶了我们，令我们受益匪浅，终生难忘。"中国工程院院士、建筑师马国馨，学生时是清华军乐队的萨克斯声部长，他说："音乐帮助他更深入了解建筑，使他在建筑上有了更多灵性。"他曾经两次被电台邀请做音乐节目的主持嘉宾，主题是"音乐与建筑"。中国科学院院士、工程物理核反应堆专家、原清华大学校长王大中，学生时是舞蹈队员，是《鄂尔多斯舞》在清华的第一批表演者，他体会到："就素质而言，一个人全面发展确实很重要。喜欢艺术的人容易有丰富的联想和激情，会更有创新精神。"

第二，丰富中国特色清华风格的教育思想

蒋南翔提出抓好"三支代表队殊途同归全面发展"的教育思想，首先的目的是通过三支代表队的榜样和影响对广大学生起到示范作用。他们可以潜移默化、熏陶感染带动全体学生做到"殊途同归，全面发展"，也就是通过提高促进普及。通过榜样示范带动全体。其次是体现了全面发展与个性特长发挥的辩证统一。教

育不能也不必要消除每个学生的志向、兴趣、特长、知识、能力存在的差异,而是要因人而异、因势利导,充分发挥和鼓励学生个性的发展,而个性的充分发展又促进了全面发展。例如,一些政治上优秀、逻辑思维清晰的学生,文艺表演中富有创造性思维的学生,体育比赛中具有顽强拼搏进取的学生,在发挥各种特长的同时,也大大促进了学习质量的提高。最后蒋南翔这一教育思想,正确体现了学生的全面发展和因材施教的关系。而且它不局限于专业、学科、学习方面的因材施教,而是在德、智、体、美全面发展、素质提高方面对全面培养人的因材施教,这也是对因材施教重要的创新。

第三,弘扬清华精神,传播发扬清华文化

清华文艺社团的活动和演出是展示清华精神和弘扬传播清华文化的重要载体。中华人民共和国成立前,清华文艺社团的活动和演出,秉承"自强不息、厚德载物"的校训和抗战中西南联大"刚毅坚卓"校训精神,鼓舞师生参与反对国民党反对派的斗争和抗日救亡运动,清华大学被誉为"国统区中的小解放区"。

中华人民共和国成立后的文工团活动和演出,围绕"又红又专、全面发展"的培养目标和"爱国奉献、追求卓越"的精神,为宣传贯彻党的方针政策,宣传弘扬清华精神,引导广大师生培养全面发展的高素质人才作出了重要贡献。

清华的文工团也是清华大学一张靓丽的名片,它为向校内外传播发扬清华大学文化,起了重要的作用。它对新同学、毕业班、校友、教职工的多次演出,使大家潜移默化生动形象地受到清华文化的洗礼。它面向社会的多次演出,扩大了清华大学的影响,得到了有关领导和社会对清华大学更多的支持。它到中国香港、中国澳门的演出,促进了港、澳同胞对中华文化的认同和了解。它走出国门到美国、日本、新加坡等国家的演出和比赛,为促进教育国际交流,扩大对外开放,传播中华文化,吸收国外优秀文化作出了贡献。

值此清华大学文工团建立 60 周年之际,我们需要深入研讨蒋南翔富有创造性的教育思想,继承和发扬清华办学优良传统,与时俱进不断创新,为创建中国特色世界一流的清华大学而努力。

清华大学学生文化生活光辉的一页
——纪念清华大学学生文工团成立60周年

谭浩强

清华大学学生文艺社团有优良的传统和广泛的群众基础,在培养又红又专、全面发展人才中发挥了重要的作用,积累了宝贵的经验,在国内高校中享有盛誉。根据我的分析,清华大学文艺社团的发展大致可以分为以下五个阶段:解放前(1949年前);解放初期(1949—1957年);贯彻党提出教育方针的时期(1958—1966年);"文化大革命"时期(1966—1976年);"文化大革命"以后(1977年至今)。

我于1953年进入清华大学学习,1956—1959年担任3年清华大学学生会主席,1958年起担任8年清华大学团委副书记,直到1966年"文化大革命"被打倒为止。在20世纪五六十年代(在学生会和校团委工作期间)主管过学生宣传和文化工作,对学生文化活动有较多的接触和了解,在工作中也有很多体会,60年后的今天,回忆起来依然感到十分亲切。

本文仅根据本人的了解,主要回顾"文化大革命"以前的几个阶段,和大家分享。

一、清华大学的学生文化活动有优良的传统

清华大学始终注意学生的文化素养,还在20世纪30年代就设立了中乐部、西乐部,1947年又设立了音乐室,对学生进行课外音乐辅导。在1952年全国院校调整、成为多科性工科大学后,清华大学仍然保留了音乐室,直到1993年发展为艺术教育中心,这在全国高校中是少有的。这体现了清华大学重视学生全面发展的一个传统。

清华大学学生文化生活光辉的一页——纪念清华大学学生文工团成立60周年

清华很早就有了群众性的文艺社团组织。1912年（清华成立的第二年），成立了清华第一个文娱组织——歌唱团。1916年，学校为了配合童子军训练，成立了军乐队。1916年9月，成立了"游艺社"，林志煌任社长，闻一多为副社长。游艺社分为两个部分，即"演剧"与"音乐"，闻一多还登台演过话剧。1918年除夕演出了两个小剧目，据有关人士回忆，节目"诙谐百出，令人捧腹"。1919年2月，游艺社改组为"新剧社"，专门从事戏剧的创作和演出，产生了一些反映时代精神的新式话剧。

1919年的五四运动和1921年中国共产党的成立唤醒了沉睡的中国人民，学生开始走出"象牙之塔"，逐步融汇到全国人民争取民族解放与民主自由的滚滚洪流之中。学生中的文艺也不再是"花前月下""卿卿我我"消遣娱乐，而开始成为学生表达思想的一种手段。五四运动中，清华同学组织了"救国十人团"和18个宣传队，轮流进城和到附近农村进行爱国宣传，还出版了《清华周刊》增刊《晨钟》，报道五四运动情况。1925年军乐队参加了"五卅惨案"反帝示威游行，1926年，参加了"三·一八"惨案中韦杰三烈士的追悼大会。1926年清华出现了第一位共产党员施滉和第一个党支部。1932年军乐队参加了抗日募捐音乐会，为东北义勇军募款。在1935年"一二·九"运动中，剧艺社深入城乡，演出了抗日话剧《放下你的鞭子》。"海燕歌咏团"演唱了《毕业歌》《码头工人歌》《义勇军进行曲》《救亡进行曲》《打回老家去》等激动人心的歌曲，人们把它称作"打气歌咏团"，大大地鼓舞了人们的斗争意志。

1937年清华大学内迁昆明，与北京大学和南开大学组成西南联合大学。在大后方，"读书不忘救国，救国不忘读书"。同学们先后组织了"联大合唱团""联大剧艺社""高声唱歌咏团""阳光美术社"等各种社团，通过举办文艺诗歌晚会、出壁报等方式，大力宣传爱国抗日，"坚持抗战，反对投降；坚持团结，反对分裂；坚持进步，反对后退"，在校内外形成强大的声势，西南联大被称为大后方的"民主堡垒"。在"一二·一"惨案中，反动军警杀害了四名师生，激起了广大师生的极大义愤。"高声唱歌咏团"立即创作了《送葬歌》《一二·一烈士挽歌》，参加了学生的抬棺游行。"剧艺社"创作了《审判》剧目，鞭挞了国民党政府的法西斯罪行。"阳光社"配合示威游行奋战彻夜，赶制了数十幅漫画，揭露了反动派的丑恶嘴脸，擦亮了广大群众的眼睛，在全国迅速形成了声援爱国学生运动的浪潮。

为了培育全面发展的新一代
——蒋南翔任校长期间清华共青团工作回顾

西南联大结束后,清华师生返回北京清华园。学生自发成立了各种社团,学生自治会注意团结这些社团,通过他们联系群众,影响群众,进行正义的斗争。当时清华的文艺社团有"大家唱合唱团""民间舞蹈社""剧艺社"等。他们在校内外大唱反内战的歌曲和解放区的歌曲,对全校师生起了鼓舞和教育作用。解放前夕,血腥统治更加残酷,正义斗争也日益高涨,社团的同学参加了全校的罢课斗争。社团中的党员、盟员,晚上秘密地在水利馆里反锁着门,赶画漫画,编写宣传资料,排演活报剧,印传单。第二天一早游行队伍就拿着这些宣传品进城宣传。社团活跃在学校的各个角落,1948年甚至在新同学从上海北上报到的船上,社团的同学也组织了宣传活动,教新同学唱《国际歌》。

在斗争中,社团中的进步力量不断壮大。学生自己选举成立的"清华大学学生自治会"在发展过程中,进步学生逐渐占了多数,实际上成为了地下党的外围组织,党通过学生自治会联系和影响各个社团。为了加强社团的工作,一批共产党员和先进分子,先后被派到社团,领导社团进行斗争。章汉夫、黄诚、荣高棠等同志都曾是清华文艺社团成员。社团成了学生运动中一支活跃的力量和党团结群众的纽带。

解放前,清华大学的文艺队伍在党的领导下,参加了人民争取民主自由斗争,在斗争中锻炼成长,在清华学生运动史上写下了光辉的一页。

二、解放初期的文艺社团

1948年12月13日,解放军进驻海淀,15日清华园宣布解放,清华大学的历史掀开了崭新的一页。

从1949年到1957年这个时期,包括前后两个阶段:第一阶段:从清华解放到院系调整结束(1949—1952年);第二阶段:蒋南翔任清华校长到1957年。

1949年初,北平宣布和平解放。清华同学立即组织了大批学生进城宣传,迎接解放军入城。其中有6支宣传队,同学们排演了许多节目,在城区各处演出,宣传党的政策,有力地配合了北平的解放和接管。

1949年4月正式选举成立了解放后第一届"清华大学学生会"(解放前学生会与反动政府是对立的,学生要争取民主,要求学生自己管理自己,故称"学生自治会"。解放后,性质改变了,名称改为"学生会")。在党的领导下,学生会组织和推动了学生中的各项活动。

推翻旧社会建立新中国是一场翻天覆地的革命，清华大学师生和全国一样积极投入了镇压反革命、三反五反、知识分子思想改造、抗美援朝等一系列政治运动，提高了觉悟，锻炼了队伍。

1950年11月，党中央向全国发出"抗美援朝，保家卫国"的伟大号召，派出百万志愿军入朝作战。清华学生成立了"抗美援朝文工队"，深入工厂、农村、街道进行宣传，创作演出了许多振奋人心的节目，有力地配合了抗美援朝运动。12月，党中央和国务院发出通知，号召全国大中学生踊跃参加军事干部学校，学习军事技术，保卫祖国。这时文工队首先唱起了《共青团员之歌》，并迅速响彻整个清华园。这是一首激动人心的战斗动员歌曲。同学们满怀激情高唱着："听吧！战斗的号召发出警报。穿好军装，拿起武器。青年团员集合起来，踏上征途，万众一心，保卫国家！我们再见了，亲爱的妈妈！请你吻别你的儿子吧！再见吧妈妈！别难过，莫悲伤，祝福我们一路平安吧！再见了，亲爱的故乡，胜利的星会照耀我们。再见吧妈妈！别难过，莫悲伤，祝福我们一路平安吧！"全校有1000多名同学积极报名参军参干，最后50名学生被光荣批准离开课堂，投笔从戎。这首难忘的革命歌曲教育和鼓舞了整整一代人，直到今天，年逾古稀的当年大学生再唱起这首歌时，仍然无比激动，满怀豪情。可见革命文艺对人们的激励和教育的重要作用。

1952年我国高校学习苏联，进行全国范围的院系调整，清华大学文理科被调整到其他学校，成为一所多科性工科大学，被称为"红色工程师的摇篮"。党中央派时任团中央副书记的清华校友蒋南翔担任清华大学校长。清华的工作从此走上新的轨道。

1953年开始我国第一个五年计划，需要大量社会主义建设人才。要求学生努力学习，掌握知识，建设祖国。毛主席号召全国青年做到"身体好，学习好，工作好"。"三好"成为深入人心的全面发展的口号。

蒋南翔到校后非常重视学生的全面发展，在学生中开展创造"先进集体"活动，促进同学们做到"又红又专，全面发展"。学校不仅创造条件使学生学好业务知识，还规定每天下午有一小时的体育锻炼时间，每天16:30，大喇叭一响，几千名男女学生同时涌向西大操场，场面非常壮观。蒋校长对学生文化活动同样十分重视，不仅保留音乐室，还一次拨出3万元（在当时是一个不小的数目）添置乐器，还规定除周末外，保证每周下午有一次的社团活动时间。

这个时期清华文艺社团建设的特点是：根据全面发展培养人才的要求建设学生文艺社团，把学生课外文化活动作为实现全面发展要求的一个重要方面。

学生会重新组建了合唱队、军乐队、舞蹈队、剧艺社，管弦乐队、民乐队、曲艺队等文艺社团。加强了对学生文艺社团的领导。校团委设立群众文化部，并从全校选拔一批干部到社团担任工作。学生会文娱部设社团工作部，统一管理社团各队活动，保证了社团活动经常化、工作规范化。

当时学生会号召同学做到"三好加一技之长"，广泛号召同学积极参加社团。1956年是文艺社团规模发展的鼎盛时期，共有17个队，包括：军乐队、民乐队、管弦乐队、合唱队、舞蹈队、曲艺队、京剧队、越剧队、地方戏队、钢琴队、手风琴队、口琴队、剧艺社、美术社、摄影社、文学社、电影社等。参加社团活动人数最多时达到2100人，占当时学生人数的24%。

学校为文艺社团的建设和发展创造了很好的条件，除了音乐室四位老师常年担任社团的专业指导外，还邀请了国家专业团体专家来校指导。由于有了较好的活动环境，参加社团人数逐年增加，水平迅速提高。

1953年合唱队演出了有160人参加、由管弦乐队伴奏的《黄河大合唱》。1954年测专42班创作并演出《测量员之歌》，1955年为纪念"一二·九"而演出的《放下你的鞭子》和《"一二·九"学生运动大联唱》等都是当时比较优秀的节目。清华大学文艺社团在全国高校文艺汇演中多次获奖，盛誉全国。其中，杨景芬、赵庆珠的独唱，应诗慧的钢琴，赵修民的手风琴，章秋实的山东快书等成为该时期的清华师生喜爱的传统节目。

这个时期，文艺社团发挥了以下三方面的作用：

（1）为学生培养文艺兴趣、提高文化修养、发挥文艺特长，提供良好的环境，是学校培养全面发展人才的一个重要阵地。

（2）在群众性文化活动基础上，承担提高的职能。集中全校在文艺方面最优秀的人才，进行提高培养。对外代表清华大学参加各项比赛，屡屡名列前茅，为校争光。对内定期在校内公演，以其优良的水平带动校内各系级的活动水平。

（3）承担学校有关任务。包括迎接外宾、"五一"和国庆游园联欢活动演出等。缅甸吴努总理曾在周总理陪同下来清华参观，看到欢迎队伍中舞蹈队跳的"大头娃娃舞"，哈哈大笑，非常高兴。1957年，文艺社团参加了在中山公园举行的欢迎苏联最高苏维埃主席伏罗希洛夫元帅的游园活动,毛主席和伏罗希洛夫元帅还和我校舞蹈队员李孝美和谢满若跳舞。文艺社团还根据清华大学与苏联莫斯科动力学院的友好协议,制作了文艺节目录音带,双方交换交流。

这个时期,学生文化生活丰富多彩,学生会的布告牌经常排满了多种多样的文娱活动项目,学生不仅每周都可以免费看到电影,还可以到音乐室欣赏音乐、学习乐曲;可以看到专业剧团和社团的演出,至于文艺讲座、联欢、参观、交谊舞会……已经成为同学的经常活动的项目。每到周末,2000多名文艺爱好者分别涌向校园各个角落参加各个社团的活动。清华园里乐器齐鸣,歌声四起,呈现出一片幸福欢乐景象。青年学生在党的关怀下,幸福地成长。

文艺社团为丰富学校生活、培养全面发展人才作出了贡献。

三、从十三陵文工队到清华大学民兵师文工团

1958年,我国社会主义建设出现新的高潮,人们意气风发,斗志昂扬。北京市在昌平区修建十三陵水库,毛主席和周总理亲自参加,带动了全市40万人参加修建水库的义务劳动。清华大学组织了4000名学生去十三陵水库工地参加义务劳动。这是清华有史以来规模最大的一次群众性的义务劳动。

当时缺少施工机械,硬是用人工铲土、肩挑、车推等最原始的方法修起了一座十三陵大坝。站在山坡上往沟底看,几万人浩浩荡荡同时在挖沟、挑土、打夯,一派热火朝天的景象。晚上挑灯夜战,灯火辉煌,场面极为壮观。这种劳动场面和学生的精神面貌是多年来未有过的。它的意义不仅在物质上,而是唤起了人们的政治热情和投身社会主义建设的强烈愿望。在劳动中,学生热情高涨,精神振奋,新生事物和好人好事层出不穷。

在清华劳动大军中,活跃着一支按照解放军文工队模式组织起来的、由十几人组成的精干的文工队。他们深入各个工地,边劳动,边采访,边创作,边演出。在工地各个角落都可以看到文工队员活跃的身影。哪里劳动最艰苦,他们就出现在哪里。只要他们出现,劳动就掀起一个小高潮,加油声、号子声、歌声响成一片。战斗的生活产生了激情的节目,中午短暂休息,大学生们正啃着窝头,文工队的快板声响起来了:"窝头好,窝头好,窝头里面还有枣""那边的窝头也不赖,窝头里面还有菜"。在掌声中人们忘记了疲劳,充满了欢乐。

劳动结束后,全体学生不顾疲劳,整队徒步40公里返校,文工队员随大队进行宣传活动。他们站在大路旁,用短小精悍的节目鼓动着行进的队伍。在队伍经过这里时,口号声、歌声此起彼伏,互相呼应。人们顿时忘记了疲劳,队伍精神抖擞地唱着歌前进。在队伍全走过去以后,他们又跑步到队伍最前面,开始下一轮的鼓动活动。同学们从他们身上看到解放军文工队的革命作风再现,感到无比兴奋和亲切。

十三陵文工队深入生活,贴近群众,充满革命激情,受到广大师生广泛赞誉,使人感到面目一新。劳动结束返校后,十三陵文工队及时把在劳动时创作的短小节目串连组成一个完整的"十三陵劳动大联唱",包括合唱、独唱、朗诵、快板、相声、手风琴等,形式多样,内容丰富,贴近生活,激动人心。在校内外连续演出30多场,轰动了清华园,并在天桥剧场演出,招待了全国社会主义积极分子、妇女积极分子代表以及首都文艺界和教育界人士。参加了北京市"五一"劳动节汇演,获得了大奖(每个演员一支钢笔),有13家报刊刊登了我们创作节目的内容,在校内外产生很大的影响,向传统的舞台吹入一股新风,得到社会各界的高度评价和热情鼓励。

1958年党中央提出"全民皆兵"的口号,各单位都设立了民兵组织。我校建立了"清华大学民兵师",由党委第一副书记刘冰担任政委,副校长高沂担任师长。由于十三陵文工队在校内造成的巨大影响,校党委希望以十三陵文工队为基础,建立"清华大学民兵师文工团",以振奋全校革命精神,反映清华师生面貌。我当时是清华大学学生会主席、校团委副书记,党委任命我为清华大学民兵师文工团政委,指定由我负责建立文工团的工作。可以说,我是清华大学文工团的主要创建者之一和成立后的具体领导者。文工团成立后,第一任团长是曾点(建筑系1956级学生),副团长是郑小筠(土木系1955级学生)。

在筹建过程中明确了以下几点精神:

(1)建立文工团不是简单地把原来的文艺社团改名为文工团。前一时期的文艺社团主要是满足学生文艺爱好,丰富课余生活。在整风反右运动中实际上已处于瘫痪或半瘫痪状态,干部也多散失。因此,不是简单地恢复原来的社团组织与活动,而是根据当时的形势要求和新的标准重新组织与建立,要以新的面貌、新的作风出现在全校师生面前,发现和吸收符合条件的学生参加到文工团中来。

(2)要坚持社会主义文艺的正确方向,要用革命的、健康的内容教育人,振奋人们的革命精神，鼓舞人们前进。文艺不仅是休息娱乐，自得其乐，而是有很强的思想性，是对大学生素质培养的一个重要手段。

（3）要发扬业余团体贴近群众、贴近生活、生活气息浓厚、感情充沛的特点。

（4）要大力加强对文工团的思想建设和组织建设，在文工团中形成优良的风气。从系级选择思想好、有能力的学生干部到文工团工作。在文工团各队之上设立团部一级组织，统一领导和管理各队工作。

（5）文工团应该在两个方面发挥作用：一是使文工团员更好地发挥文艺特长，提高文化修养，有利于同学们的全面发展；二是在学校中发挥积极作用，通过文艺活动宣扬社会主义思想，反映清华学生的生活和精神面貌，推动学校工作。

通过几个月的工作，1958年夏正式成立了清华大学民兵师文工团（以后称为清华大学学生文工团），共包括合唱、舞蹈、军乐、民乐、管弦乐、话剧、京剧、曲艺、手风琴、钢琴、文艺社、舞台美术等12个队。报名人数十分踊跃，开始时规模控制在300人左右，后来发展到1000多人。

学生文工团的成立是清华学生文化生活的新起点。文艺活动的思想境界、活动内容和行为风气为之一新，思想明确，精神振奋，内容健康。他们继承和发扬了十三陵文工队反映生活、激励斗志的精神，创作和演出一批充满时代气息、鼓舞人们前进的优秀节目。

四、宣传党的教育方针，反映学生精神面貌

在文工团成立之际，清华大学正在大张旗鼓贯彻党中央提出的"教育为无产阶级政治服务，教育与生产劳动相结合"的教育方针。学校一改闭门读书的风气，学生纷纷走出课堂，走进工厂工地，参加劳动，与工人结合进行技术革新。清华大学首创"真刀真枪结合实际任务进行毕业设计"，取得突破性进展。水利系师生敢想敢干，突破常规，大胆承接密云水库设计任务，在实践中学习，在实践中提高，成功地完成了设计任务，受到周恩来总理的表扬，震撼了全国。这个时期大家意气风发，思想振奋，出现了多年未见的高涨热情，人们说现在"一天等于二十年"。

火热的生活激发了同学们的创作热情，在清华园中掀起了一个群众文艺创作的高潮。学生写的诗歌、曲艺、微小说等达一万篇以上，编印文艺刊物数十册，校、系、班的文工队举办的广播演出、街头演出、大小型晚会演出等达1000次以上，

从来没有写过诗的写出了动人的诗句，过去对文艺不感兴趣的也激动得要求参加文艺宣传队，许多同学已由文艺的欣赏者变成文艺的创作者。群众性文化活动如雨后春笋地发展起来。

文工团成立后，也立即投入这场轰轰烈烈的教育革命中，创作了一批反映教育革命新生事物的好节目，继《十三陵大联唱》后，合唱队创作了《党的教育方针就是好》的大合唱，军乐队创作了《清华大学民兵师进行曲》，话剧队创作了多幕话剧《清华园的早晨》，民乐队创作了《人民公社好》民乐合奏，舞蹈队创作了有浓厚生活气息的《大扫除舞》，京剧队以建清华小电厂为题材，创作了现代京剧《关羽搬家》，建二班同学创作了雕塑剧《劳动赞》等。这批节目思想性和艺术性都比较高，在清华大学礼堂演出多场，反映非常强烈，震动了首都文艺界。文化界的专家们激动地说："多年没有看到这样激动人心的演出了。"全国政协听说后，专门派人来清华观看，著名民主人士、全国政协常委邓初民老先生因身体不好不能坐在台下观众席，找了个躺椅坐在舞台侧面专心致志地看完演出，连声说："太精彩了，太精彩了，我看可以出国了！我从来没有看到过这样具有浓厚生活气息、这样激动人心的节目。"

全国政协经过慎重研究后，破天荒地邀请清华大学学生文工团这样一个业余文艺团体，于1958年12月到全国政协礼堂，向中央领导和全国政协委员以及各民主党派负责人作专场汇报演出。全国政协主席周恩来总理在百忙之中赶到并观看了演出。蒋南翔校长陪同观看，我们也坐在旁边为总理作介绍。

在观看音乐节目时，周总理一边看，一边打拍子。当看到京剧《关羽搬家》时，周总理开怀大笑，称赞说"这是革命现实主义和革命浪漫主义的结合啊！"周总理很关心清华文工团的提高，主动提出可以请专业表演家去清华指导。全场演出结束后，周总理和全国政协领导人上台与学生演员一一握手，还特别找扮演关羽的同学握手。演出结束后，全国政协副主席陈叔通老先生代表全国政协向清华文工团献旗。

这次演出是以"清华大学学生文工团"的名义进行的，从此，清华大学学生文工团成为了清华大学的一个名片，成为清华园里的一颗明珠。

1959年春，蒋南翔校长决定派我校学生文工团和学生篮球队共100多人由李寿慈副校长带队去上海访问，与上海高校和中学生进行交流演出。文工团的演出在上海同样引起轰动。有的人说，过去只知道清华业务水平高，现在看到了清华的精神面貌。有的中学生在看了演出后对清华有了更感性的认识,下决心一定要进清华。它从一个侧面反映了清华大学学生的生活和精神面貌。

1964年我校还选派了100多人参加了周恩来总理亲自执导的大型音乐史诗《东方红》的大型合唱队,受到周总理的接见。

每逢有重大活动或重要外宾访问清华,必有清华学生文工团的身影,外宾通过它生动地了解了新中国大学生的生活。

五、"因材施教""三支队伍""两个集体"

蒋南翔校长是新中国杰出的教育家,他明确地指出学校一切工作必须围绕培养人这个根本任务。响亮地提出"又红又专,全面发展"和"为祖国健康工作五十年"的口号,它在清华大学深入人心。他善于从战略高度观察问题,处理问题。他认为,培养"又红又专,全面发展"人才,应当不拘一格,"因材施教,殊途同归"。

他提出清华要建立"三支代表队",即科学代表队、政治代表队和文体代表队。科学代表队由学习优秀的因材施教生组成,培养他们将来成为科学尖端人才。政治代表队由政治辅导员组成,实行"双肩挑",让他们在年轻时受到更多工作的锻炼,将来、可以挑起更多的担子。文体代表队就是在文化和体育领域有突出特长的骨干。这三支队伍代表了清华大学在德智体美各方面的最高水平。

为了办好文体队伍,蒋校长又提出"两个集体"的思想:既要搞好班集体,又要搞好文艺和体育的集体,学生既参加班级活动,受到教育,也积极参加课外活动组织,发展特长,健康成长。为了加强文体组织的工作,1960年蒋南翔校长同意党委副书记艾知生的建议,决定从文工团和体育代表队各选100名骨干,集中住宿,单独设立党团支部,上面设立体育代表队团总支和文工团团总支,由团委直接领导,以加强对文体队伍的思想领导和对其成员的思想教育,并且做好协调工作,保证队员学习与活动两不误。文工团的集体生活很丰富,不同专业、不同班级的同学一起生活,互相学习,两个集体优势互补,有利于同学们健康成长。"两个集体"思想是打破常规的,有远见的。

文工团的成员由两部分人组成:一部分是集中住宿的100多名骨干,他们的课外活动以文工团为主;另一部分是一般队员,与班级一起住宿和生活,但积极参加文工团的活动,这部分人占大多数。这样做的好处是既保证了重点,形成核心,使他们有较多的时间与精力用在文工团的工作和活动,又照顾了一般队员的

为了培育全面发展的新一代
——蒋南翔任校长期间清华共青团工作回顾

特点。

1966年初,清华大学根据北京市委的安排派出一批学生组成工作队,去郊区参加"四清运动"。文艺社团单独组成多个工作队到延庆县永宁公社开展工作,表现很好,表现出了较强的工作能力和较高的政策水平。事实证明,两个集体比一个集体好,使学生接触面广,兴趣广泛,思路开阔,全面发展。他们不仅有文艺特长,而且思想和学习也比较好,成长了一批"又红又专、全面发展"的人才。

蒋南翔校长和校党委对文工团和文化活动非常重视,这是清华文艺工作开展得好的首要条件。据我回忆,凡举行学生文艺演出,只要时间允许,蒋校长必到场,而且从不提前退场。有时,在校外开会回校较晚,演出已过半,蒋校长匆匆赶到大礼堂,兴致勃勃地观看后面的节目。对学生创作的节目,他都聚精会神地观看,并当场提出具体的修改意见。当年学生结合生活创作了许多生活气息很强的节目,学生热情很高,但思想单纯,往往有些片面性。如1958年,学生话剧队创作了一个小品,讽刺校医院有的大夫不负责任,无论谁去看病,都说同一句话:"多喝开水,注意休息",大家觉得节目很生动,蒋校长看演出的时候笑着对我们说:"医生这句话也有一定的道理啊!"我们意识到此节目有片面性,随即作了修改。在学生创作的《清华园的早晨》话剧中,在描写师生下厂参加劳动实践开展教育革命时,把教师作为保守思想、白专道路的反面典型,蒋校长和党委领导同志看后指出:不要把教师当作对立面,广大教师是革命的,拥护党的教育方针的。蒋校长很注意在实践中帮助年轻的同志领会党的政策,学习辩证法,全面分析问题。

蒋校长关心学生文化活动真是到了无微不至的地步。每届新生入学,蒋校长总要找一些学生座谈,其中必有文体优秀学生。他对文艺社团的骨干成员(如吴亭莉、张剑、肖运鸿、张五球、陈陈等)十分熟悉,经常问到他们的情况,甚至在他们毕业多年后还记得他们的名字。在他生命弥留之际,吴亭莉等去看望当年的老校长,老校长一下子就认出了她,还记得他们的名字,拉着她的手,沉思良久,情景感人。

1960年清华大学学生文艺社收集编辑了一本《清华诗选》,文艺社要我请蒋校长为诗选题词,他很痛快地答应了并很快亲笔写了整整一页纸,提出文艺应当"反映时代的心声"。1964年,我校学生文艺社团排演富有教育意义的话剧《年轻的一代》时,蒋校长亲自联系该剧的作者(蒋校长在解放初任哈尔滨市委宣传部长时曾是该剧的作者的领导），到清华观看清华学生的演出并进行指导，蒋校长亲自上台向大家介绍剧作者。蒋校长还介绍当年著名演员、青年艺术剧院院长吴雪来清华指导学生文艺社团。

据我所知，像蒋校长和清华党委对文艺工作这样重视，在全国高校中是不多的。他不是做表面文章，有活动来一下"表示支持"，而是真正懂得教育、站在培养人的高度来对待这项工作的真正教育家，所以看得深，抓得实，有创见，见实效。

六、文工团改名文艺社团，继续发扬优良作风

20世纪60年代初，我国出现经济困难，进入调整时期，学校以教学为主。蒋校长考虑到为了避免校内外对清华文工团性质的误解，以为清华有一个脱产的文工团，提出把"学生文工团"改名为"学生文艺社团"，严格控制课外社会活动时间。我当时还对此有些想不通，觉得文工团的名字响亮、有战斗性。现在看来，蒋校长是站在全局的高度来考虑的。

名字虽然改了，但指导思想没有改，仍然保持了文工团的精神面貌和作风。由于前一时期文工团给人们留下深刻的印象，大家对文工团感情很深，在平常大家还是习惯称"文工团"，只是在对外或正式文件中用"文艺社团"。直到现在，当年毕业的一些老校友见面时，都会说："我是清华文工团的"，可见当年文工团给人们留下印象之深。人们通常把1958—1966年上半年这个时期的文艺社团统称为文工团。在本文中为了行文方便，也不严格区分"文工团"和"文艺社团"，二者同义。

这个时期强调以教学为主，减轻学生负担，不可能再进行过多的创作活动，但是大家还是尽量挤出时间创作了一批反映大学生生活、生活气息很强的优秀节目，如合唱队创作了反映我校水利系真刀真枪结合实际搞毕业设计的《密云水库大合唱》、反映毕业生走向工作岗位时豪迈心情的《毕业生之歌》，话剧队创作了《在革命化的大道上》，民乐队创作了《毛主席来到咱农庄》《我是公社饲养员》，管弦乐队创作了《劳动赞歌》等。在清华师生去郊区延庆县参加"四清"工作的过程中，由文艺社团骨干组成的"清华大学'四清'文工队"发扬了十三陵文工队的精神，创作了一批反映农村生活和斗争的节目，在农村和校内外演出多场，反映强烈。以上这些创作和演出，反映了清华的精神面貌，获得广泛好评，至今

许多人仍记忆犹新。

此外,文艺社团还选择演出了一批革命的、健康的文艺节目,如话剧队先后演出了《最后一幕》《年轻的一代》《千万不要忘记》等大型话剧,军乐队演出了《劳动组曲》,合唱队演出《黄河大合唱》《放下三梆鼓,扛起红缨枪》和小合唱《民兵操练忙》,张剑独唱《一个共产党员的自白》、吴亭莉独唱《八月十五月儿明》、肖运鸿唱的《挑担茶叶上北京》,民乐队演出《花好月圆》《瑶族舞曲》,舞蹈队演出《鄂尔多斯舞》《弓舞》《非洲在怒吼》,胡泊的小品朗诵《木偶探海》《猴子的牢骚》等,都是思想性和艺术性较高的、深受清华学生喜爱的节目。文艺社团通过自己有效的活动,积极引领了全校学生课外文化生活健康发展。

文工团还选派了陈陈、张五球、张剑、肖运鸿等12人到中央音乐学院进修学习,受到郭淑珍和蒋英教授(钱学森的夫人)等音乐大师一对一的面授真传,提高极大。他们在大学毕业时同时拿到两个证书(清华大学毕业证书和中央音乐学院的进修结业证书)。毕业后,他们既是科学家或高级工程师,同时也是业余的艺术家,我们培养了一批新型的人才。

从1958年到1966年这8年,是清华大学学生文艺活动发展过程中的一个巅峰时期,无论思想性、艺术性还是在校内外的影响,都达到了空前的高度。不论高校还是专业团体,都知道清华大学有一个有特色、高水平的学生文工团。当时社会上的评价认为清华文工团达到了准专业的水平,有的演出并不亚于一般专业团体。全国高校文艺会演中,清华的演出始终激动人心、独领风骚。这在当时的北京乃至全国大学中,都是十分突出的。清华大学的文艺社团和学生文化生活的建设,为全国高校的全面发展教育和学生工作创造了丰富的经验。许多高校前来取经,了解经验。同时,在工作中我们培养了一批优秀的骨干,为以后的发展打下坚实的基础。

文工团凝聚力很强,其成员受到的锻炼比较多,活动能力较强,有高度的社会责任感。他们毕业后始终保持高昂的热情,坚持全面发展,继续为社会作贡献。20世纪90年代初,当年的老文工团员又齐聚清华园,决定成立清华校友文艺社团,取名"清华艺友",先后成立了清华艺友合唱队、舞蹈队、话剧队、京剧队、民乐队等。他们自筹经费,自找活动场地,多次在清华演出。清华学子看到平均年龄70多岁的当年的文工团员(有的已是各级领导干部)在台上激情演出《鄂尔多斯舞》时,深深为他们的精神面貌感动,他们看到了清华文工团的精神,它是一种团结奋进的精神、乐观向上的精神，几十年经久不衰，这种精神陪伴了他们一生。

在上海，20 世纪 60 年代毕业的文工团骨干刘西拉、任丽翰等发起组织"清华大学上海校友会艺术团"，多年来坚持每周末集体活动，风雨无阻。不久前在央视"出彩中国人"中演出《我爱你，中国》，轰动全国甚至海外华人。许多外校师生说，这个节目只有清华能演出来。他们在校期间受到全面良好的培养，不仅业务好、思想好，毕业后事业有贡献，而且长期保持文艺爱好，他们是清华大学毕业生又红又专、全面发展的缩影。从中可以看到文工团对他们成长的作用。

七、我和清华学生文工团

我一生中经历了许多岗位，年轻时做过学生会和青年团干部，中年以后担任过学校党政工作，同时从事面向全国的计算机教育。我一生最难忘的还是在清华团委的这段经历，它为我日后的发展打下坚实的基础。在团委我抓过的几项工作中，虽然我对每项工作都很投入，也都取得较好的成果，但是对文工团这项工作情有独钟，投入最多，感情最深，至今仍深深怀念。

我本人不懂文艺，没有什么文艺特长，顶多算一个文艺爱好者，从小喜欢看文学小说，爱听古典音乐，爱看芭蕾舞。让我主抓学生文化活动特别是文工团工作，真是有些难为我了。当时领导对我说，不是让你上台唱歌跳舞，而是掌握方向，思想领导。当时有个说法："外行领导内行。"我也没有考虑太多，初生犊儿不怕虎，我就贸然上阵了。

我的态度是边干边学，不以领导自居，广交朋友，我给自己定位是组织者和服务者，也可以起参谋和把关的作用。我经常参加各队的活动，和他们一起讨论工作计划，商讨节目内容，参加创作讨论。他们搞创作时常常干到深夜，我也和他们一起熬夜，有时争论得面红耳赤，我的意见从不强加于人。每次彩排和演出我必到场，以一个观众的角度体验演出的效果。有些节目我连续看了十几遍，有的台词和乐曲我都能背出来，事隔几十年，至今还记得这些内容。我和文工团的许多同学非常熟悉亲切，成了好朋友，聊工作，聊思想，聊家常，一起郊游，亲密无间，常开玩笑，互称绰号，结成亲密的友谊。

最近我统计了一下，当年文工团的同学中，我现在还能有名有姓叫得出的有 100 人左右。有的人至今保持着密切联系。

我对文工团真有很深的感情,他们对我也很好。"文革"初期,有人号召文工团的同学"反戈一击,起来揭发谭浩强",后来我看了有的文工团同学揭发我的大字报,明显感觉到他们言不由衷。"文革"中我被打倒,身处逆境,但我仍十分关注文工团的状况和各人的处境。"文革"开始不久,在打倒一批中上层干部后,有人把矛头指向文工团的业务尖子。在文工团用餐的西大饭厅外墙上,贴满了对一位文工团优秀女同学的批判大字报,点名说她是"修正主义苗子""黑帮分子的掌上明珠",要她彻底交代揭发,一夜之间由众人喜爱的三好学生变成被人声讨批判的对象。我看了大字报后很焦急,心想我们这些干部虽然也被批判侮辱,但我们入党多年,有一定锻炼,能挺得住,而这位同学才是一个十几岁的女孩子,一路顺风,从未遭遇逆境,对这样突如其来的打击不知道能不能挺住,还担心会出事。我曾通过别人了解她的处境和情绪,希望她能坚强地挺住,心想如果是因为我们对她较多照顾与培养而使她受到牵连,我很过意不去。后来知道她很坚强,经受了考验,才放心。

我在工作上、思想上、感情上和清华文工团休戚与共,紧紧融合在一起,几十年不变。年轻时代的这段经历在我心中占据重要的位置,时常引起我美好的回忆。每听到当年的文工团同学现在取得的成就,特别兴奋。

2007年4月我到上海开会,许多在上海的当年的文工团的校友闻讯赶来与我见面,多年未见,感到十分亲切。他们大多已是各领域有重要贡献的权威和精英,其中有全国政协常委、著名专家、教授、科学家、企业家,以及海外归来的专家学者等。大家畅谈40多年前难忘的大学生活,共享今天成功的喜悦,感谢母校的培养。

这次聚会给大家留下亲切美好的感觉,促成了次年成立"清华大学上海校友会文艺社团联谊会",并在此基础上成立了"清华大学上海校友会艺术团"(艺术团吸收了非文艺社团成员的校友参加),它有很强的凝聚力,成立十年坚持活动,后来取得了中央电视台"出彩中国人"的特别大奖,享誉国内外。看到他们的出色表现,我心里特别高兴。他们到北京演出或我去上海时,我都会去看望他们,像老朋友一样亲切交谈,合影留念。我和他们保持着密切的联系。

以上是我一生中一段难忘的经历和愉快的回忆!

回忆毛泽东主席的亲切接见
—— 1957年毛泽东主席和中央领导人接见学生代表

谭浩强

在回顾往事时，60多年前毛泽东主席和中央领导人接见我们学生代表的情景又一次呈现在眼前，令我终生难忘。

1956年初起，我当选为清华大学学生会主席、北京市学联副主席、全国学联执行委员。当时正值国际共运多事之秋，苏共二十大、波匈事件，引起了国内知识界思想上的一些动荡，中央已意识到需要加强对知识分子和青年学生的思想政治工作。

1957年2月中旬，在北京召开全国学联第十六届委员会第二次会议，我出席了会议。会议主要讨论学联与学生会如何沟通党和学生间的联系，反映学生的合理要求与意见，以及加强对学生的思想政治工作问题。

2月14日，领导通知：所有人不要请假外出，有重要事情。下午通知提前吃晚饭，饭后立即乘车出发，这时才宣布中共中央领导人要接见全体学生代表，大家高兴得欢呼起来，心里万分激动，这可是一生中第一次面对面地见到敬仰已久的、伟大的中国共产党的领导人啊！

汽车飞驰在市区的马路上，但是大家还嫌太慢。很快，汽车开进我们日夜向往的中南海，虽然中南海暮色优美，但这时谁也没有心思去欣赏美丽的景色，一心在设想即将出现的激动人心的场面。

汽车停在中南海勤政殿前，勤政殿是当时国家领导人接见外国重要领导人、接受外国使节呈递国书和签订重要条约的重要场所。大家自觉地保持安静，顺序排队入内。进入大门后，工作人员给大家讲注意事项，说这次接见非常特别，只

为了培育全面发展的新一代
——蒋南翔任校长期间清华共青团工作回顾

单独接见学生代表,人数只有五六十人,而一般的接见是许多会议一起接见,往往是几百人、甚至上千人。而且毛主席和中央领导人要和每一位代表握手,但是大家在握手时不要太用力。这次接见人数少,每个人都会照得很清楚,不要争位置。并且具体安排:北京的代表见到中央领导人的机会比较多,这次站在最后一排,让边疆地区的代表站在前排,大家都没有意见。于是,按地区排队,北京代表走在最前面,边疆地区的代表走在最后面,按照安排,先进去的代表站到最上面一排,后进去的代表站到前面。

晚上9时,接见大厅的大门打开,只见毛泽东、刘少奇、周恩来、陈云、邓小平等中央领导人已在大门内等着我们。我是北京的代表,排在最前面,第一个走进去。毛主席伸出手来,我赶紧走过去,双手握着毛主席的手,毛主席问我是哪个学校的?我原来准备向毛主席说的话紧张得都没有说出来,只是指着胸前的校徽说了一句话:"清华大学的学生向毛主席问好!"毛主席点了点头,笑了笑。然后我依次和刘少奇、周恩来、陈云、邓小平等中央领导人一一握手。

在中央领导人与63个代表一一握完手走向前排入座时,周总理突然大声说:"中央的同志和学生代表一个隔一个地坐。"于是,毛主席的右侧是全国学联主席胡启立,左侧是全国学联一位副主席,其他首长两侧也是学生代表。据我多年观察,像这样的安排即使不是绝无仅有,也是很罕见的。

在接见全体代表前,党中央领导同志首先接见了学联主席胡启立同志和其他副主席,进行了40多分钟的谈话。

毛主席首先问:你们都是哪些学校的?代表们一一作了回答。毛主席又问:你们开什么会?胡启立回答说:我们正在召开全国学生联合会第十六届委员会第二次全体会议。毛主席接着问:这次会议讨论什么问题呀?同学们有些什么意见和要求呀?一位代表将会议中反映广大同学的意见和要求集中起来的几条意见向毛主席作了汇报。主要是:要求当地党委负责人关心学校的思想工作,亲自给学校作报告;要求给高等学校学生参观工厂的机会;学校的政治理论课联系实际不够等。毛主席仔细听着,当场就一条一条给我们解决了。

毛主席说:我们可以发指示,让各地党委给学生作报告。最近省市委书记会上,已经提出了这个问题,要他们注意加强学校工作。政治课讲的没兴趣,要打瞌睡,这样最好不讲,还不如打瞌睡,打瞌睡可以节省精力,保养精神。这句话传达不传达由你们,你们都是领导人,我看你们一定不赞成。

毛主席说：中国学生有着光荣的革命传统，在资产阶级的民主革命中，中国学生团结起来，反对帝国主义，反对蒋介石。

毛主席说：从1840年林则徐烧鸦片起，中国革命了110年。1840年时还没有马克思主义，1848年才出版了《共产党宣言》。从1840年到1949年的110年搞了什么？就搞了个革命，推翻了旧政权，就是清朝、北洋军阀、蒋介石政府，可是生产关系还没改，改变生产关系是近几年的事。1949年以后才在全国搞了土地改革，社会主义改造更是以后的事。

毛主席说：看，革命那么长，建设才几年，这几年又是一边革命一边建设，要在旧中国遗留下来的残破经济基础上建设社会主义怎么会没有困难？我们全国有六亿多人口（刘少奇插话：我刚才在看《人民日报》将要发表的关于人口问题的社论）。要在这样人口多的国家建设社会主义，不会不遇到困难的。建设比革命困难还要多。国家建设目前有一些困难，以后还会有困难的；我们国家在发展，旧的困难克服了，新的困难又不断产生，所以要有充分的准备去克服困难。社会发展的前途是光明的，像探照灯光一样，但决不会像探照灯那样一直照上天，而是要经过迂回曲折的道路。就是探照灯也有时往上照，有时往左右照，也会有暂时熄灭的时候，但总的前途是光明的。

毛主席说：将来老一辈的人，总要把未完成的任务交给青年人，那时候，革命事业就要由今天的青年一代担当起来。我们这一辈人死了，困难是你们的，下一辈就是你们当家了。当然，你们进行建设的基础会比今天好得多了，但是很多工作也会更复杂，你们要有精神准备。有可能将来人口多了，连上公园都要排队，那时看你们怎么办？

他又说：现在我们的基础是不好的。大学生很少，知识分子很少，四千万学龄儿童不能入学。学龄儿童都入学，恐怕100年也不可能，苏联也没办到。现在苏联只能解决七年制问题，十年制也不成。青年人缺少经验，对困难往往认识不足。总之，困难总会有，过去有，将来还有，要有思想准备。

据我所知，自解放后到"文化大革命"这段时间中，毛主席和中央政治局常委集体接见中国的学生代表，这是唯一的一次，这表示了在当时形势下中央对大学生的重视和关心。毛主席谈话的中心思想是要充分估计困难，青年学生要团结起来，战胜困难。在我一生中留下极为深刻的印象。我理解毛主席讲的困难，包括物质上的困难和政治思想领域上遇到的困难。几十年来我始终树立了这样的思想：不去幻想没有困难，而要迎接困难，战胜困难。

毛主席讲话后不久，开始了全国性的整风运动，当时学生中有些人受到国际上"民主化、自由化，抹黑共产党"思潮的影响，对党的领导产生了错误的认识。面对社会上许多错误的言行以及校内一些人对党的干部的无端攻击，我受到很大压力。但毛主席的教导使我始终保持了清醒的头脑。后来又遇到"文化大革命"那样复杂艰难的日子，我记住毛主席的话：革命不会像探照灯那样一直照上天，而是要经过迂回曲折的道路。探照灯也有时往上照，有时往左右照，也会有暂时熄灭的时候，但总的前途是光明的。我始终坚信："黑暗即将过去，曙光就在前头。"这句话使我在一生中坚定地战胜了许多困难。

近年来，我在向大学生做报告时，也着重地向他们传达了毛主席这段话，希望他们多想困难，不要幻想一帆风顺，而要坚韧不拔，自强不息。这对大学生很有帮助。

1958年4月13日，我参加了中华全国青年第三次代表大会，党中央领导同志在中南海接见了会议全体代表，除了毛主席以外，中央政治局的所有领导人几乎都出席了。这次由于我是主席团成员，照相时被安排在第一排。

这两次接见是我一生中最难忘的记忆，它不是我个人的荣誉，只因为我是清华大学学生的代表，是毛主席和中央对大学生的关心和殷切的期望。我不把它当成是荣誉，而是把它看作责任。接见的照片我一直挂在我家墙上，"文革"中被造反派抄家拿走，一直不归还，令我痛心不已。"文革"后想尽办法，开了证明到当时专为中央领导人照相的大北照相馆重新放大了一张，几十年来始终挂在我家客厅，永远怀念着当年的峥嵘岁月。

我想，当年曾经受过毛主席接见、和毛主席握过手的人，现在还健在的可能不多了。我要珍惜这段经历，永远不辜负党和毛主席的期望，生命不息，终生奋斗。

注：毛主席接见学生代表和讲话的内容，在《中国青年报》1957年2月16日第1版《幸福的会见》特写和《中国青年》杂志1957年第5期刊载的专文中，作了报道。团中央办公厅编的《中共中央、毛主席和中央负责同志关于青年工作的指示》（第3部分）中有这次谈话的记录稿。本文的内容是依据上述报道写的。

蒋南翔校长教导我们要练好政治上的基本功

张慕葏

我是1953年从电机系选拔为第一批政治辅导员,到现在已经60年了。回忆这60年以来我印象最深的,是我被选拔为政治辅导员之后,在蒋南翔同志家里开的第一次第一批辅导员会。这个会他讲了很多,为什么设辅导员,辅导员任务,等等,但我觉得给我印象最深的是这样几句话:他说年轻的时候你们做政治辅导员要锻炼政治的基本功。你们看过京戏吧,当你看京戏的时候,一个演员一出来之后就可以知道这个演员是票友还是科班出身,他说一出来就可以看出来,为什么,一看他的身段、走步和唱腔马上就可以看出来不同。他说你们做政治辅导员就是要在政治思想和工作各个方面,在年轻时培养科班的政治上的基本功,这次讲话我印象特别深,终生难忘。后来我在学校参加了团委工作担任了校团委书记,之后又参加了学校各方面的工作,特别是在南翔同志、刘冰同志、艾知生同志、何东昌同志、滕藤同志的关心领导下,在他们的言传身教下,不管是教学讲课,科研工作,党的工作,行政工作,还是到美国做外交官、做教育参赞,后来做中国老教授协会社会团体工作,60年来,虽然工作岗位不断变换,但政治上的基本功却起着做好工作的关键作用。我回顾总结了一下,一个人政治方面的基本功是什么,有以下几点。

一、坚定方向,提高信心

当我们做政治辅导员的时候,对什么是社会主义,什么是社会主义初级阶段,都还没有概念,但是对中国要坚持社会主义方向和共产党的领导是坚定的,60

年来，我们党对社会主义在理论和实践上又不断有了新的发展。南翔同志多次讲"一个人对社会的贡献和成就，不只取决于他的业务能力，政治往往成为更重要的决定因素。政治是解决方向问题，方向不对头，就达不到目的。就像从清华去天安门，不能向颐和园西山那边走。方向错了，就会南辕北辙、越走越远。不仅现在，历史上也如此。"现在要不要坚定社会主义方向，有没有考验，是有考验的。国际上，苏联解体深刻的教训，就在于共产党的主要领导人对社会主义政治方向动摇和丧失信心。我在作外交工作时，在美国做教育参赞，那是1989年政治风波之后，到美国的时候我感受非常的深。当时国际上一片对中国的谴责，美国的电视一开始都是天安门前的坦克，所谓"镇压学生"的镜头。在这种情况下工作非常困难，当时我工作的领事馆，上一任教育参赞出走失踪，流亡美国不回国了。后来驻华盛顿中国大使馆原清华的一个外交官也出走了，可见当时斗争是十分尖锐的。我觉得政治上的基本功，第一个是政治方向的问题，现在这个问题的斗争仍然存在，党的十八大提出，既不要走保守僵化的老路，也不要走改旗易帜的邪路，这也是有所指的有现实意义。因此，在任何政治风浪中，坚持正确的政治方向不动摇，不断提高对中国特色社会主义理论、道路、制度的自觉和自信。这是政治上基本功的首要内容。

二、追求卓越，实现理想

我们共产主义者要实现共产主义理想，但共产主义是要分阶段的，是在不同阶段里一步一步完成的，现在我们处在社会主义初级阶段，我们入党之后要为实现共产主义而奋斗，最重要的就是把党交给你的当前工作做好，贡献力量，特别是在困难情况下来做好。我回忆了一下，我参加了多次不同岗位的工作，工作开始的时候做了好多次的救火队。怎么叫救火队呢，就是当时很紧急，出现了很多复杂混乱情况，当时调我们去救火、灭火。比如说，去美国工作正是在国际上攻击中国和外交工作十分困难条件下去的。在"文革"后，我去清华核能所工作，核能反应堆停建，人员思想上一片混乱。有一次吕应中所长要从核能所到南口火车站（那时候还要坐火车回清华），司机不同意，最后坐一个大吊车到了附近的南口火车站，然后才回到清华。此外还遇到很多这样困难的情况，我觉得政治上的基本功，就是要能够迎难而上，克服困难，把党所分配的工作自己一点一滴地做好，而且做得最出色，最卓越，这样来实现理想。共产主义不是抽象的、空洞的，而是要胸怀理想、立足岗位，追求卓越，逐步实现。

三、勇于创新，实事求是

这一点我体会也很深，特别是南翔同志对我们的教导，我觉得非常有启发。小平同志讲过一句话，他说："什么叫解放思想，解放思想就是把思想跟实际相结合，主观跟客观相符合，这就是实事求是"。因为过去南翔同志跟我们接触很多，经常指导团委工作，南翔同志给我最深的印象，就是实事求是作风的典范。"不唯上，不唯书，不唯洋，不唯师，只唯实""不作氢气球，随风飘"这些观念对工作非常重要。南翔同志一贯反对"唯洋"，对"学习苏联"和"解放前的教育制度"提出了"三阶段二点论"的观点，主张根据中国国情创造中国特色的教育体系。1962年他主持拟定的"高校六十条"总结了中国高等教育新鲜的经验、规律，得到了毛主席的充分肯定。艾知生有两句话开会时经常讲，我印象非常深，他说："一个闪光的东西不一定是金子"，第二句话"市场上常常可以看到一种情况，那个叫喊的最凶，发誓最厉害的人总是希望把最坏的货物推销出去的人"。这两句话都是列宁讲的，对我们教育非常大。在当前，"经济市场化，行为功利化，利益多元化，价值观念模糊化"的新的复杂社会环境下，对各种社会思潮必需有所分辨，作出正确的选择。要实事求是地从实际出发来判断是非问题，这一点也是非常重要的。

四、以身作则，联系群众

南翔同志、艾知生同志对我们都作出了非常好的榜样。南翔同志到了清华之后，他是校长工作非常忙，后来又做教育部长，他讲哲学课，他亲自做实验，还参加各种学校活动，带头参加体育锻炼，那时候为了促进体育锻炼，他还组织了一个学校的锻炼小组，我也参加了。马约翰当组长，天天到操场锻炼，他真是以身作则，对我们有非常大的教育。我记得我做辅导员之后，南翔同志经常跟我们讲，你们不要学国民党，有些国民党三青团学生是职业学生，他们不读书的，学生里没有威信，你们要把学习搞好。辅导员每次考试滕藤都要检查我们的考试结果，我们向滕藤同志汇报，汇报考试结果情况怎么样。贯彻南翔同志这样的要求，领导干部以身作则，模范作用对于今后工作影响很大，更不能追求生活享受甚至腐败，我们校友中也产生了极少数腐败分子，应引以为戒。现在习近平讲的"打铁还需自身硬"和正在进行的群众路线教育，都是这个精神，联系群众，以身作则。

五、勤奋敬业，科学的方法

从南翔同志和其他一些党委同志身上，我看到了一个勤奋敬业干部的榜样。南翔同志在校时每个礼拜天的晚上召开书记扩大会，没有一个礼拜天晚上他是休息的，有时候我也去列席参加。艾知生同志也是经常在学生当中，很少有休息的时间。我记得艾知生同志做报告，非常受同学的欢迎。后来我们问他，为什么你的报告学生这么欢迎，他告诉我们这样几个字：勤于思考，理论指导，有的放矢，以理服人，字斟句酌，反复修改。他说我做报告体会就是这样，首先调查学生有什么问题；然后从经典著作马克思主义理论当中找答案，有的放矢，理论指导；报告写完之后逐字逐句多次修改。我记得南翔同志非常关心学生工作，有一次学生中红专大辩论完了以后请他做总结，他在家里病了，躺在床上听辩论录音，让我们口头汇报情况。他非常刻苦地从事党的工作。当然，另外一个很重要的是科学的方法。当我们开始做辅导员工作的时候，第一条感觉很光荣，第二条党的信任，第三条觉得责任重大，怕自己做不好党的工作。后来南翔同志亲自给我们上哲学课，在学习马列主义理论的基础上，辩证唯物主义的思想方法和历史唯物主义的观点对今后工作起了非常重要的作用。比如南翔同志对于教育"三阶段、两点论"的思想，一分为二，工作中抓主要矛盾，实事求是这些思想，对我今后的工作还是起了很重要的作用。当然做辅导员又做政治工作，又搞业务，应该说负担是非常重的。我看到一个辅导员的体会（我也有同样的体会）：要做好辅导员工作没有其他诀窍，办法只有一条：更多的努力和付出。我觉得这就是勤奋、努力、付出，培养好工作学习"两个肩膀"拿得起放得下的科学的方法和习惯，这是很关键的。

南翔同志所提的政治思想上科班出身的基本功，我体会这五点是非常重要的，也是我在后来工作当中一直遵循的。当然要真正做到还是不容易，要坚持学习，要坚持实践，不断总结，这就是我做辅导员工作一点体会。

我参加了辅导员制度建立 60 周年纪念大会，特别看到年轻辅导员成长起来，在各个战线上做得非常出色。我希望南翔同志提出来的政治辅导员制度能够进一步结出丰硕的成果，能够在年轻辅导员中培养出一大批学术大师、兴业之士、治国英才，为我们祖国作出更大的贡献。

高远其思　赤子其心

贺美英

一、蒋南翔始终将培养学生放在学校工作的第一位

蒋南翔校长始终把"培养人"放在学校工作的第一位，放在他校长工作的首要位置。他在如何培养学生，怎样培养出优秀的人才等一系列问题上有着系统的、全面的思考和论述，这是蒋南翔教育思想的核心。这些思想的精髓今天依然闪耀在我们的日常工作中，很多行之有效的工作方法我们至今仍在继承、发展，并且我相信会进一步地传承下去，发扬光大。

他在坚持正确的办学方向，引导同学们树立崇高的社会主义和共产主义理想信念的同时，积极探索如何能够更好地实现人才培养的目标。在我的印象中，他在如何培养人这一问题上，历来都是从学生的角度出发来思考。如何能够真正做到因材施教，如何能够真正促进学生的全面发展。针对同学们在能力、兴趣方面的个体性差异，他积极鼓励同学们要"全面发展"，做到"各按步伐，共同前进"。"又红又专，全面发展""各按步伐，共同前进"口号的提出正是一种因材施教的社会主义教育观的集中体现。为了更好地实现因材施教的教育目标，他创造性地提出了很多切实可行的措施，并且将其升华、提炼成为很多形象生动、富有感召力的口号。这些措施和口号极大地鼓舞和促进了同学们的全面发展，健康成才。比如，他提出并建立了政治辅导员制度，即后来的政治工作代表队；对学习特别优秀同学制订专门培养计划，称为科学登山队；由文体特长同学组成的文艺体育代表队。德、智、体"三支代表队"就是要创造条件让这些同学在其中"百花齐放"，发挥各自特长，同时又要求他们也能做到"三好"，真正做到既因材施教，

又全面发展。担任政治辅导员的同学，功课不能因为社会工作而落下，文、体代表队的同学你可以唱歌跳舞好，你可以体育成绩好，但是功课也得好。在这样一种精神的强烈感召和制度的严格要求下，"三支代表队"的同学们不但做到了充分发挥自身个性、特长，并且还涌现出很多全面发展的典型。我的同班同学胡方纲是校百米冠军、跳远冠军、三级跳冠军，他的一些纪录到"文革"后好久才被刷新；他不但体育好，同时又是一位学业上很优秀的同学，蒋校长说他"又红又专"。还记得20世纪60年代有一位同学，学习很拔尖，是学校"万字号"的人物，但是动手能力比较差，还不太善于与他人沟通，学校除安排导师指导他学习外，还专门安排他去部队参加军事夏令营，希望能够在部队的大熔炉中培养他的动手能力和集体主义精神。总之，对于学习好的同学就是不能只会念书，不能变成书呆子，还要着意安排他们接受其他方面的训练。再如，同样是为了学生的全面发展，蒋南翔校长提出"争取至少健康地为祖国工作五十年"的著名口号，要求学生努力做到"思想过硬、业务过硬、身体过硬"。他不仅用生动的口号激励同学们，而且身体力行。50年代入学的那些同学，下午的时候，经常可以在西大操场看到蒋南翔校长跑步的身影。桃李不言，下自成蹊，正是他的言传与身教，促进了全校同学积极参与体育锻炼，并在清华园内蔚然成风。

蒋南翔校长的教育思想不仅体现在那些深入人心的口号、切实可行的制度措施，还体现在他对同学们成长无微不至的关怀。那些优秀的运动员、优秀的文艺社团的积极分子、相当数量的辅导员他都是认识的，都能当面说出名字来，这其实是很不容易的，因为他当时已经兼任着教育部的领导工作，非常繁忙，可以说是日理万机。我自己就有这样的亲身经历。我本科刚毕业，留校在团委负责大一新生工作。一次新学期开学，我带着新同学代表去同蒋南翔校长座谈，在此之前我并没有同他有过直接接触，我想他不认识我。会上，我先一个一个介绍新同学，介绍完了以后，没想到蒋南翔校长接着向同学们介绍我说："你们认识吗？这是团委的贺美英同志，她是优良毕业生呢，得过优良毕业生的奖状。"当时我非常惊讶，因为我觉得自己挺普通的，并不算出众，获优良奖状的人很多。将南翔校长竟然能知道我的情况。从这一件小事上，我深切地体会到他对同学们情况的了解和关心。而且我的情况应该不算特例，他晚年病重时还常常问起胡方纲、吴亭莉、倪以信等许多同学的情况。何东昌同志在一篇回忆蒋南翔校长的文章中也记录了类似的情况："他对这些同学有惊人的记忆力，常常是新生入学时开过一次

为了培育全面发展的新一代
——蒋南翔任校长期间清华共青团工作回顾

座谈会,便能过目不忘。记得1963年,我与学校几位领导同志商量,要把几位同志调离学校,名单到了他那里,他立即认出其中一位是入学时成绩优异的同学。""这些不能只用记忆力来说明,只有那种对人才绝不是漫不经心的,而是有着高度关切和爱护的人才能做到的。"蒋南翔校长始终坚持因材施教、始终从同学角度出发思考问题、始终关心同学全面成长、始终将培养学生放在学校工作第一位的教育思想从一点一滴的细微之处生动地体现出来。

二、实事求是的科学态度,坚持真理的大无畏精神

我一直在思考这样一个问题:是什么,让蒋南翔校长提出了这么多深入人心的口号和切实可行的工作办法?是什么,使得他在十余年的治校生涯中为清华留下了一笔如此丰厚的精神遗产,泽被至今?又是什么,使得他在各个风云激荡、暗流涌动的历史关口依然能够坚持原则,岿然不动?我认为:这一切源自于,蒋南翔校长对党和共产主义事业的无比忠诚;对国家、人民,尤其是对青年学生的深深热爱,赤子之情;特别是实事求是,探求真理,坚持真理的大无畏精神,令人敬佩。

1958—1960年"大跃进"期间,运动风潮起来之后,大家热情高涨,尤其年轻人,做了很多比较简单化、片面化的事情,当时头脑发热,搞教育革命,开展大批判。我们系的同学中曾批判麦克斯韦方程,没多久,又批判维纳的控制论。当时有个小组在门口贴了个标语:"把控制论打翻在地,再踏上一只脚!"当时,我刚做辅导员,也觉得这是同学们革命热情的表现,在一次集体汇报时提到这一情况。没想到,蒋校长当时皱起了眉头,严肃地说:"不可以这样子搞,我们后人都是在前人的基础上前进的,不要'挖祖坟',更不能'踏上一只脚',这是不对的。"老校长的神情,就像是狂风暴雨中,一泓波澜不惊的潭水,给处在集体狂热中的我留下了非常深刻的印象。

还有一次,也是在"大跃进"的时候,随着"超英赶美""跑步进入共产主义"这些口号的提出,有一个班的同学同样也是热情高涨。为了提早进入共产主义,大家将那些属于个人的书,七拼八凑地集中在一个房间的一角,然后由大家共同分享,以为这就是进入共产主义的表现。蒋南翔校长同样反对这种做法,他说,这样做是不行的,革命不是这么革的。

到了20世纪60年代中期,我已经留校到团委工作。那个时候大家学《毛主

席语录》，林彪大讲"毛主席的话，一句顶一万句""句句是真理"，上级还派人来了解语录的学习情况，学生中也出现了劳卫制测验，单杠引体向上拉不动时，同学们就在旁边念《毛主席语录》，以期提高体育成绩的情况。当时团委的同志向蒋校长汇报时，他同样对这种做法很不赞成。他说，学习毛主席的思想，对大学生来说，应该以学习毛主席原著为主，应该学毛主席思想的立场、观点和方法，而不是只学他的只言片语。而且，他还特别指出，毛泽东思想是真理，真理是系统性的思想，不是白莲教的符咒，我们不能把学语录庸俗化。现在想想，他在那个时候能够从理论的高度引导我们正确地学习毛主席著作，是很不容易的。

蒋南翔校长总是能够在大是大非面前，坚持实事求是，不随风倒，有坚持真理的大无畏精神。在"文革"中，有些造反派学生斗他、打他，说，你反对毛泽东思想。蒋校长说，我没反对毛泽东思想。批斗他的人又说，林副主席说毛泽东思想是顶峰，你为什么说毛泽东思想是高峰？他说："我说的这个是对的。顶峰？到了顶了就没法发展了，所以只能说高峰，到高峰呢，毛泽东思想还要继续发展。"要知道这是在"坐飞机"批斗他的严酷场合下的对话啊！在那样的情况下，不是在敌人的刑场上，而是在受到委屈、遭到这种来自内部迫害的情况之下，他同样有这种坚贞不屈的精神，他还坚定、清醒地坚持自己的观点，我觉得这反映出了一个共产党员的坚强意志和崇高品质。

上述的这些往事，一点一滴，历历在目。蒋南翔校长这种坚持真理的言行难能可贵，当时我因为年轻并不能体会得太多。经过了"文革"的风雨岁月，经过了岁月的大浪淘沙，现在想起来，他真的是了不起。更为可贵的是，待到云开日出、迷雾散去，他并没有因为"文革"中经历了那么多委屈，经受了那么多不公正待遇，而动摇了自己对党、对社会主义事业的信心，依然葆有青年时代的崇高理想和信念。

蒋南翔校长对同事、朋友私交很少，保持"君子之交淡如水"，他在大是大非的问题上，给大家留下了一个非常有骨气、坚贞不屈的高大形象。这是我们应该永远学习的。我们今天要培养我们的学生，培养我们的党员，尤其是培养我们的干部，都要有这样一种实事求是、追求真理并且坚持真理、坚持原则的精神气节。这样，我们才更有希望，才有更加美好的未来。

本文摘录自《贺美英教育文集》（清华大学出版社，2019年）。

从刘冰同志言传身教学习怎样工作怎样做人

谭浩强

刘冰同志是 1956 年从团中央调来清华大学的，担任党委第一副书记，主持党委日常工作，他协助蒋南翔校长为建设社会主义清华大学作出重要的贡献。

我在 1956 年当选为清华大学学生会主席，1958 年毕业留校担任校团委副书记。可以说，从刘冰同志到清华后，我就在刘冰同志领导下工作。之后我和刘冰同志始终保持联系，几十年来，刘冰以身教言教，使我学会怎样工作，怎样做人。

我是 1953 年入党的，刘冰同志是我近距离接触到的第一位来自老解放区的干部，这使我有机会具体观察和学习老干部身上体现的党的优秀传统作风。刘冰最初给我的印象是：传统意义上的共产党的干部，为人正派，原则性强，实事求是，平易近人。

一、面对困难形势，开展革命作风教育

20 世纪 60 年代初，我国出现严重经济困难，对学校也有影响，粮食定量降低，伙食营养不足，有的学生出现浮肿。不少学生情绪低落，有的学生搞"精神会餐"（谈论较多的是吃喝），这种情况是过去学生思想工作所没有遇到的。能否迅速改变这种局面，怎样改变局面，是我们面临的问题。

刘冰同志革命经验丰富，经历过各种形势的考验，面对当时形势，他胸有成竹，镇定自若。校党委一方面大抓生活，办好食堂，改善学生生活，一方面有针对性地加强学生思想工作，多次找团委开会，研究新形势下如何工作。刘冰同志

指出"物质上的东西少了，精神上的东西要更多一些"，他给我们讲了抗日根据地的艰苦生活，说革命者不能"人穷志短，马瘦毛长"，要有崇高的理想和志气。

他明确提出要在全校学生中深入进行革命传统和革命作风的教育。他说应当和解放军一样形成良好的作风，作风是无形的，能对人起潜移默化的作用。他和我们一起拟定了清华作风的具体内容，据我回忆，提出了四句话：坚定乐观的革命精神，勤奋刻苦的学习态度，艰苦奋斗的工作作风，团结友爱的同志关系。这既是针对当时的需要，也是长远的基本建设。

刘冰同志提出要针对大学生特点，采用多种形式传承和发扬革命传统，振奋革命精神。他特别提出在全校学生中大唱革命歌曲，尤其是抗大校歌，他还当场动情地唱起了抗大校歌，使我们十分感动。

方向明确了，局面很快改观了。全校深入进行革命传统和革命作风的教育，取得良好效果。传统教育深入人心，抗大校歌响彻校园，学生的精神面貌很快振奋起来，大家以苦为乐。困难时期不但没有降低大学生的斗志，相反地大家把艰苦条件作为锻炼自己的因素。近年来，所知道的有成就的毕业生中许多人就是那个时期的清华学生，他们对这段经历记忆犹新。这是清华大学思想工作比较成功的一例，我们从中学到刘冰同志坚定的革命意志和从实际出发的作风，对我们后来的工作有很大的启发。

二、抵制"左"的错误，制订"学生工作'50条'"

20世纪50年代末到60年代初，国内政治运动不断，政治生活不正常，"左"的东西不断抬头，在南翔同志和刘冰同志的领导下，清华对"左"的东西在许多方面是抵制的，例如明确提出了团结百分之百的口号。但是，社会上的导向对清华也是有影响的，表现为有的干部工作简单化，政策界限不清，对学生的要求一律化，不善于区别对待，有宁"左"勿右的思想，这就容易伤害一部分学生的积极性。

南翔同志多次对刘冰同志说，要注意"左"的影响，防止思想政治工作中简单化的倾向。党委认为在加强对学生思想教育的同时，要大力提高基层青年团干部的水平，特别是政策水平。在南翔同志支持和刘冰同志直接领导下，从1960年10月起，团委开始系统调研团支部和学生思想工作的情况和存在的问题，并着手制定《班级团支部工作任务要点》(共有 10 条)、《班级团支部干部工作方法和工作作风要点》(共有 12 条)以及《班级团支部工作中一些问题的界限》("50条")。规范了基层团干部的任务、要求和工作作风。特别是《班级团支部工作中一些问题的界限》针对当时学生干部中容易出现的政策界限不清的问题逐一列举并加以指导,如:"政治上反动观点和思想意识上的落后表现要加以区别";"要把对贯彻执行政策中的具体措施或个别问题的不满和反对党的路线、方针、政策加以区别";"要把对工作的善意批评和对党的恶意攻击区别开来";"在工作中要贯彻大集体与小自由相结合的原则,既要保证大集体,又要保证小自由";"鼓励同学努力学习科学技术知识,不能把个人在科学上的雄心壮志看成是追求个人名利"等,非常具体,观点明确,便于执行。

"50条"是刘冰同志带着我们几个团委同志花了几个月时间一条一条反复琢磨出来的,都是来自实际的问题,有很强的针对性。我是主要参加者之一。我们常常是一大早就抱着材料到甲所(党委办公室),刘冰同志和我们逐条逐字讨论,中午休息一会儿,下午接着干。

刘冰同志对这项工作抓得很紧、很具体,他经常亲自找班团支部干部座谈,了解他们的实际工作状况和遇到的困难,并面对面地进行指导。他对情况了如指掌,在充分掌握情况的基础上,于 1960 年 11 月向全校团支委以上干部作了"关于班级团支部的工作方法问题"的报告,系统说明了团支部的任务、工作方法和政策界限,具体而深刻。指出要通过我们的工作,把绝大部分同学培养成为优秀人才。

1961 年 3 月,以上 3 个文件最后定稿,以清华团委名义公布。刘冰同志亲自执笔代团委起草了"给支部书记和支部委员的信",又执笔为清华党委写了给全校各级党团组织的通知,要求在全校范围执行,并上报北京市委大学部。毫不夸张地说,刘冰同志是这些文件的主编和此项工作的总导演、总指挥。他带着我们进行调研、分析、明确思想、制订政策、形成文件、贯彻执行、总结经验。我是边干边学习,提高自己的思想水平和政策水平。

南翔同志曾深刻地指出"基层出政策"。当年制定"50条"正是基层从实际出发提出问题、形成政策的一次成功的实践。我们参加了全过程,感受很深,终身受益。

但是进行这项工作并不是一帆风顺的,在蒋南翔和刘冰参加的中宣部一次会议上，康生曾当面厉声指责蒋南翔在清华搞"50条"。面对来自上面的压力，南翔同志和刘冰同志没有动摇和退却。南翔同志说，条例（指"50条"）执行情况是好的，还要执行，并要刘冰同志以党委名义写报告给中央说明情况。同时以这些文件为依据，对全校党团干部集中进行了一次深入而实际的政策教育，极大地提高学生干部的水平，使广大学生干部懂得做工作不能只凭热情，要学习辩证法，要实事求是，学会分析问题，不能宁"左"勿右。我以及许多当年参加过这场讨论的团干部，在几十年后对此仍记忆犹新，觉得是一生中难忘的教育，对以后政治上的健康成长非常有帮助。

这是全国所有大学中这样旗帜鲜明进行政策教育的第一个，取得了显著的效果。校内外反响极为强烈，觉得清华党委抓得准，有胆识，成效显著。1962年，共青团中央根据清华的经验和全国高校的情况，拟定了《共青团在学校中的思想政治工作纲要（试行草案）》，进一步推动了全国高校学生思想工作的规范化。

加强政策教育，团结百分之百的学生，是当年清华工作的重要内容，这体现了清华的指导思想和领导水平。当时，由于国内形势不好，有的农村饿死人，有的学生对党严重不满，甚至讲了过头话。当时有的学校把这些同学定为"反动学生"，送交公安局劳动教养。清华大学党委坚持认为是人民内部矛盾，没有开除一个学生。当时我在团委分工负责这部分工作，直接根据党委的精神进行工作。我们采用了"和风细雨，深入细致，精雕细刻"的方法，一把钥匙开一把锁，耐心细致地做思想转化工作，取得很好的效果，多数原来有严重错误思想的同学有了转变。后来党委让我执笔写了一个总结报告，向上级汇报清华党团组织是怎样对这部分同学进行工作的。南翔同志和刘冰同志认为报告很好，反映了清华的指导思想，决定以党委名义正式报送中央。在1964年全国高校政治思想工作交流会上介绍了清华的这一经验，得到一致好评，我参加了这次会议。公安部看了以后说，如果全国大学都能像清华大学这样做工作，公安部的压力就小多了。

我时常想，能在清华上学，真是清华学生的福分，这不仅是清华业务水平高，更重要的是有一个良好稳定的育人环境，很少折腾，没有盲目跟着风向走，使大家能心情舒畅地学习和生活，充分发挥积极性。能在清华工作，也是我们的福分，使我们始终走在正确的轨道上，始终保持实事求是的优良作风，因而站得高，干得实，在工作中充分发挥了积极性和创造性，使自己健康成长并逐步走向成熟。这是由于清华有一个以南翔和刘冰为代表的高水平领导，这对我们一生的发展有十分重要的意义。

三、赤胆忠心，敢为真理斗争

最令我钦佩的是刘冰同志对党赤胆忠心，无私无畏，为真理而斗争的高贵品格和革命气节。

刘冰同志在"文革"期间先后被打倒两次。"文革"初期，蒋南翔被中央点名为"黑帮分子"，清华党委一夜间被打倒，刘冰同志没有为求生存而盲目屈从。他和其他几位党委副书记一起上书毛主席，用事实说明清华贯彻的是毛主席革命路线，蒋南翔不是走资本主义的当权派。这封信换来的是更加残酷的斗争和打击。但刘冰同志没有气馁，虽然身心受到严重摧残，却始终理直气壮，坚持学习和思考。

1970年初，刘冰同志被结合到新成立的清华党委担任副书记。他逐渐发现迟群、谢静宜一伙心术不正、怀有野心，和传统共产党的干部毫无共同之处。这时刘冰的处境十分为难。他没有选择沉默，更没有委曲求全，而是坚持原则，抵制他们的胡作非为，最后联合工宣队柳一安、军宣队吕方正、惠宪钧上书毛主席状告迟群。这是他作为共产党员的正确选择，同时却使他陷入灭顶之灾。

令刘冰万万想不到的是，一个共产党员通过组织向中央主席反映某些干部的作风问题竟然被荒谬地打成"矛头是针对毛主席"的反党事件，并且由此掀起一场全国范围的"反击右倾翻案风"。这是当时政治生活极不正常的反映。刘冰同志曾对我们说过，他当时已做了最坏的准备了。直到"文化大革命"结束、推倒"两个凡是"后的1978年刘冰同志才被平反。这种特殊的经历是绝大多数干部所未曾经历过的。

后来他以70多岁的高龄，以惊人的毅力，独自进行了"1964—1976年的清华"的系统研究与分析。为了准确地写这段历史，广泛搜集材料，还曾向我借过"文化大革命"中群众组织编印的大事记和各种资料。他经过仔细回忆，认真梳理，去伪存真，深刻思考，以当事人的身份提供了大量别人所不了解的情况。数年夜以继日的奋斗，一字一字地手写，一句一句地斟酌推敲，一遍一遍地反复修改，殚精竭虑，终成正果，1998年写成了《风雨岁月：1964年—1976年的清华》一书。我看了这本书后真的惊呆了，他对长达12年期间的每一个细节写得清清楚楚，具体生动，观点鲜明，条理清晰，所有叙述都有事实依据，用事实说话，还原历史，没有夹杂个人情绪或抽象的议论，真是难能可贵。由于题材敏感，当年未能正式出版，以清华大学出版社内部资料形式印刷，送给有关方面和人士参考。各方面反映强烈，认为是当事人撰写的不可多得的珍贵历史资料，有很重要的史料价值，强烈要求公开出版，以填补这段历史的空白。经过多年努力和层层严格审查，最终在2008年得以正式出版。这是刘冰同志又一个重要贡献。

从这段历史我感受到刘冰同志对党赤胆忠心，刚直不阿，坚持真理，献身事业的真正共产党人的光辉形象。我对刘冰同志的处境和情况一直非常关心，对他的坚强非常敬佩。这是我的榜样，我在"文革"中受到严重打击和迫害，但我一直没有动摇，始终坚持共产党员的良知。

四、平易近人　关心下属

刘冰同志无论在什么岗位，始终平易近人，没有架子，和群众保持密切联系。他很重视群众的意见，在作报告前往往把我们找到他家，拿出讲稿，把明天要讲的内容详细给我们说一下，听听我们的意见，报告完了又找我们听取群众反映。刘冰同志对下属很关心很尊重，从来不训斥下属，没见过他发脾气。向他汇报工作，他总是耐心地听你讲完，然后发表他的意见，并不强制要求别人接受他的看法，使人很愿意接近他。

1970年后刘冰被任命为清华党委副书记，虽权力有限，仍然设法发挥清华原有干部的作用。1972年江西农场撤销，我们回到北京。刘冰考虑加强绵阳分校领导，调张慕葎、李思问和我三人到绵阳分校担任领导职务，让我们大胆放手工作。

清华有一个好传统：不称官衔。无论干部、教师和学生，对刘冰一律以同志相称，从来没有人称他"刘书记"，大家感到非常亲切。刘冰同志离开清华后，在别的单位是习惯称官衔的，只有清华的人始终称他为"刘冰同志"，他也觉得习惯和亲切。他对家人说，打电话来的人如果说找"刘冰同志"，那一定是清华的，赶紧叫我。这种好作风对清华干部影很大，大家反映清华出身的干部作风正派，很少官气，没有架子。

刘冰同志1978年离开清华后，仍然保持着和清华同志的联系，我们也始终把他作为老领导、老朋友，关心他的动态，在他调回北京后常去看望。刘冰同志对我也一直关心和支持。在他知道我于"文革"后在担任党政工作同时，还面向全国大力开展计算机教育和计算机普及，表示很高兴和支持。1995年，举行《BASIC语言》发行1000万册纪念会，他知道后以全国人大常委会科教文卫委员会副主任的身份参加会议，热情赞扬我的工作。在他知道我在全国作了300多场"怎样走向成功之路"的讲座，并且反映强烈，还在业务上取得较突出的成绩后，非常高兴，当即执笔写了"贺谭浩强同志又红又专，人才难得"，鞭策我继续努力。我十分感动，表示这是清华培育的结果，也感谢刘冰同志的教诲。

五、信念坚定的理想主义者

刘冰同志对我说过："我们是理想主义者"，我印象特别深刻。从刘冰的身上，我们看到一个真正共产党人的崇高形象：理想坚定，铁骨铮铮，爱憎分明，无私无畏，勇于开拓，实事求是，终生奋斗，鞠躬尽瘁，一身正气，决不阿谀奉承，不懂什么潜规则。过去在电影和书本中看到优秀共产党人的形象，在刘冰同志身上全面具体地展现出来，这是一个高大的共产党人。

当年我们就是在这种精神教育下成长的。从清华出去的干部大多数都保持这样的精神，在今天，这样的精神是何等的珍贵啊！我们一定把它作为宝贵的精神财富，传承下去，发扬光大。

深刻怀念我们的良师益友
——艾知生同志

张慕葏　方惠坚　贺美英　承宪康

　　1997年7月16日，传来艾知生同志病危的消息，方惠坚、张慕葏二人赶往北京医院看望，当见到他那被病魔折磨的消瘦面孔时，不禁凄然泪下。这时，他已预感到将不久于人世，讲了许多深情怀念的话，他说："今年是'七七事变'60周年，我是1948年7月7日在清华大学入党宣誓的，本来我想争取为党的事业奋斗50年到明年的7月7日，现在是难以达到了。看来，健康地为祖国工作50年是不容易做到了。"接着他满怀深情地说："在清华工作的35年，是我最怀念的年代。在那个年代和清华学生朝夕相处，倾心相助。现在他们都在国家的各条战线上，作出了成绩，这是对我们最欣慰的事。"接着谈到今年的校庆，今年校庆他抱病参加了1967届清华校友庆祝毕业30周年在大礼堂举行的聚会。在这次聚会上，很多校友纷纷递上条子，要求他讲话，他即席发表了热情洋溢的讲话，讲话中最后说："今天是1967届校友毕业以后工作30年的聚会，我衷心地祝愿你们，再健康地为祖国工作20年，达到健康工作50年的目标。"现在看来，这番话，既是对1967届校友的期望，也包含着他对自己身体的要求与期望。令人遗憾的是他竟未能实现自己的心愿。他对我们惋惜地说："看来这一次讲话，将是我的最后一次公开讲话了。"清华校友会承宪康同志曾把这次活动和他的讲话录像送给了他，虽然他已看过几次了，但仍然和我们一起又观看了这个录像。在他生命的最后时刻，多次反复观看这个录像使我们深刻地感到，艾知生同志的心始终和清华学子的心紧密联系在一起，他对青年学生有着最真挚的热爱，对于清华学生的健康成长和创造精神，他感到由衷的高兴和莫大的安慰，他的一生是与人民尤其是广大青年同呼吸共命运的一生。

为了培育全面发展的新一代
——蒋南翔任校长期间清华共青团工作回顾

他还为我们介绍正在一旁守护他的孙女说:"她是清华附中的学生,也是现在附中共青团的干部。"并介绍我们说:"他们都是过去在一起工作的共青团干部。"简单的话语中对共青团充满着深厚的感情与怀念。

临别时,他说:"谢谢你们还想着我,来看望我。我恐怕不能再去看望你们了。请向清华的领导们转达我的谢意,并向他们问好。"疾病,已使他无法站立,他只能坐在床上,一直用那深情的目光,将我们送出病房门口。

这次的看望,竟成了诀别。4天以后,7月20日,噩耗传来,我们的心情十分沉重和悲痛。几十年来的亲切教诲,言传身教,引导和帮助我们的一位良师益友又过早地离开了我们。他那和我们长期共事栩栩如生的音容笑貌不断在我们的眼前涌现,一幕幕的往事又使我们浮想联翩。

一、坚持真理 实事求是

20世纪50年代初,当我们刚刚进入清华大学校门后不久,在学校中就流传着"清华大学有着一位马克思主义理论和时事考试得满分而又最年轻的党委副书记"。这就是指的艾知生同志,由于他刻苦学习马克思主义理论和毛泽东同志著作,在一次党内学习测验中得了满分。当时他担任清华大学党委副书记,年仅23岁。我们最早接触他是在1951年,他到电机系来了解学生的思想情况,当时担任团支部书记的张慕葎同志向他汇报了工作,艾知生同志深入群众、平易近人的作风,给我们留下了难忘的印象。

1958年春天,上级调走了清华大学的团委书记。为了加强共青团的工作,学校党委决定由艾知生同志兼任校团委第一书记,虽然到1960年他不再任校团委第一书记了,但仍然在学校领导分工中负责宣传和学生工作,直到1966年"文革"开始。九年多的时间领导我们一起工作,朝夕相处,使我们深刻难忘的是他工作中最鲜明的特点就是始终强调马克思列宁主义、毛泽东思想对学生工作、共青团工作的指导作用,以及实事求是、一切从实际出发的辩证唯物主义思想作风。

他不仅自己如饥似渴、刻苦顽强地学习马列主义毛泽东思想,而且亲自领导马克思列宁主义政治理论课,以参加教学工作来领导教学工作。他曾先后为学生讲授"联共党史""哲学"等课程,他讲课深入浅出,理论联系实际,深受学生的欢迎。他熟读列宁的著作,当讲到列宁和马尔托夫的争论时,讲得十分生动,有的同学说,好像艾知生同志在场参加了辩论。我们和不少当时学生工作干部都听过他的讲课,从他的讲课中受到教育。他曾多次对团委干部们讲,"一个青年知识分子走上革命的道路,理论教育是一条重要的途径。一位老教授曾经讲过:马列主义就是15个字:立场、观点、方法、全心全意为人民服务。这话概括得不错,如果通过我们的工作,使清华的学生在大学期间,在这些方面有了进步,那就是我们工作的很大成绩。"清华大学一贯重视学生思想政治工作、重视马列主义的教学工作、坚持理论联系实际的方针,这个优良传统是和艾知生同志的大力倡导和身体力行分不开的。

为了宣传贯彻党的路线方针政策,巩固和加强马克思主义的思想阵地,艾知生同志经常为清华的学生做政治形势报告,他每次的报告都能坚持用马列主义、毛泽东思想的立场、观点、方法,帮助学生分析解决各种思想实际问题。由于他的报告针对性强、分析全面,深受学生的欢迎,一些同学若干年后记忆犹新。但我们深知每一次的报告,从调查研究学生关心的问题,到钻研经典著作、找出理论依据,从拟定报告大纲到字斟句酌的最后定稿,他都花费了大量的心血和艰苦的努力。

他曾向我们介绍他所做报告效果好的体会是:"勤于思考、理论指导、有的放矢、以理服人、字斟句酌、反复修改。"由此可见他对马列主义、党的路线方针和青年学生的极其严肃认真负责的态度。

艾知生同志不仅大力宣传辩证唯物主义,而且在工作中一贯强调实事求是,从实际出发,不搞教条主义和形式主义。记得在20世纪60年代初期,学校面临"左"的压力,在"阶级斗争为纲"的口号下,"左"的"唯成分论"甚嚣尘上,林彪鼓吹的"活学活用"刮起了把毛泽东思想、学习毛主席著作简单化、庸俗化的歪风。艾知生同志这时坚持马列主义的原则精神,多次强调学习毛泽东思想,主要要系统学习原著,学习基本的立场、观点、方法。他反对把毛主席语录当成教条,到处乱贴标签,反对形式主义的"天天读"。记得在一次团委开会时,他曾说:"现在要求天天读语录,是形式主义的学习毛主席著作。学习毛泽东思想,是要系统学习原著,学习毛主席的立场、观点、方法,而不是死记个别的片言只语。"他一再告诫我们:"学生工作要从实际出发,不要像氢气球一样,随风飘。"他在学生工作中坚持反对"左"的唯成分论,顶住压力,关心和保护一些非工农家庭出身的青年团的干部。

在1958年的"大跃进"高潮中,艾知生同志坚持反对在开展"插红旗拔白旗"

活动中一些团的干部和同学批判马克斯威尔定理，批判维纳的控制论。他也反对在成立公社的高潮中个别班级团支部要把图书、衣服、生活费都集中起来，组织"班级公社"简单形式的作法。甚至在"大跃进"的高潮中每个人公布自己的"红专规划"时，他的"规划"也显得最为"保守"（实事求是），似乎缺乏"大跃进"的劲头。正是由于他这种实事求是的思想作风，教育了广大团的干部，使当时的学生工作抵制了一些"左"的干扰，避免了一些损失和影响。正因为如此，在"文革"中，艾知生所坚持的辩证唯物主义，被诬陷为"艾氏诡辩法"，遭了残酷的斗争和迫害。面对残酷的斗争，他始终坚持真理，实事求是，又一次体现了一个真正共产党员的坚强党性。

二、热爱青年　倾心相助

1958年，当艾知生同志又兼任团委第一书记，他第一次到团委来时，对我们说："我已经在共青团'毕业'了9年（指1949年在清华筹建新民主主义青年团），没有想到这次又再次'入团'，清华团委肩负着带领一万多青年的重担，责任重大，一定要把工作做好。"

艾知生同志在团委工作中非常重视选拔和培养团委系统的干部。他到任后不久，在筹备团代会工作中，向学校党委反映团委人员太紧，希望增加人员充实团委领导班子。南翔同志十分重视，决定由组织部门从政治辅导员中抽调10个人，补充校团委的干部，使团委领导力量大为加强，正副书记共有七八人，张孝文、方惠坚都是这届的团委副书记。20世纪60年代初期，另一次团代会的前夕，艾知生同志又向南翔同志汇报反映说："1958年你提出给团委调10个干部，起了很好的作用，加强了团委的工作、培养了一批干部，现在已不少人'毕业了'，又需要补充团委干部了。"在南翔同志和校党委的支持下，又同意再增加10个人，这次团代会后，贾春旺、贺美英、承宪康等都参加了团委的领导工作。

艾知生同志还十分重视学生政治思想工作队伍的骨干力量——政治辅导员的培养和提高，经常召开辅导员会议，明确任务，提出要求，交流经验。从1953年至1966年先后有562名高年级本科生和青年教师担任辅导员，他们不少人都已成为各方面工作的骨干力量，如在中共第十四次代表大会上，共有29名曾在清华学习或工作过的同志当选为中央委员或候补委员，其中9名担任过学生政治辅导员。中共中央总书记胡锦涛同志和政治局委员、国务院副总理吴邦国同志，在校学习期间都担任过辅导员。

艾知生同志一贯重视学生的德智体全面发展，善于从实际出发，创造性地探索工作新途径。如1958年以前清华体育代表队实力不强，比赛成绩时起时伏，学校领导和团委对这种状况不很满意。当时最根本的矛盾是运动员的学习与体育锻炼缺乏统一安排，顾此失彼，既影响学习，体育成绩也上不去。为了解决这一矛盾，艾知生同志经过反复思考，他建议由学校集中百名体育和百名文艺骨干人才，统一安排学习和课外活动，建立单独的党团支部，由学校和团委直接领导，和基层班级协同统一安排好学习和课外活动。这一建议得到南翔同志的肯定，称为"两个集体"，由于这项措施的实行，从1959年到"文革"前夕，清华在北京高校田径运动会上一直名列前茅，学生文艺社团的演出水平也大为提高。更为重要的是从体育代表队、文艺社团中涌现出一大批全面发展的优秀人才。毕业后，在各条战线上作出了出色的贡献。如胡锦涛、陈清泰、胡昭广等同志都曾经是文艺社团的骨干，李蒙（四川省副省长）、倪天增（上海市副市长）也都曾是体育代表队队员。尔后，南翔同志把这方面的经验推广到学校教育的各个方面，提出了"三支代表队，即政治辅导员，因材施教优秀学生和优秀文艺体育社团骨干"培养全面发展的拔尖人才的教育思想。

艾知生同志在学生工作中十分强调要从学生实际出发，针对不同类型的学生和学校不同年级的具体特点，深入细致地做好工作，为此，针对新入学的大一新生和即将毕业生的学生的思想和学习特点，团委分别成立了大一和毕业生工作委员会，各系都有专门做新生和毕业生班工作的辅导员开展工作，此外还针对女学生、思想后进学生，学习优秀因材施教学生，干部子弟等不同学生特点，研究工作规律、开展工作，团委除了有专人分口负责外，还建立了相关的工作部门，更好地开展工作，使政治思想工作更有针对性，取得更好的效果。

"文革"前，清华大学的学生工作和共青团工作在艾知生同志领导下，从清华实际出发，努力开拓工作，得到了广大学生的肯定，这也是当他不幸去世后，受到广大清华校友深切怀念的重要原因。

三、深入实际　良师益友

要能做到一切从实际出发，实事求是的开展工作，关键在于联系群众，深入群众，了解群众的真实情况。在这方面，艾知生同志为我们树立了榜样。

为了培育全面发展的新一代
——蒋南翔任校长期间清华共青团工作回顾

每当团委向他汇报一些重要问题之前,他总是要事先亲自做一些调查研究(如和个别同学交谈,深入到学生宿舍聊天,到图书馆、运动场、学生食堂接触同学等方式),掌握了第一手材料后,再听我们的汇报,以印证我们汇报的情况是否符合实际,并在此基础上作出决定。他经常对我们讲:"表面上看来,是我在领导你们,但是你们来汇报情况,情况决定决策,这实际上是汇报情况者决定领导政策。现在有些干部汇报情况为了迎合领导意图,领导需要什么他就有什么,领导要好的他有好的,领导要坏的他有坏的。这样的干部是助长领导不从实际出发,作出错误决定。一个正确的领导,必需亲自掌握第一手材料,才能不犯错误。"

每当社会上各种"左"的和右的思潮干扰到学校的正常工作时,他总是谆谆告诫我们:"不要照搬社会上一些时髦的口号和作法,要调查研究清华的实际是否适用。"他还经常引用列宁的两段话:"闪光的东西,不一定是金子。""在市场上常常可以看到一种情况,那个叫喊得最凶的和发誓发得最厉害的人,正是希望把是最坏的货物推销出去的人。"以此来教育我们,要善于独立思考,分辨各种社会思潮,结合清华实际开展工作,不要"随风倒"。

在他的工作中,我们深深感到他对党和人民特别是对青年抱有深厚的感情,最真挚的热爱。在清华的教室、图书馆、学生宿舍、食堂、运动场上,经常会看到他的身影。他为清华学生的健康成长呕心沥血,一往情深,饱含激情,倾心相助,他是同学真正的良师益友。为了帮助思想上问题较多的同学健康成长,他经常和这些同学促膝谈心,有一次和一位同学谈话时间过长,过了吃饭时间,他请这位学生到家中去吃饭。现在这位学生已成为一所大学的教授,30年后,仍然深深记住这次谈话对他的帮助。在艾知生患病期间还专门到他家里看望,以表示真诚的谢意。

艾知生同志过早地离开了我们,使我们失去了一位终生难忘的良师益友。他的革命精神和优良作风永远是我们学习的榜样。

承宪康 1954年入学清华大学机械系。曾任政治辅导员,团委副书记,校长办公室主任,校务委员会秘书长,清华校友总会总干事、副会长。

奉献和锻炼
——做辅导员若干经历的回忆

张孝文

1955年3月我在读大学三年级时入了党。不久党组织就找我谈话，要我从大四开始担任学生政治辅导员，就这样我开始了"双肩挑"。这个开始对我在清华近50年的经历和成长过程产生了重要的影响。

开始当政治辅导员时我还很年轻，水平不高，就是凭着一股要为党工作的热情。当辅导员负担不轻，第一个学期就让我负责7个班的学生工作（最多时到过9个班），同时兼任团总支的组织委员。回忆起当时我的第一个困难就是处理不好工作和学习的关系。上课和上自习时常常想到工作中的疑难问题，分散精力，这样长期下去当然是不行的。我们机械系学生政治辅导组不少同志也碰到了这个问题，大家相互勉励，一定要过好这一关。说起来这也是对意志的锻炼，既要"双肩挑"，而工作和学习又都要集中精力，该学习时学习，该工作时工作，该锻炼时锻炼，该睡觉时睡觉。这样由于环境的要求，使我从年轻时就逐渐养成了讲究效率、有计划地调配安排时间、拿得起放得下的习惯。就这点而言，几十年来得益不少。

坚持"又红又专"，这是清华的好传统。对辅导员则要求首先要自己做到"又红又专"，当时辅导员中有不少人是这样的典型。我曾经在全校大会上向大家介绍了当时我们机械系辅导组吕孝勤同志的事迹，在全校学生中引起了很大的反响。记得当时蒋南翔校长正卧病在床，有一天晚上他让我到他家去，他说他听了录音觉得挺不错，他笑着说："就是南方口音重，不过我自己讲话也是这样，不容易改。"他说他相信红与专不仅不矛盾，而且思想好，有正确的动力，应该能促进学习，业务上也能进步很快。直到他去世前我最后一次去看望他，他还是同我讲这个意思，清华政治辅导员制度几十年来很多同志的实践，都证明了这一条的重要性。当然，一个人的精力毕竟有限，按照个人的特点及工作需要，对有些同志我们应该创造条件，使他们能集中精力进行业务方面的进修及提高，以便更快成长为学术骨干，在学校建设中发挥更大的作用。

当了辅导员后，我与当时的党委及校领导接触多后，自然而然从老同志那里学了不少知识，政策水平不断得到提高。1957年"反右"运动后，学生中搞"大辩论"。这个"大辩论"的主流是好的，是引导学生走"又红又专"的道路，但也有片面性。例如，有个别班级在辩论中把想当爱因斯坦的同学看成是要走"白专道路"。我们向蒋南翔校长汇报时说了这个情况，他很重视。他说："千万不能这样，清华如果能出'爱因斯坦'那是清华的光荣，即使出不'爱因斯坦'，出个'B因斯坦'，也是好的。"后来针对学生工作中存在的简单化问题，刘冰同志带着我们团委几个人集中了一个多月时间，上下反复多次，搞了一个学生工作"50条"。这个在"文化大革命"中被批为学生工作"右倾机会主义纲领"的文件，实际是坚持正确方向、符合教育规律、实事求是的好文件。艾知生同志当时代表学校党委领导学生工作，与我们接触最多。他对工作的很多想法也是令人深受教益的。有一件事给我留下很深的印象。那时为加强体育代表队和文艺社团的训练工作，决定搞"两个集体"，即体育代表队员及文艺社团的主要成员除了在班上有个班集体外，还集中住宿，并单独成立团总支。在研究团委领导成员中谁去兼任这个团总支书记时，艾知生同志建议不要由校团委负责学生文体工作的副书记去兼，他提出由我去兼任。我对文体并不专长，在团委副书记中也不分工负责这方面的工作，对这个安排有些迷惑不解。他解释说，文体积极分子首先要做到德、智、体全面发展，尤其要把业务学习搞好。让我去兼任书记可以有一个"平衡"，使全面发展更有保证。我欣然允诺，承担起这个责任。

为了加强马列主义理论教学，也为了使辅导员们能更多地掌握马列主义基本知识，校党委几个主要负责人都亲自讲政治理论课，而且要求每一个辅导员都选一门课和一个班去当辅导教师。我当时选了"哲学课"。这门课是蒋南翔同志讲大课，我到机械系金0班（金相专业1960级）当辅导教师。回忆起来，在这段时间我阅读了很多马列原著，无论是理论水平还是思想方法都有很大提高。一直到后来我主要精力搞业务，包括到美国做研究工作取得成绩，都深深感到马克思主义的认识论和方法论,不仅是认识社会的思想武器,而且是认识自然规律、指导学术研究的强有力的思想武器。这方面的基础,可以说主要是我在当辅导员时打下的。

回忆我在年轻时这段辅导员经历中的点滴往事,的确觉得这不仅是加强学生思想政治教育的一种好形式,也有利于年轻同志的全面成长和培养。在新的形势下应该认真总结这方面有益的经验,使这个制度不断得到完善。

难忘的教益

俞晓松

我在清华园学习7年,又担任过学生政治辅导员,这是我一生最重要的成长时期,其中许多教益,至今仍在起作用。

我是当时学生辅导员中任期最长的一个,共四年半。因为我入学时是五年制,当时辅导员要"留一级",而下一级已改为六年制,于是"七年级"才毕业,就有了较长时期担任辅导员的可能。除在土建系工作外,我还当选了一届校学生会主席。

学生辅导员被称为"政治代表队",但从校党委、团委的要求来看,依然是德智体全面发展,只是政治方面突出一些而已。身体不好不必谈,学业达不到中上等也不可能入选。记得同年级入学的一位党员同学(那时大一入学的正式党员极少),中学时自然是"佼佼者",也有社会工作能力,但不适应大学的学习规律,学业总是中下等。我曾推荐过他,学校里明确说,要减轻他在班上已有的社会工作,不考虑担任辅导员。我的学业算是上等的,但不那么用功。记得一次期末考试,考到最后一门时我病了,发高烧,但自认为挺着也可以及格,不愿补考。校团委的老师亲自来宿舍劝导:每门课都要认真,也是对老师的尊重,再说本可得"优",只考及格影响也不好。他还让夫人在家做了"病号饭"给我送来。后来我参加补考,得了"优"。我毕业时,由于全部考试没有"三分",大部分为"五分",得到了最高一级的优秀毕业生奖章。

怎样做思想政治工作?几年的辅导员生活给我留下了一生难忘、有益的影响。

我们入学那年(1957年),正是"反右"高潮。学生干部,包括我们这些被选为辅导员的，难免受到许多"左"的影响。班干部常把班里少数几位同学当作"批判对象"。

就在那样一个历史背景下，校长向团委提出了这样一个问题：我们常说要团结95%以上的群众，对清华的学生们，是不是应当团结100%？这个问题当时确实使我们这批学生干部中的不少人吃惊！但校领导们启发说：现在是共产党领导下的新中国，学生们都是"红旗下长大的"，进入清华的多是各地学生中的尖子，还加上了"政治审查"；上了大学，党和人民又花了大量人力、财力进行培养，如果等到毕业了，还有一部分"损耗"，是说明那些同学有问题还是我们的教育工作有问题呢？这一点拨，确实有理。今天大家会认为这些不是问题，但当时是在20世纪的五六十年代！

这样明确的教育思想，要在学生思想政治工作中贯彻，当然还有许多事要做。

我的那个年级，就作为纠正过"左"思想工作的调查典型。有个使我难忘（我也有责任）的例子：一个班到农村去劳动时，某同学说了一句"人不如驴"，被班里批判为"反对参加劳动、反对党的教育方针"。已经批过了，他也检讨了，但几位辅导员分析时总觉不踏实，于是找这位同学直接谈，打消"顾虑"，说说"实情"。原来是几个同学劳动时被分配去推磨（碾子），两人一组，很累而且还犯晕；看到村里平时用驴拉磨，小毛驴似乎悠哉悠哉。于是引发了"小知识分子"的感慨："人不如驴"！在场的同学有人哈哈大笑，以为风趣；有的认为他感受知识分子不参加劳动不知其艰难，是思想体会；但也有的则"上纲"认为是对参加劳动不满，而他本人不是党团员，"家庭出身"也不好，只好违心地作了检讨。从我在的这个年级和其他几个典型调查分析，找到了不少思想政治工作伤害同学感情，不利于团结的"过左"倾向的实例，为此学校制定了"50条"，不但发给干部，还向全体同学公布，这确应算是那个历史条件下的一个创举。

此外，学校还有正面的、更高的要求：既然每个同学都应成为社会主义建设的有用人才，在校期间就要使每个同学得到锻炼，不但学业要过硬，还要学会做社会工作。

我们在工作中要帮助学生干部克服思想工作简单化、急躁性、"你打我通"的倾向，强调从实际出发，具体问题具体分析，提倡和风细雨，"潜移默化、点点滴滴"的工作方法，要求团支部书记和"落后"同学交朋友。

我们还要引导一些内向型、"学究式"同学热心参与社会工作，让他们担任一些一次性的、比较"简单"的公益工作，如周日同学郊游时负责统一购置干粮（那时极少有去餐馆的），负责给一个宿舍楼的同学买电影票（需要周六下午在指定宿舍值班，直至电影开映，要票款符合）。即使是这种事，难度也不小。因为当时踊跃承担社会工作的同学是多数，积极分子把社会工作"瓜分完了"。因此，很容易形成另一少部分同学"不愿干、也干不好"的心态，需要说服班干部相信这些同学也是"愿意干、能干好的"。我们在工作中需要有意识地给这些同学安排锻炼的机会，并给以必要的表扬、鼓励。

当学生辅导员的我，同样要受教育。工作中做错了、搞砸了、挨批评，自然是"吃一堑，长一智"。另外，我记得曾经接到很多班干部上交的"矛盾"（难题），即和某几位有很深文学爱好、却和团支部书记"难找到共同语言"的同学谈心交朋友。我为此在清华时期读了《约翰·克里斯朵夫》《基督山恩仇记》《双城记》这样一些文学名著。跟那些同学谈心也给了我很深刻的教育。

在大学学到了专业，学到了科学，也经历过多次左的"运动"、劳动锻炼……在清华园的日子里不过的确得到了至今，乃至一辈子都受用的宝贵财富！

清华，是我的母校，是哺育我的母亲。

"殊途同归"教育思想的一种尝试

陈清泰

我于1957年进入清华大学，1959年被选为校学生会副主席，成为学生政治辅导员。在学生会，我分工负责学校文艺社团的工作。

蒋南翔校长提出了"殊途同归"的教育思想，这是文艺社团和体育代表队建设和开展活动的思想基础。我认为其重要的含义在于：国家需要的人才是多方面的，学生的爱好和特长是纷繁多彩的，而学校的院系专业设置却是有限的；因此，学校应当创造条件，使学生在学好功课的同时，鼓励他们培养和施展个人的爱好和特长，经受多方面的学习和锻炼，为国家培养多方面人才。例如：不少院系选拔了"因材施教生"，有的同学可以选择更多的课程；学校设立了学生政治辅导员制度，使一部分同学在政治素养和组织能力方面经受了更多的锻炼；与此同时，文艺社团和体育代表队的活动作为教育的一种方式，也受到学校的高度重视和支持。就在这样一个背景下，文艺社团和体育代表队的建设和发展在原有基础上进入了一个高潮期，并一直持续到"文化大革命"。

我恰恰在这个期间到文艺社团工作，和刘述礼、郑小筠、秦中一、赵燕秦等辅导员一起在校团委领导下，负责学生文艺社团的建设和组织管理工作，主要工作包括：教育同学如何妥善处理学习和文艺活动的关系，安排创作、排练、演出等活动，负责节目审查，做好同学们的思想政治工作，以及"五一""十一"天安门联欢活动的策划和组织等。在这期间，经学校同意，在校团委的支持下，我们采取的一个比较大的措施是划出当时的三号楼、四号楼学生宿舍供骨干队员集中住宿，划出专门的食堂用餐。我们设立了文艺社团团部，成立了党支部和团总支，健全了组织管理体系，并在合唱队、舞蹈队、军乐队等设立了团支部。各个

为了培育全面发展的新一代
——蒋南翔任校长期间清华共青团工作回顾

文艺团队就成了这部分同学主要的生活集体。采取这种方法，一方面是为了在培育和发挥同学们特长爱好的同时加强思想政治教育；另一方面也为了使文艺社团能够更有效地安排业余活动，做到学习活动两不误。不同院系、不同年级的队员们在以共同爱好组成的集体中生活和活动，使同学们的思想更为开阔，接触的事物更具有多样性。实践证明这种做法有利于同学们的成长。

由于学校的重视和支持，在团委、学生会领导下，文艺社团的活动欣欣向荣。一方面，排练和演出的节目很受同学们的欢迎，包括在北京和上海的演出也获得了很大的成功；另一方面，文艺社团的同学学习的平均成绩比班级水平高出许多，这就使文艺社团的向心力很强。

40年后回头看，在我同时代的校文艺社团中，不仅涌现出如江欢成、马国馨、陈陈、刘西拉、左铁川等著名的院士、教授和工程师，还出现了胡锦涛、华建敏等党和国家领导人以及胡昭广、秦中一等省市、部门领导。就我的亲身感受，如胡锦涛、华建敏、胡昭广、秦中一等走出学校后的成长和经历不能说与曾做过政治辅导员的经历没有关系。实践证明，包括文艺社团、体育代表队和政治辅导员等"殊途同归"的教育方式，是培育人才的一条成功的道路。

学生政治辅导员，说起来是对同学进行"政治辅导"，实际上从某种意义上说，首先是学生辅导员自身受到了更多的锻炼。我感觉，被任用为辅导员是对自己巨大的激励，促使自己在政治上、学习上、工作上、生活上都更加严格地要求自己，做人表率。在做学生工作中，我们和一般同学相比，无论在分析问题能力、组织工作能力、政策把握和与不同人群共事能力等方面经受了更多的锻炼。其中对我触动比较大的是1960年前后中国政治经济形势变化带来的影响。

20世纪50年代末到60年代初，中国经济政治形势发生了重大的变化。1957年反右之后，1958年掀起了"三面红旗"，达到了"大跃进"的高潮。农业卫星一个个腾空而起，大炼钢铁一项项捷报频传，接着是连续三年自然灾害。虚报浮夸、饿死人的事从同学们的家乡纷纷传来。接着是粮食定量，吃饭吃菜受到限制，同学们从现实生活中感受到了形势的严峻。与此同时，苏联背信弃义，改变了对中国的政策，停止了对华援助项目，并要求中国还债，使当时已经出现的经济困难雪上加霜。清华大学是我国的最高学府之一，年轻的大学生是思想最活跃的一群人，他们的思想认识与国家的形势息息相关。在短短一两年内如此巨大的反差，同学们无法理解。突如其来的形势冲击着同学们的思想情绪。由于大家正处在长身体的年代，吃不饱肚子使很多同学很难忍受。学校里同学们平静的学习生活被打破了。一些同学思想波动，信念动摇，影响了学习。我作为辅导员在学生工作第一线，看到了同学中的种种思想和现实问题，心情很沉重，深有一种为党分忧、多做工作、带好队伍、渡过难关的责任感。

这时我被派到文艺社团食堂当主任，和一位姓邢的师傅、几位同学一起管理食堂。在有限的钱和定量的粮、油、肉的情况下要想改善伙食是很困难的。我们和炊事员一起做的一件重要的事就是学习"增量法"，在蒸窝窝头时设法使玉米粉多吸收水分，使个头变大、重量增加。在不同季节我们大量购买便宜的蔬菜，让同学们吃饱肚子。我还和赵燕秦等同学星期天到西山鹫峰脚下买小羊和小兔，骑自行车驮回来。我们在路上边艰难地骑着车边盘算，小羊几个月能长大，兔子几个月可以生一窝，就像盘算"一个鸡蛋的家当"似的，幻想什么时候可以给同学们解馋。

我有时间就参加舞蹈队的活动。由于肩负辅导员工作，活动参加不全，是个水平不高的队员。在吃不饱肚子的情况下，学校提倡"劳逸结合"，队里的排练活动减少了。有时同学们聚集在宿舍里一起谈形势，谈从班级传来的新闻，我们没有固定的形式，大家都愿意参加，而且谈得很认真。团支部邀我和大家一起谈，我感觉这是一个做工作的好形式和机会。在舞蹈队，也许是因为我年级偏高，也许是我为人老成，也许因我还是一位辅导员，同学们给了我一个特别的称号，叫"陈老"。我听起来有点不自在，但这是大家奉送给我的，也只好接受。在这种不拘形式的漫谈中大家都愿意叫我多说。面对急剧变化的形势，听到同学们反映的各种思想和问题，作为辅导员我确实想了许多，我也想把我的感受传递给大家，向大家倾吐自己的心声。

我语重心长地对大家说："面对眼前的困难，我们决不能人穷志短，马瘦毛长。人总要有点志气，困难是暂时的，但信念和意识是持久的。苏联敢于欺负我们正是因为我们还不强，对自然灾害承受能力弱，说明我们的经济实力还不行。我们必须鼓足了劲头，建设富强的国家。对此我们这一代有不可推卸的责任。"

"清华学子必须更多地承担历史使命。我们每一个年龄的同龄人大约有1200万，其中能上大学的不足1/10，可以说恰恰以9/10以上同龄人不能上大学为条件，才使我们获得了深造的机会。而能进入大家称之为最高学府清华大学的只有万分之一。翻开新中国成立前的百年历史，令人惭愧；面对还依然贫穷落后、受人欺负的祖国，我们背负着千万同龄人的期盼和嘱托。随着历史的推移，每一个年龄段的人都必须适时扮演建设国家、管理国家的主要角色。当我们这一代承担起社会重担、成为社会中坚力量时，就应该在我们这一代中产生最有影响的科学家、造福于人民的工程师、桃李满天下的教授，甚至管理国家的省长、部长，为富国强民、治理国家作出更多的贡献。这绝不是关起门来饱享'精神大餐'，而是作为清华学子必须树立的报效祖国的意识，必须考虑的历史性责任，也是历史的必然。"

"大学时期正是一个人从不成熟走向成熟非常重要的阶段。清华大学是工程师的摇篮，工程师的品格就是务实。我们不仅要有历史责任感、有抱负有理想，更重要的是从脚下做起，通过脚踏实地的努力，开通走向未来的道路。困难是磨炼我们的课堂。我们现在的任务就是要更加刻苦地要求自己，学习、学习、再学习，努力充实自己；在参加各项活动中经受锻炼，培养能力；在日常学习和工作中，修养自己，做到'出淤泥而不染'。'学生'，就是学会生活和工作。困难在考验每一个人，我们要以看到的社会和接触的现实为一面镜子，凡是自己赞赏的、敬佩的那些为人处事的思想行为，就应该努力学习，成为自己行为的准则；凡是自己唾弃、鄙视的那些为人处世的思想行为，就时刻警惕，永远不做。这样我们就能逐渐成为一个高尚的人。"

这些平时看来纯属说教性的一段段话，在当时那种情况下，大家都倾心静听，而且产生了共鸣。有的队员还根据自己的感受不断加以补充。每次类似的畅谈，大家心中都感到热乎乎，增强了自己克服困难的信心，增强了历史责任感，充实了学习和工作的动力。

经历这一段过程，我突然感觉自己也变得更成熟了。

"双肩挑"使我终生受益

谭浩强

蒋南翔校长在20世纪50年代提出在清华大学设立政治辅导员制度，选拔一批品学兼优的高年级学生担任政治辅导员。一方面是为了加强学生政治思想工作；另一方面是为了培养一批政治好同时业务好的优秀人才。这是清华大学在人才培养工作中一项创造性的、有战略意义的举措。60年来，从政治辅导员这所"学校"走出来的众多优秀人才在我国各领域、各岗位上的突出表现和优异业绩，雄辩地证明了蒋南翔校长当年的远见卓识，证明了这项制度的强大生命力。

关于政治辅导员和"双肩挑"，已经有许多回忆和评论的文章，我在纪念蒋南翔教育思想的讨论中也发表过两篇文章，谈了自己的体会。我觉得政治辅导员对于日后在政治上成长的作用，已为许多人的实践证明，许多人担任了党政要职，其作用是有目共睹的。但是对于在业务领域中的作用还总结得不够，而且政治辅导员中大多数人日后主要是从事业务工作的。因此，需要深入研究和总结政治辅导员对业务领域的作用。本文就是想以自己的经历谈谈这方面的体会。

一、艾知生之问

20多年前的一天，我在清华大学第二教室楼前，与时任国家广电部长的艾知生同志骑车相遇，他热情地招呼我，说："我经常在电视里看到你，你现在是全国著名的计算机大专家了。过去你是学生工作干部，别人以为你也会去走仕途当干部的，但你却选择搞了计算机，而计算机是你没学过的，转变幅度如此之大，你的转变如此之快，你有什么经验体会？"他还告诉我：有人写信问清华大学有几个谭浩强？因为过去有一个"学生领袖"谭浩强，现在有一个"计算机专家"

谭浩强，这是不是同一个人？在许多人看来，干部和学者完全是两回事，二者的特点完全不同，一个人很难兼顾二者。我不假思索地回答他说："这要感谢蒋南翔校长提倡的'双肩挑'制度，使我在政治上和业务上都得到很好的锻炼，以后干什么都没问题"。艾知生同志说："你这点体会很重要，看来一个人的能力是相通的，有能力的人干什么都行，没有能力的人干什么都不行。"他建议我给现在的大学生做个报告，让他们在年轻时有意识地培养自己，打好今后发展的基础。

二、根据需要决定工作方向

我在1953年考入清华大学，入学后担任过团支部书记和电机系团总支宣传委员。1956—1959年担任了3年清华大学学生会主席、北京市学联副主席和全国学联执行委员，1958—1966年担任了8年校团委副书记。从1955—1966年先后担任了11年政治辅导员。在青年时期，无论在政治上和还是在业务上都受到良好的培养和锻炼，对我后来一生的健康发展和事业的成功打下极为重要而坚实的基础。

在"文革"期间，我被批判、斗争、下放劳动共达6年之久，但长期以来党的教育使我没有动摇对党和社会主义的信念。1972年从江西农场回京恢复工作后，被刘冰同志派到清华大学绵阳分校任党委常委、政工组长，1975年底调回北京，任清华大学计算中心首任党支部书记，受命筹办清华大学计算中心。

在我担任清华大学计算中心党支部书记初期，清华大学根据北京市的要求，于1978年秋临时决定扩招了两个计算机大专班。马上要开学了，由于师资紧张，程序设计这门课找不到人讲课。这时有人对我说："你现在党支部事不多，干脆你去讲吧！"按照常规，我完全可以婉拒，理由很充分：第一，我根本没有学过计算机，对这门课一无所知；第二，离开学只有三周了，三周备一门新课根本来不及。但是看到工作实在需要，如果我不承担，别人也有困难，我毫不犹豫地一口答应下来。于是在我44岁时从零开始学习计算机。我到图书馆找资料，中文的、外文的，还没有等我看完有关的资料，开学了。我只好现炒现卖，自己学完前面的内容就去讲前面的，再去学后面的，然后讲后面的。

结果出乎我的意料，由于过去有一定业务基础，加上做政治工作的锻炼，表达能力强，逻辑清晰，讲课生动，学生对上这门课特别感兴趣，争坐第一排，并把我的课称为"乌拉课"("乌拉"是俄语"万岁"的意思)。后来中央电视台和中央电视大学要面向全国播讲计算机课"BASIC语言",到清华物色讲员,征求意见,大家说"谭浩强的课是乌拉课,应该推荐他去讲"。这样,我就在1981年走上中央电视台,向全国讲授了BASIC语言。许多后来各领域的专家,当年都是从收看了BASIC语言后走入计算机大门的。我也由此走上了计算机普及教育的道路。

20世纪80年代初期,清华大学许多教师由于科研与教学的需要,迫切希望学习使用计算机,学校要求计算中心向全校教师普及计算机语言。我和另一位老师向全校教师讲授BASIC语言和FORTRAN语言,使广大清华教师过了使用计算机这一关。当时清华许多老师感到很奇怪:谭浩强不是搞政工的吗?怎么一转眼成了计算机普及专家了?

这好像有些偶然性,但是偶然性往往寓于必然性之中。如果当时我没有把工作放在第一位,知难而进,迎接挑战,可能就会失去这一机遇。而当时我的正确选择正是多年来党的教育的结果,是政治辅导员的基本素质所决定的。

1985年1月,北京市委任命我为清华大学分校副校长(副厅局级,后来市委决定全市各大学的分校合并成立北京联合大学)。我继续坚持"两个肩膀挑担子",一方面担任学校领导工作,一方面承担教学工作(一周四节课),同时担任全国高等院校计算机基础教育研究会会长、教育部全国计算机等级考试委员会副主任、教育部全国计算机应用技术考试委员会主任,还要编写多部计算机教材。白天上班,晚上写书。只有艰辛的付出,才会有丰硕的成果。这对于政治辅导员来说是一项基本要求。当年政治辅导员又要学习,又要工作,两者都要好,显然要比单纯学习或单纯工作困难得多。从严要求、自觉加码、高效工作、超负荷运转是政治辅导员的基本训练之一。这些对我后来的工作很有帮助。

许多人以为按照我过去的经历,会向政治方向发展走仕途,但历史的发展和机遇把我推向了另一个方向——从事计算机教育与普及。

三、把平凡工作做成不平凡

那个时候,计算机专家谈论计算机教育时,往往关注的是计算机专业的教育,很少有人关注计算机专业以外的、对广大群众的计算机普及教育。我在电视台讲课时,接触到许多计算机的初学者,包括广大非计算机专业的知识分子、公务员、大学生、老知识分子等,他们迫切要求学习计算机,以推进计算机在各个领域的应用。他们迫切学习的心情令我感动。还有大学中的非计算机专业的大学生,他们的人数占全体大学生的 95% 以上,但当时多数学校都没有为他们开设计算机课程。欧美发达国家已在中小学生中普及计算机,而我国的大学仍然年复一年向社会输送"计算机盲"。我忧国忧民,心急如焚。

我决心投身于面向社会的计算机普及和高等学校非计算机专业的计算机基础教育。这是一个"未被开垦的处女地",也是不被人们重视的角落。有的人认为这种工作"没水平""小儿科",在职称、评奖、晋升等各方面往往受到不公正的待遇。许多教师不愿从事这项工作。多年来做政治工作的锻炼,使我毫不犹豫地作出选择:只要需要就应当干,只问耕耘不问收获,行行都能出状元。

我决心把自己的后半生贡献给这个重要的事业。当时这样做是需要有勇气的。我有一位好朋友好心地劝我:"谭浩强,你做的工作是很有意义,但要适可而止,做一两年就可以了。以你的能力,搞科研,出国深造,肯定有更好的前途,对你的发展更有利。"我很感谢他的关心,但是我没有考虑个人得失和个人前途。我认为这是一个利国利民、大有作为的事业,一个人的贡献并不是以当官的大小或是否院士来衡量的,只要尽了自己的力量为社会的发展作出贡献,他就无愧于社会。后来有媒体访问我,问我为什么能在这样平凡的岗位坚持几十年,我脱口而出:"社会的需要就是我的责任。"电视台播出了我这句话,被许多人称赞和引用。

我下决心要把平凡的工作做成不平凡。从 20 世纪 80 年代初以来,我在担任学校领导工作的同时,以极大的热情投入了面向全国的计算机教育和计算机普及工作,在平凡的工作岗位上作出了贡献,媒体曾报道我创造了三个纪录:

(1)所著的《C 程序设计》发行 1500 多万册,和田淑清合著的《BASIC 语言》发行 1250 多万册,双双突破 1000 万册,创造了国内外科技书籍发行量的最高纪录。

(2)30 年来编著或和他人合编出版了 160 多种计算机著作,主编了 400 多种计算机书籍,是出版科技著作数量最多的人,全国大多数高校都首选其为教材。

(3)编著和主编的书总发行量超过 6000 万册,是读者最多的科技作家。1981 年我在中央电视台讲授《BASIC 语言》,当年收看人数达 100 万人,从此掀起了我国计算机普及的高潮。此后,我先后在中央电视台主讲了 7 种计算机语言,观众超过500万人。

许多人说我在20世纪80年代初抓住机遇,把计算机普及搞得轰轰烈烈,坚持几十年,把平凡工作做成了不平凡。在一个座谈会上,一位老师说:"谭浩强聪明绝顶,在30年前就准确地看到计算机普及的极端重要性,坚持做了几十年,把它做成了伟大。"后来我发言了,我说:"30年前的谭浩强绝不是聪明绝顶,而是一个傻瓜,因为聪明人是不屑于做这种平凡工作的,只有甘当傻瓜的人才愿意做这种无名无利的工作。"结果"傻瓜"变成了"聪明人","聪明人"变成了"傻瓜",这就是聪明人和傻瓜的辩证法。我在《光明日报》就此发表了一篇"聪明人和傻瓜的辩证法"的文章。

这时,人们称我为"著名计算机教育家",其实我的底子就是一个"双肩挑"的政治辅导员。从"干部"到"专家"的转变好像是在一夜之间完成的,这是由于我的双肩挑经历使我在政治和业务两方面都打下较好的基础,而且这两方面的能力是相通的。

我原来不是学计算机的,我的专业基本功可能不如别的专家,但是做政治辅导员培养了我具有更重要的基本功,就是做人和做事的基本功。在长期的思想政治工作中养成的不计较名利、甘愿做"铺路石子"的奉献精神和不知疲劳的工作干劲,以及思想上的敏锐性、开拓性,这是取得成功的关键。

四、业务领域中遇到的不仅仅是纯业务的问题

在多年的业务实践中我深深感到:在业务领域工作的人所遇到的并不仅仅是纯业务的问题。我和业务界的人士有较多的接触,深深体会到:自然科学工作者本身不会自发地产生辩证唯物主义。例如,有的人重业务轻政治、重理论轻实际、重科研轻应用、重提高轻普及,思想方法上往往出现绝对化、片面性和形而上学。在一些知识分子中也常见到门户之见、文人相轻的现象,甚至还有压制别人抬高自己的学阀作风。而政治上经过锻炼的同志在这方面就好得多。

20世纪80年代初,我在中央电视台讲授BASIC语言,受到全国各界的欢迎和好评,这时有一位"计算机权威"在一个全国性的计算机大会上公然霸道地宣称:"我说过BASIC语言毒害青年,应当取缔,为什么还不取缔?"当时他是"权威",而我才是刚出道的新人,人微言轻,我受到很大的压力。究竟应该怎么看?

许多人都看着我。我没有简单地屈从于"权威"的压力，而坚信实践是检验真理的唯一标准。过去在团委工作时也常常听到上面有人对清华工作的无理指责，例如康生曾指责清华搞"50条"，当时蒋南翔没有被压服，而是通过调查研究，用事实证明了"50条"的正确和必要，使工作避免了损失。这给我树立了榜样。

我调研了国内外的情况，收集了国内推广BASIC语言的积极作用，召开了"BASIC语言的发展与应用"专题座谈会，让更多的专家发言，用事实说话，大家一致肯定了BASIC语言在计算机普及中的积极作用。我为此专门写了一篇文章，指出："一个事物的产生、发展与消亡，有其自身发展的规律，不以任何人的意志为转移"。中国计算机学会名誉理事长、资深院士张效祥明确表示：谭浩强在我国大力普及BASIC语言，推动了计算机的应用，是立了大功的。许多基层老师认为此事我做得很漂亮，不畏强势，坚持真理，使工作避免了损失。这是在团委工作时打下的基础。

近几年来，在中国高校计算机基础教育领域掀起了一股有关"计算思维"的热潮，有的计算机专家从美国一位教授那里引进了"计算思维"的概念，提出：学习计算机课程的主要目的就是培养计算思维，应当把计算思维作为计算机基础课程的"主线"，并且通过教指委用行政的力量大力推行，要求全国教师都要研究和贯彻计算思维。一时间形成了计算机基础教育界压倒一切的任务，《计算机教育》杂志每期连篇累牍刊登大批文章，只讲计算思维，不讲其他问题，形成一面倒的局面，我觉得把计算思维提高到不适当的位置，而忽视了计算机的应用属性。不少教师存在疑惑，但因权威一言九鼎，只能跟风拥护。

对于计算思维的研究，我是支持的，有助于提高课程的深度，培养学生的思维能力。正如通过数学课的学习可以培养逻辑思维，通过物理课的学习可以培养实证思维一样。但是不能说学习数学的唯一目的就是培养逻辑思维，数学是研究一切科学必须的工具。真理再跨前一步会变成谬误。我经过深入思考，认为：学术活动应当采取百家争鸣的方法充分展开，不宜采取运动式的、先有结论、一边倒的方法进行；思维属于哲学的范畴，应该有哲学界人士参加，听取哲学界的意见，而不宜只由计算机界老师单独进行，甚至越俎代庖；不宜要求所有教师都去研究计算思维。正如不能要求数学教师先研究清楚逻辑思维才能讲数学课一样；对不同类型、不同层次、不同专业，应区分对象，分类指导，不能一哄而起，一般号召，一律要求；计算机基础教育除了计算思维以外，还有其他重要的内容要研究和贯彻，如面向应用的问题；少数人研究可以先行，在全国推行要慎重；任何一项新鲜事物的推广都应当先试点，取得经验后逐步推广。尤其不宜在学术界没有取得一致的情况下用行政的办法强行推广，这是我党的优良传统。

由于经历不同、视角不同，出现不同观点是正常的。每一位专家的意见都应当重视，但是不能以地位的高低作为衡量是非的标准，学术问题最好还是按学术规律处理。许多人找我谈了意见，希望听到我的意见。

我在学术会议上旗帜鲜明地提出：应当在学术上广开言路，提倡不同意见的争论，真正形成民主的学术空气；学术问题不能采取下级服从上级、少数服从多数，上级不一定比下级高明，有时真理在少数人一边；学术问题不能由行政作结论，只能通过百家争鸣和实践来解决，实践是检验真理的标准。我始终坚持不唯上，不唯书，不唯外，只唯实，一切从实际出发，不盲从领导，不迷信权威，不盲目跟风，坚持实事求是的原则。这是在团委工作时期形成的根深蒂固的思想。

我清楚地记得，20 世纪 60 年代搞"50 条"的情况，提倡辩证法，克服片面性，"50 条"充满了"既要……，又要……"的条文，要求大家不能只强调一方面而忽视其他方面，至今仍有现实意义。我在《计算机教育》杂志发表了《研究计算思维，坚持面向应用》等文章，全面阐明应当把研究计算思维放在适当的位置以及应当采取的研究方法。

经过几年的讨论和实践，现在大家对这个问题有了更全面的认识。

业务领域中的问题不仅仅是业务问题，业务中有政治，政治要与业务相结合。只有业务知识并不能完全解决业务领域中的问题。还需要有正确的指导思想、思想方法和工作能力。有过思想工作的经历，无疑更具有优势。

五、坚持实事求是，一切从实际出发的作风

在清华团委工作期间，受到蒋南翔和刘冰同志作风的影响，实事求是，不唱高调，不随风飘，不人云亦云，一切从实际出发，根据实际情况决定应该怎么做。这个习惯影响了我一辈子。

在中国大学的非计算机专业中进行计算机基础教育，应该怎样进行？有的专家从其本身经验出发，认为计算机基础教育应当面向计算机学科，按照计算机专业的课程体系进行教学，认为要提高教学质量就要从理论方面提高，我从直觉感到，不同的事物是有不同属性的，不能照搬。我从实际出发，进行了深入调查分

析,发现非计算机专业与计算机专业无论在培养目标、教学要求、学生基础、课时安排和将来工作性质等方面都有很大的不同,不应照搬计算机专业。我明确提出:大学非计算机专业中的计算机教育实质上是计算机应用的教育,应当面向应用,以应用为出发点,以应用为目的,注重培养应用能力。多年来这个重要的教学理念被实践证明是正确的,得到大家的公认,成为全国高校计算机基础教育研究会的指导思想。

在计算机普及的初期,有的老师缺乏具体分析,把计算机专业的做法搬到非计算机专业,把学校的模式搬到社会,要求公务员和一般初学者都去学二进制转换,在计算机等级考试中曾这样考公务员:3568.9654 转为二进制数是多少?许多群众反映:"想学计算机,但第一关二进制就过不去,不敢学了"。这个情况引起我深思:学计算机必须要从二进制入手吗?我们不能只从理论出发考虑问题,应当对工作对象的情况与需求有深入的了解。我认为:研制计算机和使用计算机所需要的知识是不同的。难道看电视的老太婆也需要懂得电视机的原理才能看电视吗?必须从实际出发制定应用计算机所需的知识。

1999 年,我在报刊上发表了一篇题为《计算机普及教育中的一个误区》的文章,提出了要注意三个区别:区别计算机专业与非计算机专业,区别学校与社会,区别计算机专业人员与计算机应用人员。对不同对象,应当区别对待。应该从应用入手,要据需要选择学习内容,坚决舍弃那些现在用不到、将来也用不到的内容。后来,在初学者的教材中只对二进制作很简单的介绍,不再出现复杂的二进制转换的内容了。

为了解决初学者学计算机难的问题,我提出了计算机普及的理念:要多为初学者着想,不要难倒他们,更不要吓跑他们,要让他们轻松愉快、兴趣盎然地进入计算机的大门。有的教师认为计算机那么复杂,理论这么多,学习应该是一个艰苦的过程,怎么可能"轻松愉快、兴趣盎然"呢?我说我指的是入门,而不是指成为计算机专家。如果难学的话,人家就不来学了,那么我们就失败了,入了门再逐步提高嘛!

怎么能做到这一点呢?我提出必须要针对初学者的特点,采用有效的学习方法。我借用了"文革"中有人曾提出的学习毛主席著作要"带着问题学,活学活用,学用结合,急用先学,立竿见影,在用字上狠下功夫"这段话,指出它对学习毛主席著作是不合适的,但用在计算机普及再合适不过了。大家听了,开始乐了一阵，后来仔细想想，真有道理，就是要为用而学，学了就要用。

有人不是说"不可能轻松愉快、兴趣盎然"吗？我说我做给你们看。我发起成立了"浩强创作室"，吸收了几十位老师参加，按照我的理念和风格编写出版了大量通俗易懂的入门读物，如看图学电脑、老年人学电脑、娃娃学电脑、怎样上网、怎样制作电子相册、怎样进行文字处理、怎样作图等，生动活泼，实用性强，引人入胜，一看就懂，一试就会。成功地解决了这一难题，现在已经很少人认为入门难了。边学边用，越学越有兴趣。入门了，再提高也不难了。不少老师对我说："你做了一件大好事，为计算机普及打开了一扇大门，开辟了新的天地。"

只有深入实际，才能发现实际中的问题，采取有效的方法解决问题，推动工作前进。由于在长期工作中养成了贴近群众，面向实际的习惯，因而能有效地提出问题，解决问题，对推动这个领域的工作作出些贡献。这的确得益于年轻时受到全面的锻炼。

六、多为群众着想、勇于开拓创新

为了有效地推进计算机普及，我在许多场合大声疾呼："要把计算机从少数计算机专家手中解放出来，使它成为广大群众手中的工具"，为此我奋斗了30年，现在已取得了极大的成功。

许多人说我写的书很容易看懂，C语言是比较难学的，不少人望而生畏，后来我写了一本《C程序设计》，许多人反映："自从谭教授出版了这本书后，C语言变得不难学了。"现在这本《C程序设计》已累计发行了1600万册，是世界上发行量最大的大学计算机教材。不少人都发现，我现在的成就很大程度上得益于我过去的经历。

许多人以为写书只是一个技术活，把技术问题交代清楚就行了。有人认为写教材很容易，自己刚学会就能写，甚至形成人人写教材的局面。其实，写教材大有学问，不仅要求作者有深厚的业务基础，还需要有先进的理念、正确的思想方法和分析处理问题的能力，包括研究工作对象的认知规律、探讨教学理念、革新写作方法、使人容易入门。

许多人都说我无论讲课还是写书，效果都很好，很爱听我讲课。其实讲话和做报告正是学生工作的基本功之一。当过干部的人往往分析能力强，逻辑清晰，善于表达。我是学生工作出身，熟悉青年学生的思想状况和学习特点，我总是习惯地设身处地、将心比心地站在学习者的角度思考问题。以前向学生作报告,总是事先了解学生的思想情况,考虑怎么讲学生才能听进去并且能解决他们的问题。讲课和写书也是一样。教师不应该想怎么讲就怎么讲,作者不应该想怎么写就怎么写,必须考虑学生和读者的感受,必须考虑怎样写怎样讲读者才最容易理解。

我提出:"要将心比心,为读者设想""要用通俗易懂的方式阐明复杂的概念""要善于从初学者角度提出问题,从专家的高度解决问题"。在这方面,过去做学生工作的经历帮了我很大的忙。做学生工作最重要的是要有群众观点,了解自己的工作对象,处处为群众着想。这一基本功,使我今天受益匪浅。我在写教材时,往往用一半的时间去处理内容的选取和编写程序等技术问题,另外的一半时间用来琢磨怎么写读者才能容易懂。许多学生说,谭老师好像知道我们怎么想的,因此一针见血,讲的就是我想知道的,一看就明白。

只有深入了解对象的情况和需求,才会有创造新的理念和方法的动力。过去,一般理论课程采用这样的三部曲:提出概念——解释概念——举例说明。我在写计算机基础教材时,根据对象的特点,反其道而行之,采用这样的三部曲:提出问题——解决问题——归纳规律。事实证明,这种方法很适合广大初学者。我把过去采用的"先理论后实际,先抽象后具体,先一般后个别"的教学方法,改变为"由实际到理论,由具体到抽象,由个别到一般,由零散到系统"。我认为这更符合初学者的认识规律。这种方法在计算机普及领域取得了巨大的成功,在全国引起强烈的反响,许多专家认为我"特别了解读者,研究透了初学者的认识规律",认为我创造了计算机普及的新思路,"开创了计算机书籍贴近大众的新风"。许多人说我是计算机领域的"平民作家"。

有人认为自然科学就是枯燥的,讲课枯燥和写书枯燥是不可避免的,很少有人尝试去改变这种状况。我从政治思想工作中受到启示,过去在做报告时,总是要力求生动具体,使学生喜闻乐见,学生是不爱听枯燥无味的报告的。我把这一点用到了计算机的教学和写作中。自然科学和社会生活、课堂教学和日常生活本来是风马牛不相干的事,我则努力把它们结合起来,用大家比较熟悉的日常生活中的例子去说明计算机知识中一些复杂的概念。计算机程序设计中的"递归"是比较难懂的一个概念,我用了5个兄弟齐坐问年龄的例子把它讲清楚了。C语言中二维数组的指针是一个难点,几乎所有的C语言书都没有把它讲清楚,我用了

"连队点名"的例子使读者感到"原来如此，一点也不难"。计算机应用本来是很具体的事，不应该人为地把它搞得抽象难懂、枯燥无味。我努力把复杂的问题简单化，而不把简单的问题复杂化。清华大学一位已故的院士有针对性地说："什么叫水平高，能用通俗易懂的语言说明复杂的概念就是水平高"。但是要真正做到这一点是不容易的，需要有鲜明的群众观点、实事求是的作风、敢为人先的精神以及严谨的科学态度。政治辅导员的经历使我比较容易做到这一点。

有人对我说："想学您的授课方法和写书风格，但是怎么学也学不好"。我笑着回答："我的经历和你不一样"，这不是一个单纯的技巧问题，几十年工作的锻炼，使自己养成了一套思考问题的方法、处理问题的工作习惯以及写作的风格，这些都不是一日之功。以前常对学生做报告，现在讲课必然生动，以前常起草文件报告，现在写书也自然得心应手。

七、真诚待人，平等相处，建设和谐温馨的学术团体

过去在团委工作时，大家相处融洽，团结共事，互相学习，真诚互助，作风很正，没有钩心斗角、争名争利的不良风气。这种风气对我们一生影响很大。从青年团出去的干部，一般都是有朝气，没有官气，好相处。

从1984年到2008年，我担任全国高校计算机基础教育研究会常务副会长和会长共24年之久，我努力把研究会办成教师的和谐温馨之家。我看到其他有一些学会往往行政化，官气十足，等级分明，互不服气，甚至形成南派、北派等，会员开会来散会走，平常很少来往，没有什么感情。我决心改变这种局面。

一个团体的风气往往和其主要负责人的作风有很大关系。我在研究会中大力倡导树立优良风气。首先建设一个坚强团结的核心，我和刘瑞挺（南开大学）、吴文虎（清华大学）、张森（浙江大学）几位副会长鼎力合作，真心相待，互相尊重，全力支持，从来没有出现过矛盾，有工作大家争着做，有困难大家共同想办法，出现问题大家主动承担责任。大家把我和刘瑞挺、吴文虎称为我国计算机基础教育的"三驾马车"。

我们和各校老师亲密无间，关心大家的教学、职称和困难，组织和帮助教师编写出版教材，及时发现好的经验加以推广，我常到各校去了解情况和做报告。和教师互相谈工作，谈思想，甚至谈家常，开玩笑。不仅是同事，还是朋友，甚至挚友。许多人后来退休了，仍然和我保持联系，成为多年的好友，经常有教师

来家串门聊天。我的朋友遍及全国。

我在工作中注意根据群众团体的特点进行工作，减少层次，面向群众，多下基层，少听汇报，多交朋友，集思广益。每次举行大会时，大家见面十分亲切，许多人围着我问长问短，争着和我合影，场面十分热烈温馨。研究会中没有互不服气、背后说坏话、争名争利的不良风气。大家反映"我们研究会没有首长，没有老板，都是同志和战友。没有官场的媚俗，没有商海的铜臭，只有真诚的友谊。研究会真正是和谐温馨的集体"。在诸多学会中，我们研究会的会风好、有凝聚力，是大家公认的。我把清华团委好风气用于学术团体的建设。在当前社会中，这种风气是难能可贵的。

八、"双肩挑"使人全面成长

很多人反映，我比一般搞业务的人看问题更深刻、更全面、更实际，同时兼有学者和干部二者的特点和优势，并且把这二者很好地结合起来，发挥得淋漓尽致。这是过奖，但也的确道出了问题的实质。政治和业务必须完美地结合，政治不能代替业务，业务中也蕴含着政治。一个从事业务工作的专家应当懂政治，精业务。而一个"双肩挑"的人，更应当把这二者融会贯通地结合起来，在政治和业务两个方面都要作出优异的成绩。要做好"双肩挑"，在政治上和业务上都做得优秀，比"单打一"地做政治工作或业务工作困难得多，要有更高的要求，要付出更大的努力。

我总结了年轻时期做政治思想工作对自己日后从事业务工作的促进作用，包括10个方面：

（1）有较强的事业心，有开拓精神；

（2）富于进取，思想敏锐，对新事物敏感；

（3）善于全面辩证地思考问题；

（4）具有较强的思维能力和工作能力；

（5）善于联系群众，熟悉自己工作的对象；

（6）有较强的语言表达能力；

（7）有较强的文字能力；

（8）能团结人，会与人合作共事；

（9）不墨守成规，有开拓精神；

（10）安于平凡工作，又在平凡工作中努力创造不平凡的业绩。

我的结论是：政治和业务，在微观上、时间上会有矛盾，而在宏观上是相互促进的。

九、终身坚持"双肩挑"

我于2006年72岁时退休，退休后仍然在政治和业务两条战线继续发挥作用。多年来始终坚持编写教材、参加全国高校计算机基础教育研究会工作，同时我始终没有忘记自己的政治责任。我对自己的要求，不仅要在业务上作出成绩，还要在政治上发挥良好的作用。

多年来，不少大学请我给大学生作报告。我问他们希望我讲什么？他们说，学生对你很崇拜，希望见见你，讲什么都可以。我想，能讲计算机的人很多，不需要我来讲，而且计算机技术发展很快，不久就过时了。我决定不讲技术，而是讲怎样做人。我用自己一生的经历和体会，向大学生作了"怎样走向成功之路"的报告，阐述了在走向成功的道路上需要正确处理好的10个关系：

（1）个人发展与社会发展的关系；

（2）机遇与努力的关系；

（3）平凡与不平凡的关系；

（4）政治与业务的关系；

（5）理想与勤奋的关系；

（6）学习与创新的关系；

（7）专业与全面素质的关系；

（8）顺利与挫折的关系；

（9）个人成就与社会培养的关系；

（10）年轻时打好基础与一生健康发展的关系。

我希望通过我的报告帮助大学生们学会生活，学会做人，学会做事，走上成功之路。有的学校的学生看到海报时感到很奇怪：怎么请一位计算机专家来讲怎么做人？可是报告的结果出乎所有人的意料，大学生的反映十分强烈，认为"内容生动，感情真挚，富有哲理，寓意深刻，激动人心"。清华大学学生说"这是一场触及灵魂的报告"，"谭浩强教授的报告给我们更多的是一种源自内心的震撼"，海军工程大学一位学生说"谭浩强教授的报告是我一生中听过的最精彩、

为了培育全面发展的新一代
——蒋南翔任校长期间清华共青团工作回顾

最深刻、最能给人以启迪的一场报告""心灵的震撼,思想的升华。没有华丽的辞藻,没有空洞的说理,没有浮华的内容,句句朴实,我被一个七十多岁的老人征服了"。

消息传开之后,全国各地许多大学纷纷邀请我去作报告。10多年来,我的足迹遍布长城内外、大江南北,我应邀到了除宁夏外的全国所有省区(包括新疆和西藏),向300多所大学的学生作了"怎样走向成功之路"的报告,听众超过20万人。

天津一位女大学生写信给我说:"听完您的报告,我们全宿舍的同学震动非常大,这一辈子,我将永远记得一位叫谭浩强的教授,曾在我上大一的时候,让我强烈地、真实地感觉到什么叫爱国,怎样去生活,我会记住你的座右铭:'生命不息,奋斗不已'。"

一位大学的党委书记说:"这是我听到的最好的报告。这是一次精彩的党课团课。你替我们做了一件我们本来想做而没能做好的工作(指对学生的思想教育)。"有一位大学校长对我说:"没想到您的计算机书写得这么好,做思想教育报告也这么好。您可以改行做思想教育工作了。现在就需要像您这样的思想教育工作专家。"我笑着回答;"我本来就是做学生思想教育工作出身的,我是'双肩挑'的专家。"

应该说,这是我们"双肩挑"的优势,既可以讲出精彩的业务课,又可以讲出精彩的思想课。把"红"和"专"完美地结合于一身,给下一代显示"又红又专"的知识分子的形象。我们的社会不仅需要技术专家,更需要一大批"又红又专"的知识分子。

虽然我已离开工作岗位了,但仍然可以找到可以发挥作用的岗位。可以说,我现在还在"双肩挑"。显然,只有长期担任过学生思想工作,我才会有这样深切的体会,才会长期坚持这样做,才会具有与学生交流和赢得学生的能力。

由于清华的"双肩挑"经历,使我在多年的工作中充分发挥了自己的优势,作出了一些贡献,觉得非常高兴和自豪。

难忘的"双肩挑"经历,难忘的清华生活。

附 录

《半个世纪清华情》序

刘　冰　方惠坚　贺美英

编者按：1965届毕业生是1959年入学的，他们在学校学习的六年正值学校贯彻《教育部直属高等学校暂行工作条例》，重视提高教学质量，加强学生思想政治工作，注意克服学生工作中一些"简单化"的做法，注意学生身体健康，学生在校期间德智体得到全面发展。在他们入学50周年之际，组织一部分毕业生书写了回顾在校学习和毕业后工作的情况，出版《半个世纪清华情》。邀请刘冰、方惠坚、贺美英三人为这本书写个"序"。由方惠坚执笔。

2009年是清华大学1959级同学入学50周年。50年前，一个个胸怀壮志的青年来到清华园，在这里受到了良好的教育，树立了人生的目标，打下了坚实的业务基础，6年后，他们满怀豪情地奔向祖国的四面八方，在那里建功立业，每个人都为社会主义事业作出了自己的贡献。现在他们回顾和总结50年的成长历程，对于在清华的六年间老师们的热心教诲、精湛的业务传授、校园文化的熏陶感染，同学们都十分珍惜，十分留恋。这六年为他们以后的成长打下了基础，他们在不同的工作岗位上受到培养、锻炼和提高，使他们在社会主义建设事业中发挥了重要作用。特别是在改革开放的年代里，他们在各自岗位上作出了贡献。

这一届同学，在校期间是共和国发展的重要时期，也是高等学校经历的一个重要阶段。1958年的"大跃进"已经结束，20世纪60年代初是调整、整顿的重要时刻，国家经历了经济困难时期，同学们经受了锻炼和考验。高等学校在50年代学习苏联教育经验的基础上，又经过1958年贯彻党的"教育与生产劳动相结合"的教育方针，开始走结合中国实际的办学道路。60年代初，在党中央的领导下，在总结学习苏联和贯彻教育方针经验、教训的基础上，制定了《教育部直属高等学校暂行工作条例》（简称《高校六十条》），这为探索我国自己的办学道路提供了重要依据。我们学校也在《高校六十条》的指导下，努力改进教学工作、提高教学质量；正确执行知识分子政策，调动广大教师的积极性；积极开展科学研究，努力提高学科水平；注意劳逸结合，提高学生健康水平。这一时期是学校工作比较稳定、教学科研工作有序发展的时期。学校重视基础理论课程，也加强专业基础和专业课程，实践课程逐渐规范化，"真刀真枪"的毕业设计已经积累了比较丰富的经验。学生的政治思想工作在克服"左"的影响方面有所前进。学校在重视"又红又专，全面发展"的同时，也注意因材施教，培养了一大批在业务水平、思想觉悟、文体爱好方面有特长的学生。1959年入学的这一届同学正是在这一时期，完整地接受六年本科教育，受到比较全面的训练。这一届同学在工作中的出色表现，也是20世纪五六十年代清华大学毕业生的缩影。

21世纪初，胡锦涛同志曾经说过，清华培养的是"学术大师、兴业之士、治国之才"，高度概括和评价了我们学校培养的人才在国家建设的各个方面发挥的作用。

清华培养的学生得到各个领域的重视，得到各用人单位的着力选拔，有机会充分展示他们的才能，得到广大群众的信任，因而也提高了学校的声誉。为什么清华大学能够培养出高质量的学生？从学校近百年的历史来看，原因是多方面的，首先是学校有优良的历史文化传统，"爱国、奉献"是清华人的基本信念，"严谨、勤奋"是清华的优良校风和学风，学校集聚了大批高质量的名师是提高教育水平的基础，他们"传道、授业、解惑"，向学生传承学校的文化；学校吸引了全国优秀的学子前来就读，他们奋发向上，相互切磋，形成了良好的学风；学校的管理有序，形成了规范化、制度化的管理模式，党组织发挥了重要的领导作用；中央和北京市的领导给予学校财力、物力的支持，是办好学校的必要条件。而在诸多因素中，中华人民共和国成立以后，蒋南翔校长主持学校工作，贯彻了他的教育理念，实践了他的教育思想，对于20世纪五六十年代及其以后培养高质量人才发挥了关键作用。因此，认真总结蒋南翔教育思想和在清华的实践是一项重要的任务。1959级同学的这本书从一个侧面反映了蒋南翔教育思想的成果。

作为马克思主义教育家，蒋南翔从1952年底到清华担任校长，后兼任党委书记，主持学校领导工作，先后有14年，这是清华大学建设和发展的关键时期。

为了培育全面发展的新一代
——蒋南翔任校长期间清华共青团工作回顾

蒋南翔的教育思想有丰富的内涵,需要从多方面进行总结和分析。这里只从他在清华工作期间的一些教育思想和实践做一些回顾。

蒋南翔同志从国家长远的需要和清华担负的责任出发,在他到校工作不久,提出清华大学要为国家培养高层次、高质量的建设人才。在1958年学生中开展"红专关系大辩论"时,有的同学不敢多看业务书,怕被说是走"白专道路"。蒋南翔针对这种情况说:"假如我们培养不出像林家翘这样的毕业生,不能说教育革命是成功的。"他认为清华的学生入学时起点高、基础厚、素质好,有条件把培养世界一流人才作为学校的努力目标。他在学校里还提出清华应该为国家培养副总理和省长这样的干部,事实证明,他是有远见的,他看到了国家的需要,也意识到清华的责任。在他到校工作时,全国高等学校的院系调整已经结束,清华从一所综合性大学调整为只有"土水建、机动电"等基础工业学科的工科大学。20世纪50年代中期,根据国家的需要,他高瞻远瞩,从国家发展的战略考虑,在清华创建了原子能、自动控制和工程力学等新兴学科和专业,抽调优秀干部、教师和学生建设这些新兴专业,在较短时间内培养了大批人才,这些人才在发展我国"两弹一星"事业中发挥了积极作用。1959年入学的很多同学在这些领域默默无闻地做了大量工作,为国家作出了贡献。

蒋南翔在学校工作期间,坚持培养又红又专,全面发展的人才。他在每年多次给学生作报告时,总是反反复复地阐述他对"红与专"关系的理解。他强调,在学校期间同学们要把主要时间和精力用在学习上。一个人的成就和他对社会贡献的大小,不只取决于他的业务能力,政治往往成为更重要的决定因素。政治是解决方向问题的,针对青年学生政治上的要求,他在1965年6月这一届毕业生大会上提出了"上三层楼"的要求;也就是第一层楼是爱国主义,第二层楼是社会主义,第三层楼是树立共产主义世界观。他对待学生既严格要求又区别对待的指导思想,至今还是我们在学生政治思想工作中的重要指针。他在提倡学生走"又红又专"道路时,总是强调不能把学生培养成"都像从一个模子里铸出来的一样",学生要有个性,要有特长。他提出培养学生要抓好政治、业务、文艺与体育三支代表队,通过多种渠道殊途同归。他要求学生,不仅政治、业务要好,还要身体健康,他提出了"争取至少为祖国健康工作五十年"的口号,成为每个清华学生终生的努力方向。对于干部和教师他也要求大家"两个肩膀挑担子",一边做好业务工作,一边做好管理工作。他还介绍刘仙洲教授入党,为教授们走"又红又专"道路树立榜样。这些做法都在学校形成良好风气，对学生起到熏陶感染、潜移默化的作用，使学生终身受益。这本书中，许多同学谈到这方面的体会。

蒋南翔的教育思想中始终坚持实事求是的思想路线。他一到学校就组织全校教师学习毛泽东的《实践论》《矛盾论》，亲自给师生讲授哲学课，阐述他对辩证唯物主义和历史唯物主义的理解。他坚持学习苏联要结合中国实际，反对教条主义和形式主义。还提出"同时也要向英、美等资本主义国家学习有用的东西"。这在当时是难能可贵的。他主张对清华的历史要用"三阶段，两点论"的观点进行分析，每个阶段好的都应保留，缺点都应想办法克服，推陈出新，首先是要善于继承，只有善于继承，才能更好地发展。这一思想直到现在还是学校各届领导班子指导学校工作的重要思想。他在工作中，不唯书、不唯上、只唯实，他十分推崇毛泽东同志《反对本本主义》中的观点，"盲目地表面上完全无异议地执行上级的指示，这不是真正在执行上级的指示，这是反对上级指示或者对上级指示怠工的最妙方法"。他在1964年参加"春节座谈会"以后，在充分肯定毛泽东同志对教育工作的指示的同时，还提出"对理工科大学还要通过'翻译'，要结合实际情况来贯彻"，体现了他坚持实事求是的精神。在20世纪60年代初期，社会上一度盛行"唯成分论"，蒋南翔在学生中反复讲："唯成分论"在理论上是错误的，在实践上是有害的。知识分子重在表现，不是看成分。他针对林彪炮制的"毛泽东思想是马列主义的顶峰"的观点，明确地讲毛泽东思想是"高峰"，而不是"顶峰"，到了"顶峰"就不能发展了。他多次强调学习毛主席著作，要学习立场、观点、方法，学习精神实质，不能简单化。直到"文化大革命"开始他被打倒，他还说：健康的人不怕检验体格，彻底的唯物主义者是无所畏惧的。这表现了一个真正的共产党员坚持真理的高贵品德。

清华大学在蒋南翔担任校长兼党委书记的近14年的时间里，学校的工作有了很大的发展，学校的系科设置发展了，学生规模达到万人以上，校园面积扩大了，教学质量有了很大提高，科学研究取得成绩。更重要的是，这一时期，学校为国家培养了数以万计的高质量人才，为国家的建设事业作出了贡献。这一时期培养的很多人在改革开放时期发挥了重要作用。由蒋南翔为校长的学校领导，是由有教育工作经验的干部组成的，他们各有专长、各守一方，工作作风各有特色。他们认真贯彻南翔同志的教育思想，实践南翔同志的教育思想，丰富南翔同志的教育思想。他们从学校实际出发，面向基层，"基层出政策"，创造性地开展工作。

为了培育全面发展的新一代
——蒋南翔任校长期间清华共青团工作回顾

他们发挥集体智慧,总结学校工作规律,为办好社会主义大学积累了经验。学校的思想政治工作、教学、科学研究、行政管理、基本建设以及党的建设等各方面工作井然有序,形成了行之有效的制度,工作规范化,有些制度和做法传承至今,仍然发挥着重要作用。这是学校的宝贵财富。

1959级的同学们在毕业以后虽然经历了"文化大革命"的挫折,但也赶上了改革开放的大好时机。40多年来,大家各显身手,为国家的建设事业作出了贡献。现在一部分人还挑着重担,一部分人转移了岗位,发挥着余热,都还在为改革开放尽自己的力量。我们希望大家都能继续回顾自己成长的经历,总结经验,为在校的学子提供值得他们学习的成长道路。这是学校里为迎接建校100周年、建设世界一流大学所要做的重要工作。

总结经验 学习先进 为创造更多的"四好班"而努力

——方惠坚、谭浩强同志在清华大学第七次团代会上的发言

（1963年4月26日）

开展创造"四好班"的工作对于促进全体同学做到"又红又专"有着很重要的意义。好比工厂生产产品一样，学校的任务是培养干部，但是，学校的"加工对象"不是死的原材料，而是活的人，因此，在培养干部的过程中应当充分发挥学生的主观能动性，把学校自上而下有计划的教育和学生的自我教育结合起来。把班级工作搞好，就能够调动同学的积极性，如同内燃机一样，能从内部发出很大的推动力量。

怎样把班级工作搞好，怎样才能创造"四好"的班级？我们根据这两年来全校各班创造的经验，初步总结为以下10条，供同志们讨论：

一、班级工作的根本任务是：团结全班同学努力做到"思想好，学习好，劳动好，身体好"，促进同学全面成长

班级工作的方面很多，但是最根本的任务是团结全体同学努力做到"思想好，学习好，劳动好，身体好"，这是衡量一个班级工作好坏的标志。这次被表扬的班级，都是在"四好"方面做得较好的。

班级的工作要从培养"又红又专"的人才的观点出发。班级在开展各项活动，完成各项具体任务时，都要和培养同学思想、学习、身体等方面的全面成长联系起来，必须有全面观点和长远观点，任何时候都不能片面，不能单打一，抓当前要看长远。既要抓紧思想教育，又要引导同学努力学习；在学习、劳动越紧张、同学积极性越高的时候，越要注意劳逸结合和身体健康；在积极开展课外文体活

动的时候，应当考虑到要有利于学习、思想。各项工作最后都要落实到德、智、体全面成长上。

促进同学做到"四好"，这是要全校各部门共同完成的工作目标。班级团支部要积极主动引导和关心同学的全面成长，但不是要求团支部把学生中工作都包下来，对团支部和班委会工作的要求要实事求是，恰如其分。团支部和班委会不能代替学校行政和教师的工作。搞好班级工作要积极依靠上级组织的领导，争取班主任、政治课教师以及其他有关教师等各方面的帮助。

二、一个好的班集体，必须要有好的班风，优良的班风能使人潜移默化，是一种无形的感染力量

同学在班集体中要学习、生活六年。一个班班风的好坏，对同学是否能够健康地成长有着潜移默化的作用。有了好的班风，就可以形成一种舆论，一种动力，促进同学严格要求自己，相互督促和帮助。在这次被表扬的"四好班"里，都有着很好的班风。

一个有优良班风的班集体，好比一座熔炉，每一个同学在它的里面，每时每刻都会受到优良风气的熏陶感染、潜移默化，在这些班里，革命的正气高涨，歪风邪气站不住脚，各项工作都能顺利地开展起来。培养优良的班风的过程，就是群众自我教育的过程。

好的作风可以表现在许多方面，归纳起来，最根本的就是党委提出的："坚定乐观、勇敢奋发的革命精神；实事求是、调查研究的科学态度；民主团结、严肃活泼的同志关系；艰苦奋斗、谦虚谨慎的工作作风"。

培养好班风，要从提高思想入手，要经常开展批评和自我批评，在日常生活中、学习、劳动中，一点一滴地加以培养。有了好班风就能有力地推动同学更好地做到"四好"。

三、政治思想工作是班级工作的基础，团支部应当抓好活思想，做好活的思想工作

思想好是"四好"的基础，团支部要把做好思想工作，作为自己的首要任务。这次被表扬的班级，都是思想工作做得比较好的。

总结经验　学习先进　为创造更多的"四好班"而努力
——方惠坚、谭浩强同志在清华大学第七次团代会上的发言（1963年4月26日）

团支部应当动员全班同学努力学习马列主义和毛泽东思想，学好政治理论课和形势任务课。在这方面，电704班团支部工作做得比较好。

搞思想工作就要结合实际，切实地解决实际思想问题，而不要脱离实际地盲目地开展活动，形式主义地做工作。

要抓活思想，团支部就要了解同学经常在想些什么，有些什么思想问题和实际问题。同学们的思想情况总是通过各方面反映出来的。例如，在国内外形势的变化时；对党的重大方针政策的看法；政治理论学习；毕业分配和专业分配；学习成绩的好坏；生产劳动和生产实习遇到的问题；社会工作中遇到困难；家庭亲友的影响以及家庭经济情况的变化；要求入党、入团没有被吸收；学习、工作、课外活动关系处理不好；身体健康不好；同学之间不团结；个人的婚姻恋爱，以及小说、电影的影响等。所有这些问题都会或多或少地影响每个同学的成长，这都是团支部需要关心和了解的。要抓住活思想，就必需通过活的方法了解。不能只靠开座谈会、汇报、个别谈话，而需要团干部和同学在共同的学习、劳动、生活中打成一片，干部真诚地关心同学，把别人的困难当做自己的困难，使同学和干部一起交谈时，无所顾虑，无话不谈，这样了解的情况才是最真实的，也才是最有价值的。

抓住了活思想，还要分清问题的性质，分清主次轻重，并且注意政策界限，要对症下药地用活的方法去解决。只用固定的药方去解决问题是不成的。在思想工作中，应当坚持说服教育、启发自觉的方法，对大多数团员关心的问题可以通过组织生活来讨论；需要个别帮助和批评的，可以个别谈话、聊天、交换意见；属于一小部分人的问题的也可以采用房间会，或三五人的谈心会，相互启发和帮助；除了开会以外，干部的模范带头作用、分配一定的社会工作、对于同学的点滴进步给以肯定和鼓励、帮助解决一些实际困难，以及必要时对于犯了错误的同志给以应有的批评、处分等，都是进行思想工作的好方式。团支部干部要善于在和同学的经常接触中了解和解决问题，而不能把"开会"看成思想工作的"唯一"方式，不要使开会和活动过多。

解决思想问题，要抓住时机，根据经常积累的思想情况，善于通过各个时期的形势学习、政治理论学习、全校思想教育的中心内容及团课教育等，因势利导。把班上同学关心的问题提出来讨论最容易引起同学的兴趣和重视，会使大家感到："问题是自己提出来的，不是上面贯下来的。"

抓住活思想，把思想工作做活，就可以使同学中错误的思想、不良的倾向在一露苗头的时候就抓住它、解决它，使缺点和错误在萌芽状态中就被克服，而不使问题成堆。这样的思想工作才会有战斗力。

四、引导同学努力贯彻党的教育方针，勤奋学习，积极参加生产劳动，是班级的一项经常而重要的工作

学好业务，牢固地掌握专业知识，是国家对每个同学的基本要求之一。团支部应当引导和促进同学勤奋学习、努力完成学习任务。

团支部要注意学习方面的思想工作，引导同学树立为祖国社会主义建设而学习的伟大理想，热爱自己的专业；正确处理红专关系；树立刻苦钻研、虚心踏实、理论联系实际、实事求是的优良学风；引导同学遵守教学上有关的规定和学习纪律；班委会还应当向行政和教师反映同学学习情况和意见，学习方面的工作要多依靠有关教师的帮助。团支部干部在学习上要起模范作用，这对形成班上的良好学风是很重要的，这也是团支部在学习方面的一项重要工作。在这方面，金3和无308是做得比较好的。

我们社会主义的大学应当培养出劳动知识分子。能不能参加劳动，和劳动人民相结合，是衡量同学思想觉悟的一个重要标志。团支部要重视引导同学积极参加生产劳动，加强生产劳动和生产实习中的思想工作，注意在班上培养起热爱劳动的风气。通过劳动，帮助同学树立起热爱劳动和劳动人民的观点，学习劳动人民的优良品质作风，自觉改造思想，坚定地走知识分子劳动化的道路。

五、要搞好班集体，必须要有一个能起战斗作用的团支部；团支部要有一个健全的支委会，并且要发挥共青团员的模范作用

班级工作的好坏取决于团支部工作做得怎么样，取决于团员能否很好地发挥模范作用。这次受表扬的班级都是团支部工作做得较好的。

团支部要经常用共青团员的标准要求团员。对团员和群众的要求要有区别，对团员要用团员的标准来衡量。团的组织生活要成为团员自我教育的课堂，不能

用召开全班同学的"一揽子会"来代替团的组织生活。在学习、工作和各项活动中（如形势学习，生产劳动，生产实习等），都要对团员提出具体要求，团员要在群众中起模范作用，对于违反团纪的团员，团内要严格地开展批评和自我批评，并给予必要的处分。

要发挥团支部的战斗作用，必须有一个健全的、团结的、集体领导的支委会核心，要坚持执行民主集中制。团支委会要发扬民主，有不同意见要充分讨论，重要问题不是支书说了就算，而是集体讨论，有议有决，团结一致。团支委会要向团员报告工作，定期改选，充分发扬团内民主，使团员成为支部的主人。

支委会的分工是为了做好整个支部的工作，每个支委要有整体观念，把做好团支部的中心工作放在第一位。支委之间要相互交流情况，相互关心，相互支持，特别是团支书要经常关心和帮助团支委做好工作。

支委会周围有一批政治学习、业务学习、生活、文体等各方面的积极分子，他们各有特长，是支委会的"千里眼""顺风耳"，又是"小参谋"，他们能够主动地帮助支委会和班委会开展工作。有了这些积极分子就可以集思广益，密切支委会和同学间的联系，这样班级工作就会热气腾腾，而不致造成"少数人团团转，多数人没有事干"的局面。

团支委会要关心积极分子的全面成长，对于学习好的除了鼓励他们要更好地学习以外还要帮助他们提高觉悟，对于工作积极的也要引导他们学好功课，要爱惜积极分子的精力和时间，保护他们的积极性。

团支委会应当帮助班委会开展工作，动员团员做好和支持班委会的工作。

六、搞好班级工作的关键是要有一支好的干部队伍。班干部的模范作用是作好班级工作的重要方法，是一种无形而有效的思想工作

一个"四好"的班级一定要有一批觉悟高、能起模范作用的干部。团干部是团员中的先进分子，应该在各方面要求更高、表现更好。模范作用要表现在思想进步、学习努力、作风正派这几个方面。

思想进步表现在政治立场坚定，个人利益能够服从集体利益，认真学习政治

理论，坚持思想改造，关心集体，关心群众；学习努力，表现在热爱专业；学习上刻苦钻研，勤学好问，注意理论联系实际；作风正派，表现在作风上踏踏实实，不虚夸，不骄傲，言行一致，说得到、做得到，生活上艰苦朴素，注意培养共产主义道德品质。做到这些就会使群众感到是一个值得学习、可以信赖、容易接近的好同志。班干部能做到这些，就能够经常地对班上同学起到影响和带动的作用，"同学看团员，团员看干部"，这话是千真万确的。团干部的模范作用是对同学深刻的思想教育，也是班级工作的重要而有效的方法。

有的班的班干部自觉地通过模范作用去推动班级工作，在安排各项工作时都要讨论干部应怎样起模范作用。同学们说："有些支委会的决议，不用口头传达，只要看支委的行动，就可以知道。"这就说明干部的模范行动是一种无形的力量，是一种"无声的动员"。

领导好班级的工作，首先要选择和培养出一支努力做到又红又专、作风正派的干部队伍（特别是团支书），成为团支部中的核心。选择和了解干部，要把领导自上而下的考察和群众自下而上的监督结合起来，既要看政治表现、工作态度，又要看学习情况；既要看完成任务情况，又要看工作作风和工作方法。对于在工作中有一些缺点的干部要耐心教育，不要简单化，不要挫伤他们的积极性。

为了帮助支部干部提高水平，需要定期组织他们学习有关的方针政策，交流经验，此外，更重要的是要通过联系支部的干部结合该班的情况加以经常的具体的帮助，以自己的行动影响和带动团支部的干部，树立榜样。

帮助支部干部做到"又红又专、全面成长"是各级团组织的重要任务。要帮助团支部干部学好业务，就需要：帮助干部明确思想，挑起学习、工作两个担子；注意干部工作负担，对支部干部工作要求恰如其分，工作周期不能过短；减免学习困难和体弱干部的工作；帮助干部改进工作方法，提高工作效率；制订合理的工作制度和会议制度等。通过这些措施，不断提高干部的学习水平，逐步使团干部的平均成绩在一般同学之上。

一、二年级是一个班集体开始形成的时候，支部干部比较缺乏经验。特别需要抓紧干部工作，给以具体帮助，使他们逐步适应大学的情况。

七、在班上要形成民主团结、生动活泼的政治空气。班级干部要和同学平等相处，相互帮助，相互学习，相互批评，相互商量

要做好思想工作、充分地调动全班同学的积极性，就必须在班上形成一种民主团结、生动活泼的政治空气。使每一个同学都能成为班级的主人，关心班级的工作，能够无所顾虑地对干部和工作提出批评和建议，在工作中，在政治学习中，有不同意见，能够自由地进行平等的讨论。同学间既要严格要求，又互相关心、团结一致。

一个班能不能团结好，形成民主团结、心情舒畅的政治空气，在很大程度上取决于班干部的工作作风。班干部要和同学平等相处，在任何时候都不应以"教育者"自居。一是不能认为自己没问题；二是不能把自己看成是"百科全书"，要解决别人的全部问题；三是不能只有干部帮助同学解决问题，而是要相互帮助、相互学习、相互批评、相互商量。这就需要团干部抱着虚心的态度，把自己的思想情况说出来和同学一起讨论，认真听取同学的意见，有错误就改正，虚心接受批评。在帮助别人的时候，也要以同志式的态度，共同讨论，解决问题。在思想工作中一定要贯彻"平等讨论，以理服人，不扣帽子，允许保留"的精神。

班干部应当又是干部又是同学中的一分子。在工作中要严格认真地按照组织原则办事；在日常学习和生活中，要自觉遵守群众纪律，服从各种群众组织的领导，在各项活动中起积极的促进作用。

八、要相信同学进步的可能性，团结好全班具有不同特点的同学

"十个指头不一般齐"，一个班 30 人总是各有特点。有比较积极的、中间的和比较落后的；学习上也有较好和较差的；有男同学也有女同学；每个人的家庭出身不同；还有华侨同学、少数民族同学；每个人的性格也不同，有活泼开朗的也有沉默寡言的；课余爱好更是多种多样，有文工团员也有体育代表队员。总之，全班绝不是一个模子铸出来的。但是也要看到一个共同的特点，那就是绝大多数青年人都是要求进步的，是可以团结的，我们要关心每个人，要有团结全

班百分之百同学进步的愿望。既然各有特点,就要注意具体分析,区别对待,根据每个人的特点做工作,调动一切可能调动的积极因素,建5班在这方面就做得较好。

在做好深入细致的工作中,团结比较落后同学的工作特别重要。对比较落后同学只能接近、团结、帮助,不能疏远、孤立、歧视,要具体分析他们落后的原因,用"一把钥匙开一把锁"的精神帮助他们。珍视他们的每一点进步,同时又要估计到有些同学的进步可能是波浪式的"进两步,退一步",当他们进步时要给以鼓励,暂时退步时也不要对他们丧失信心。这部分人的问题比较复杂,班级干部往往难于全部解决他们的问题,要争取上级党、团组织及有关方面直接帮助这些同学。但团支部要配合反映情况,注意政策,造成一个对他们进步有利的气氛和环境。

团支部和班委会要关心女同学的工作,班干部中的女干部首先要做好女同学的工作,关心女同学的特殊问题。

关心每个人不只是支委会的事,要发动全体团员和全班同学都来做思想工作,进行自我教育,通过各个方面形成"人人做思想工作,思想工作做到每个人"的局面。

关心每个人不是要求团支委会解决所有的问题,团支部和班委会应当向有关方面反映情况,依靠各方面力量解决问题。例如,有关政治理论和形势学习中的疑难问题,可以依靠政治课教师帮助解决;有关业务学习中的思想问题,依靠教师来解决常是最有效的;属于生活行政方面的实际问题,就需要依靠学校行政解决。

九、要开展有益于身心的课外活动,关心同学生活

要使同学在校学习期间,随着年级的升高,每个同学思想觉悟、学习水平和身体健康逐年都能有所提高。团支部和班委会要引导同学注意健康,积极参加体育锻炼,讲究卫生,劳逸结合。还应当开展群众所喜爱的、有健康内容的文化休息活动。这些工作搞好了也有利于思想好、学习好、劳动好,使班级生机勃勃,生动活泼,如自406班就是一个例子。

班级要关心参加体育代表队和文工团的同学,鼓励和支持他们参加活动,帮

助他们正确处理好"两个集体"的关系,使他们做到"四好"。

课外活动中,要注意贯彻"积极引导、自愿参加"的原则,不要强求一律。

十、团委、分团委的工作,必须面向班级,落实扎根到团支部,团的工作好坏要通过班级团支部这面镜子来检验

学生中的一切工作,最终都要通过班级工作来体现,因此,我们的工作必须面向班级,扎根落实到团支部。

团的工作方面很多,但是,最重要的是抓好团支部的工作。团支部存在的问题就是团的工作中的主要问题。团委、分团委的干部应当经常深入支部,帮助支部开展工作,直接和同学联系,积累第一手的材料。两年来我们初步按照这个方向去做,取得了一定的效果,今后要进一步坚持做下去。

团委、分团委布置安排各阶段工作时,必须从团支部的工作出发,要考虑干部的水平和工作负担,每个阶段只能有一件主要工作,安排工作时,要给支部留有余地,使他们有条件结合实际情况开展工作。

对团支部工作的领导要抓两头,一头要抓先进支部,总结经验大力宣传,使先进支部的经验深入人心,推动支部工作。一头要抓工作比较落后的支部,由团委、分团委的干部深入下去,了解情况,分析原因,帮助支部做好工作,直到主要问题得到解决。对工作比较薄弱的支部一定要抓紧,抓而不紧等于不抓。

我们希望全校各班都来讨论怎样做好班级工作,对以上经验结合本班实际情况加以运用,并且不断创造和丰富已有的经验。我们有明确的目标,有正确的方法,又有一定的工作基础,一定能够把创造"四好班"的工作很好地开展开来。

我们应当看到:创造"四好班"是一个长期的、经常的、点点滴滴的、艰苦细致的工作过程。必须从班级实际情况出发,发挥团支部的核心作用,团结好全班同学,脚踏实地地、循序渐进地做好工作。在工作中一定要注意一些问题,例如:不要形式模仿,搞形式主义的活动;不要搞评比、竞赛、挑战、应战;不要搞学习成绩竞赛及搞分数指标评比;不要评比党、团员比例和申请入党入团人数;不要在课外文体、民兵等活动中比指标和事事集体、强求一律;不要乱提新口号;不要以创造"四好班"为名,给同学扣帽子;不要歧视班上思想、学习、身体较差的同学;不要浮夸吹牛,隐瞒缺点,假报成绩;不要简单化硬性规定,人人争

取,班班争取。

我们相信,创造"四好班"的工作将有力地推动班级团支部的工作,把我校班级工作提高到更高的水平。

(原载《新清华》1963年5月13日)

《班级团支部工作中一些问题的界限》（"50条"）

一、政治上的反动观点和思想意识上的落后表现要加以区别。

（1）政治上具有反动观点的人，在思想意识上必然会是落后的。思想意识落后的人，在政治观点上不一定都是反动的。

（2）要把政治上具有某些反动观点的人和反动分子加以区别。团支部不得给任何人随意扣上坏分子、敌对分子、落后分子的帽子。

（3）对同学思想意识上的落后表现，只能以同志式的态度进行热情耐心的帮助，启发其自觉，不能要求过高过急，不能简单粗暴，更不能采用斗争会的方法去解决。

（4）对政治上的反动观点必须进行严肃的斗争，但必须是实事求是的充分的说理斗争，不能乱扣帽子，开任何批判斗争会必须请示报告学校团委，支部无权擅自行动。

（5）对政治上具有某些反动观点但并未构成反动分子的人，不能当成反动分子来看待。要批判其反动观点，也要团结教育本人。在批判这些人的反动观点时，对他们不能采用对敌斗争的术语（如孤立谁、打击谁、坦白从宽、抗拒从严、低头认罪、重新做人、老实交代等）。

（6）对政治上反动或思想意识落后的人进行工作时，一律不能违法乱纪（如打人、骂人、拆信、私查日记、跟踪、搜查等）。

二、要把对贯彻执行政策中的具体措施或个别问题的不满和反对党的路线、方针、政策加以区别。

（1）不能把对党的方针政策认识不清，有糊涂观点，有疑问，就看成对党的方针政策的不满或反对。应该允许同学提疑问。

（2）对于反对党的路线、方针、政策的言论和行动，应当进行严肃的说理斗争，不能放任自流，等闲视之。

（3）对于在贯彻执行政策中对具体措施或个别问题不满的人，不得任意夸大其问题的性质，要针对他们的问题耐心进行说服教育。

三、要把对工作的善意批评和对党的恶意攻击区别开来。

（1）善意批评与恶意攻击主要区别之点，就看是否从帮助、改进工作出发，而不是只看批评的方式和方法。

（2）对工作中的善意批评要进行分析，正确的要接受，不正确的要耐心解释。

（3）对恶意攻击要选择时机加以揭穿，并根据具体情况请示上级处理。

四、要把肯定九个指头批评一个指头和抓住一个指头否定九个指头区别开来。

五、不能把对个别党员和个别干部的意见看成对党组织的不满。不能把没有受党组织委托的个别党员和个别干部的意见当作党组织的意见贯彻执行。

六、不能把向组织汇报自己头脑中的错误想法当作实践上的错误言行来看待。对于向组织汇报自己头脑中错误想法的人，应该欢迎其态度，指出其错误，帮助其提高觉悟，不得开会斗争。

七、要把阶级分析和唯成分论区别开来。

（1）不要把本人的家庭出身当作本人的政治态度。

（2）不要把同学与剥削阶级家庭有某些必要的联系，就当作政治思想上与剥削阶级划不清界限来看待。

八、要把看古典小说和看黄色小说、反动书刊区别开来。

（1）提倡同学阅读革命小说。

（2）允许看古典小说，团支部应加以引导，使同学们能取其精华，去其糟粕。

（3）对看黄色小说、反动书刊，要加以劝说，指出其危害性，做到本人自觉不看。

九、不能混淆党员、团员和群众的区别，不能用对党员、团员的要求去要求群众。

十、必须尊重少数民族的风俗习惯。

十一、必须贯彻执行侨务政策，对华侨同学和亲友通信、经济来往、邮包来往、享受侨汇优待都不得加以干涉。

十二、对犯错误的同学，要根据具体情况分别对待。

（1）不能把生活作风上的错误，当作政治上的错误；不能把偶犯错误，当作一贯的错误；不能把过去的错误，当作现在的错误来看待。

（2）对犯错误的同学，不论错误有多大，只要本人愿意改正，都应该采取热情欢迎的态度。

（3）对犯错误的同学，要批评教育和耐心帮助，同时对他们的积极因素和进步表现，要给以肯定和鼓励。

（4）对犯错误的同学，思想上要严格要求，生活上要关心照顾，应该像帮助其他同学一样帮助他们做到德、智、体全面成长。

十三、对小偷小摸和一贯的偷窃行为要区别对待。

（1）不能把小偷小摸当作严重的或一贯的偷窃行为来看待。

（2）在班上发生丢失财物时，团支部不得在群众中进行追查、检举，应该报告行政及有关部门处理。

（3）对小偷小摸或严重的、一贯的偷窃行为，不能胡乱猜疑，一定要有真凭实据。

（4）对有小偷小摸行为的同学，主要是用个别谈话的方式进行耐心地教育帮助，提高他们的觉悟，不准当众点名批评，不准开会斗争，不准乱扣帽子。

（5）对具有严重的或一贯的偷窃行为的人，要报请行政及治安保卫部门处理，支部无权处理。

十四、对待同学中的右派分子要"一看二帮"。政治上要孤立、分化、改造，生活上要一视同仁，业务上要帮助他们学好功课。

十五、在进行思想工作时，要坚持说服教育，但不能放弃思想原则；要坚持原则，但不能简单粗暴，乱扣帽子，进行说服；要根据同学觉悟进行工作，但不能尾巴主义。

十六、要加强政治思想工作，但要讲求实效，会议活动不能过多；安排政治活动时，不能影响教学计划及劳逸结合。

十七、团支部必须切实保障团章所规定的团员的民主权利。团支委会必须由团员大会民主选举产生，对支部大会负责。团支委会和任何人都无权撤换团支委的职务。

十八、对各种问题的讨论，允许保留不同意见；不仅要尊重多数人的意见，也要注意倾听少数人的意见；要允许被批评者陈述自己的意见，要允许反批评。

十九、要鼓励自下而上的批评和建议，任何人都有权越级上诉，反映情况。对此不能认为是无组织无纪律的行为，不得加以干涉或打击。对团员和同学提出的意见和申诉，团支部必须迅速报告上级请示处理，不得扣压。

二十、划清政治问题和学术问题的界限。在学术领域中要贯彻"百花齐放、百家争鸣"的方针。

（1）政治统帅业务，但不能以政治代替业务，不能以套用马列主义的术语来代替自然科学的具体规律。

（2）不能张冠李戴不加分析地把学术问题的争论看作政治上两条道路的分歧。不要把政治上落后的人，在学术上发表的意见都认为是错误的。也不要把学术上发表错误意见的人，一律看作政治上落后的人。政治思想进步的人，在学术上的意见也不一定都是正确的。

（3）在讨论学术问题时，不能采取少数服从多数的组织处理办法；允许保留不同的意见；允许个人继续钻研。团支部不得在学术问题上做结论。

（4）发表意见要有根据，要讲道理，不能武断。团干部只能以个人身份参加学术讨论，不得以团组织名义出现。

二十一、学术批判必须建立在认真学习和科学分析的基础上，要取其精华，去其糟粕，不能简单否定。团支部无权发动对学术问题的批判。

二十二、鼓励同学努力学习科学技术知识。不能把个人在科学上的雄心壮志，看成追求个人名利；也不能把学习上的个人钻研和个人主义混为一谈。

二十三、不能把跑图书馆、跑书店，当作走"白专"道路；不能把学习外国的科学成就当作迷信洋人；不能把学习英文，当作崇拜欧美。不能随意对同学扣上"白专"的帽子。

二十四、不能把认真读书、学习理论、查阅资料与轻视实践、迷信书本混为一谈。不能把书本知识当作束缚人们创造性的"框框"。不能把科学研究中某些暂时与实际联系较少的理论探讨看作脱离实际。

二十五、不能把年纪大的教师和资产阶级知识分子等同起来。不能把在业务上向资产阶级专家学习一切有用的知识和在政治上走资产阶级专家道路混淆。

二十六、学生必须尊重教师，向教师学习，同时也可以和教师平等自由地讨论问题。

（1）在教学、科研、生产中要尊重教师的主导作用，学生不能代替教师的工作。

（2）学生对教师要有礼貌，对教学工作有意见可以通过组织系统反映，不允许随便公开指责。

（3）学生必须遵守学习纪律，团支部必须协助行政保证教学计划执行，无权任意调动课程。

二十七、在学习上要以个人钻研为主，要承认同学相互之间的差别。只能在自愿原则下互相帮助，但不要成立"互助组""合作社"，不要搞指标，不要搞竞赛，不要集体做习题。

二十八、同学必须按照教学计划完成学习任务，同时应允许在学习上有不同的爱好和兴趣。不能把同学的业余爱好（如搞无线电、科学技术活动、文娱活动、体育活动）和不热爱专业混淆起来。

二十九、要把革命精神和科学分析的精神结合起来。不能把实事求是的科学精神和畏难松劲的右倾情绪混为一谈；也不要把毫无根据的胡思乱想和敢想敢干的革命精神混同起来。

三十、在科学研究、生产工作中，要把群众路线和个人负责结合起来；要把集体研究和个人钻研结合起来。

三十一、要把积极主动、创造性的工作精神与组织性、纪律性结合起来。不能只顾完成本单位的具体任务，而违反组织纪律，破坏整体利益。

三十二、要把遵守学习纪律、规章制度、工艺规程与墨守成规、因循守旧加以区别。对待思想问题是不破不立，对待规章制度是未立不破。

三十三、对科学研究、生产中没有完成任务、发生事故、损坏工具等问题要具体分析，不能随意当作政治问题和思想问题看待。

三十四、对同学要加强劳动观点教育，但不能和增加劳动时间、劳动强度混同起来。不能把同学合理的要求轮换工种和不安心平凡劳动混同起来。

三十五、不能把劳动中搞好卫生、文明生产和怕脏、怕苦混同起来；不能把要求必要的劳动保护条件和怕艰苦、怕困难混同起来。

三十六、要把艰苦奋斗的思想教育和关心群众生活结合起来。

三十七、不能把鼓足干劲、力争上游和劳逸结合对立起来；不能把不注意健康和忘我的共产主义精神混同起来；也不能把劳逸结合与好逸恶劳混同起来。

三十八、实际问题和思想问题要区别对待（如身体有病和思想有毛病；个人实际困难和个人主义等都要分开）。

三十九、既要在思想上教育同学与劳动人民同甘共苦，又要承认目前同学相互之间在生活水平上的差别，不能平均主义。

四十、在工作中要贯彻大集体与小自由相结合的原则，既要保证大集体，又要保证小自由。不能把群众自由支配业余时间看成自由散漫。课余文化体育活动必须自愿参加，不应强求一律。

四十一、对同学的思想教育要提倡团结互助，但在生活上对个别同学的帮助，必须坚持自愿原则，不得采用强迫命令的方法。

四十二、不能把不讲卫生、不注意整洁、邋遢、懒惰和艰苦奋斗混为一谈。

四十三、不要把女同学生活上所必需的特殊照顾与消极落后混同起来。

四十四、正常购买需要的东西和盲目抢购要区别开来。对正常购买需要的东西不得干涉，对盲目抢购者要进行耐心的说服教育，不能简单从事。

四十五、按国家规定发给同学的助学金，节余归己，自由使用，团支部不得干涉。

四十六、按规定计划供应给同学的物品，由同学自由支配，任何人不得加以干涉和扣压。

四十七、不得检查同学个人的经济生活状况（如购货证使用、储蓄、余粮、汇款等）。

四十八、团支部不得随意提口号、定规章。团支部要保证学校行政的规章制度贯彻执行。

四十九、团支部无权代替行政给同学任何处分。

五十、根据学生会章程的规定，团支部对班会的关系是指导关系，团支部不得包办代替班会的工作。班委会的干部必须由全班同学民主选举产生，团支部无权撤换和任免。团支部必须教育团员模范地执行班会的决定。

编　　后

2021年是中国共产党建党100周年，这是全国人民大喜的日子；同时也是清华大学建校110周年，是清华人值得纪念的日子。

我们这批在清华园学习、工作、生活了六七十年的"老清华人"回顾自己在学校受到的教育、得到的锻炼，感慨万分。老师们的教导、校风的熏陶让我们健康地成长。特别是我们有一些同志，有幸在20世纪50年代和60年代前期，先后在学校团委工作，在学校党委领导下，直接参与了学生的思想教育和管理工作，促进了学生在"又红又专　全面发展"的道路上健康成长。

这一时期，蒋南翔同志到学校担任校长兼任党委书记，他十分重视发挥共青团组织的作用，通过团组织加强学生的思想政治工作，同时通过政治辅导员制度，培养青年干部成长。这一时期在团委工作过的同志现在都已年逾80，但对这一段在团委的工作都有很深的感情，希望把自己的切身经历和体会记录下来，把对蒋南翔教育思想的理解传承下来，传给后继的团干部。在这一时期，社会上"左"的思潮影响很大，学生思想工作中也受到波及。学校党委领导团委分析学生工作中的一些问题，制定了《班级团支部工作中一些问题的界限》（"50条"），帮助学生干部正确掌握政策界限，虽然在当时的社会环境下不可避免地还有"左"的影响，但对学生干部还是一次很好的教育。

2019年11月14日，在校的原团委的十余人聚会，共商出版一个小册子，会后大家踊跃投稿，又收集了曾经发表在其他刊物上的相关文章，汇编成册。还有一些同志由于没有联系到，未能收集到他们的文章，对此表示歉意。我们也很怀念一些已经离开我们的同志。

在准备出版过程中，得到学校党委宣传部、校史研究室、档案馆、校团委、出版社等各部门的支持，胡家为、邢智鹏等校友提供了部分照片，我们深表谢意。

本书编写组
2023年1月